菲利普·迪克传

The Search for
Philip K. Dick

[美] 安妮·R. 迪克 —— 著
金雪妮 —— 译

新 星 出 版 社　NEW STAR PRESS

THE SEARCH FOR PHILIP K. DICK by Anne R.Dick
Copyright © 1995, 2009, 2010 by Anne R. Dick
Published in agreement with JABberwocky Literary Agency, Inc., through The Grayhawk Agency Ltd.
Simplified Chinese edition copyright:
2020 Chengdu Eight Light Minutes Culture Communication Co., Ltd.
All right reserved.
著作版权合同登记号：01-2019-6700

图书在版编目（CIP）数据

菲利普·迪克传／（美）安妮·R.迪克著；金雪妮译． －－ 北京：新星出版社，2020.5
ISBN 978-7-5133-3896-7
Ⅰ．①菲… Ⅱ．①安… ②金… Ⅲ．①菲利普·K.迪克（Philip K. Dick 1928-1982）－传记 Ⅳ．① K837.125.6
中国版本图书馆 CIP 数据核字（2020）第 029499 号

光分科幻文库

菲利普·迪克传

[美] 安妮·R.迪克 著；金雪妮 译

责任编辑：汪　欣
特约编辑：范轶伦　许卓然　姚　雪
责任印制：李珊珊
装帧设计：付　莉　张广学

出版发行：新星出版社
出 版 人：马汝军
社　　址：北京市西城区车公庄大街丙 3 号楼 100044
网　　址：www.newstarpress.com
电　　话：010-88310888
传　　真：010-65270449
法律顾问：北京市岳成律师事务所

读者服务：010-88310811　service@newstarpress.com
邮购地址：北京市西城区车公庄大街丙 3 号楼 100044

印　　刷：北京华联印刷有限公司
开　　本：910mm×1230mm　　1/32
印　　张：13.375
字　　数：320 千字
版　　次：2020 年 5 月第一版　　2020 年 5 月第一次印刷
书　　号：ISBN 978-7-5133-3896-7
定　　价：69.00 元

版权专用，侵权必究；如有质量问题，请与印刷厂联系更换。

纪念菲利普·迪克

致　谢

[美] 安妮·R. 迪克

我要感谢菲利普·迪克文学遗产基金会给我提供迪克的文稿，并允许我引用书信、文件及部分段落。

这本书的主要素材收集于1982年和1983年，正文写于1984年。本书于2009年出版的平装版是修订版，添加了新的内容。

本书大部分原始素材都来自我在菲尔[1]去世后不久所做的录音采访。所有采访磁带原件都保留在菲利普·迪克的档案记录之中。我个人的记忆中并不包含当时所说的精确字句。书中的对话是经过组织加工的，但是意思很接近原本的样子。

这本书的第一部分是我的个人回忆录，主要素材来源于：1）我的三个较为年长的女儿，海蒂、简妮和谭迪；2）菲尔写于雷斯岬站[2]时期的小说；3）依然住在这一带的老朋友们：苏·巴蒂、阿维斯·哈尔、伊内兹·斯托勒和（在皇宫集市偶遇并接受了短暂采访的）皮特·斯蒂芬斯。我还要感谢亚利桑那州的琼·斯蒂芬斯和南加州的朱恩·克里希。

我要感谢我的大女儿海蒂，感谢她陪我回忆，提供建议，以及无

---

1. 菲利普·迪克的昵称。
2. 又译雷伊斯角站，位于美国加利福尼亚州北部，迪克于1958至1963年间居住于此。

休止地听我倾诉。感谢住在我隔壁的二女儿简妮，她听我倾诉听得更多。感谢三女儿谭迪，感谢她对菲尔的细致回忆，以及对我的鼓励。

在菲尔去世后的十年里，保罗·威廉姆斯一直担任PKD[1]文学遗产基金会的文稿保管人。我经常拜访位于格伦艾伦的档案馆——位于雷斯岬站以北，我开车过去需要一个小时。1982年和1983年，保罗给了我一些菲尔信件的复印件、孩提时期的学校报告单，以及来自菲利普·迪克档案馆的剪报，这些档案都保存在保罗家的车库里。我把我获得的新资料都捐给了档案馆，大部分是采访记录。我还把我的稿子提供给了其他几位传记作家：保罗本人、拉里·苏廷和艾曼努尔·卡瑞。

感谢加州州立大学富尔顿分校的荣誉教授威利斯·麦克内利博士一直鼓励我，教会我如何以最有效的方式研究富尔顿保管的菲利普·迪克的文稿。

感谢来自阿普尔顿威斯康星大学麦迪逊分校英语系的派翠西娅·沃里克博士，她也是1985年科幻小说研究协会的主席。她是研究菲利普·迪克作品最早和最积极的学者之一。她花了很长时间和我通话，为本书的初稿提出反馈意见。在她的邀请下，我在1985年肯特州科幻小说研究协会年度会议上做了一场关于菲尔的演讲，演讲有录音记录。我讲完之后，杰克·威廉森——一位老牌科幻小说作家——走上讲台拥抱了我，并告诉我说，我让菲尔·迪克"重归人世"。

1986年，应加州大学河滨分校伊顿收藏的策展人乔治·斯卢瑟教授和巴黎索邦大学雅克·戈以马德教授的邀请，我参加了法国埃唐普一次为期五天的会议，在会上做了关于菲尔的演讲。会议在一座重修的酒庄里举行。酒庄有一个大门厅，两侧分别有一道通往二楼的弧形楼梯。门厅中间，一部分地板被移除了，用以展示古代的马赛克瓷砖——

---

1. "菲利普·K.迪克"（Philip·K.Dick）的首字母缩写。

罗马帝国时期这里曾是一座别墅，瓷砖是它残留的遗迹。他们把我安排在了伯爵夫人住的巨大套房里。我走进房间，顿时瞠目结舌：套房有两对巨大的法式双开门，分别通向两个阳台，站在阳台上可以俯瞰面积达十五英亩的公园。浴室足有一个小客厅那么大。在这里很难睡得安稳，因为隔壁修道院的废墟整夜都传来钟声。废墟之上建起了一座教堂，我星期天便去了那里做弥撒。会议的最后一天，我做了关于菲尔的演讲。金·斯坦利·罗宾逊很喜欢这本传记，还把自己的一本短篇小说的手稿送给了我，我后来又转送给了山姆·乌姆兰德。

感谢旧金山州立大学的格雷格·瑞克曼教授，这几年来你一直鼓励我、帮助我。

感谢雷伊·尼尔森和克里斯汀·尼尔森，你们给我提供了很多的信息，并把友好和充满鼓励的能量通过奥尔巴尼传到我这里。

感谢贝蒂·乔·瑞维斯。很高兴能够认识你并和你聊天。

感谢南希·哈克特。你的几次访谈对本书成稿有很大的帮助。很高兴认识你、伊莎和蒂娜。

感谢克丽奥·米尼对我的巨大帮助。在圣赫勒拿那家很棒的餐厅和你共进午餐、谈天说地，令我非常愉快。

感谢琼·辛普森提供信息给我，支持我，替我做稿件校对。

感谢迈克尔·威尔士、大卫·伯纳和温哥华的迈克尔与苏珊·威尔士夫妇。

感谢拉斯维加斯的乔尔·斯坦和年轻的科幻作家丹尼尔·吉尔伯特。

感谢提姆和塞蕾娜·鲍尔斯。提姆，谢谢你把笔记里的许多选段提供给我参考使用。感谢K.W.基特。

感谢波莫纳学院的杰拉尔德·M.阿克曼教授，将你未出版的手稿分享给我；感谢乔治·科勒博士千里迢迢从洛杉矶来到雷斯岬站，跟我分享有关菲尔少年时期的回忆；感谢迪克·丹尼尔斯，温暖而细致地勾勒出了菲尔的初高中时代；感谢马瑞（伊斯干达）·盖伊，帮我详尽细致地回忆菲尔，还有多萝茜与乔·哈德纳；还要无比感谢琳·哈德纳·西西尔，如今的琳·阿兰，菲尔的继妹，把有关菲尔家庭的信息和文件都分享给了我。

感谢文斯和弗吉尼亚·鲁斯比、珍妮特·范斯坦·道尔、阿兰·里奇、艾伦·艾尔，安东尼·布彻夫人、露易丝·米尼、帕特·霍利斯、格拉妮娅·戴维斯、琳达·勒维、多丽丝·索特、玛丽·威尔逊、妮塔·布斯比和吉姆·布雷洛克。

感谢"暗黑扫描仪"时代的孩子们，谢谢你们的信任，同我分享你们过去的故事。

感谢我的旧敌们愿意冒着风险，放下过去的龃龉，帮助我扫清记忆里的障碍。感谢山姆·安德森医生和威廉·沃夫森。

特别感谢凯伦·皮尔斯，把我用磁带录音的各种采访整理出来，输入到电脑里，以及在我几近绝望的时候，告诉我早期的尴尬笨拙、磕磕绊绊都是"过程的一部分"。凯伦在尽可能不过分插手我工作的前提下，成了我的校对员和编辑顾问，并在和我一同工作的时候找到了她自己创作的新动力。

感谢海瑟·威尔考克斯、阿兰·考什、伊丽莎白·斯托瑞和詹姆斯·德麦尤洛在制作速子出版社这个版本的《寻找菲利普·迪克》[1]时所做的修改、校对与审阅。

感谢内布拉斯加大学卡尼尔分校的山姆·乌姆兰德教授，谢谢你对菲尔、对这本书的兴趣。山姆陪我逐章修改校订，最终完成了美伦出版社 1993 年图书馆精装版的《寻找菲利普·迪克》。

如果不是因为我的珠宝店经理克雷格·贝利鼎力相助，我肯定无

---

1. 本书英文原名为 *The Search for Philip·K.Dick*。

法顺利完成1993年版的《寻找菲利普·迪克》。他数次从头到尾审阅全稿，努力克服过时文档软件带来的问题，修改了小错误，在文中增加了斜体等（他现在还在校对2009年版）。

感谢提姆·韦斯特神父，在我觉得自己或许"不该"描写许多书中提到的事情时，帮我打开心门。

感谢每个没有出现在这篇致谢、名字却被写在正文中的人。

感谢并悼念文斯·鲁斯比、比尔·克里斯滕森、埃德加·迪克、约翰·吉尔德斯利夫、比尔·德里亚斯特、玛格丽特·沃夫森、杰里·克里希、帕特·詹波、多萝茜和乔·哈德纳、爱丽丝·格雷夫森、本和安妮塔·格罗斯、尼尔·哈德纳、阿维拉姆·戴维森、亨利娅塔·拉塞尔、阿维斯·哈尔、威利斯·麦克内利和杰克·纽科布。

前　言

[美] 大卫·吉尔[1]

菲利普·迪克依然无处不在。在他去世二十五年后，我们躁动不安、反乌托邦式的社会变得越来越像他笔下的产物，他一生的故事也持续吸引着各种各样的评论家、书迷和追随者，其热度几乎能和他的作品相媲美。也许这是因为他那漫长而奇幻的人生之旅正如他的小说一样迷人。然而，菲尔的人生与作品之间的界限一直是非常模糊的。狂热的书迷们在菲尔笔下每一个消极厌世、竭力应对痛苦与宇宙不确定性的主角身上，都读到了作者本人——这一形象，恰恰是菲尔在这本回忆录中的样子。

由于菲尔近期在文坛上的地位再度提高——这与他的作品被极具声望的美国文库收录不无关系——评论家们也开始在《纽约客》和《新闻周刊》这样的刊物上冷冰冰地罗列他一生中数不尽的阴暗面：贫穷、多次失败的婚姻、滥用毒品、与焦虑症以及广场恐惧症作斗争。我们的媒体痴迷于追踪所谓的艺术天才和疯子之间的联系，因此，菲尔·迪克暴露在美国主流社会面前的样子便如同一个夸张的漫画角色：衣衫褴褛的预言家、炮制类型小说的写手、迅速上瘾的吸毒者。这些有关

---

1. 大卫·吉尔（1972— ），美国学者，潜心研究菲利普·迪克的人生与作品逾二十年，现于旧金山州立大学教授文学与创作，并同时撰写关于迪克的博客文章：totaldickhead.blogspot.com。

菲尔的描写，完全是为了博取眼球，并没有帮助我们更好地了解他的人生与作品。如今，围绕着菲利普·迪克建立起的种种迷思甚嚣尘上，几乎要淹没那些所剩不多的、真正能够体现他动荡一生的证据。

我们永远无法彻底理解菲尔·迪克。他正如沃尔特·惠特曼[1]一样，拥有复杂的多重样貌。我们必须学会从不同的角度去看待菲尔，并从中得到满足。就像他的小说会在改换章节的时候把聚焦点从一个角色转换到另一个角色身上一样，我们也必须从各个认识菲尔的人的角度去审视他的人生。或许我们永远无法在脑中构建出完整的菲尔的模样，但他留给他爱的人和爱他的人的印象，足以帮助我们了解这个人。

安妮为这本书所做的海量研究令人赞叹。她做的一系列采访成了菲尔每一位传记作者的重要素材。然而，或许更重要的是，和任何其他传记相比，安妮笔下那些关于日常生活的琐碎细节能让我们更紧密地接触到菲尔。例如，每次和家人玩大富翁桌游时，菲尔总会选择那只破旧的鞋子代表自己，从这个细节里我们可以窥见菲尔的性格。尽管我从未见过菲尔，但是在读完安妮的回忆录之后，他在我心中已经变得熟悉起来。当然，我心中的菲尔依然谈不上是一个完整的形象，但安妮的回忆录生动地呈现出作家菲尔在巅峰状态的样子。与此同时，她也淋漓尽致地描绘了一个活生生的男人，被旺盛的创作欲和对谋生的迫切需求渐渐耗至油尽灯枯，走上绝路。

虽然菲尔一生中也有过其他高产时期，但他和安妮在一起的那些年间，创造出了一些最优秀的作品。1959年至1964年间，他一共写了十二部小说，包括《一个废物艺术家的自白》《高堡奇人》《火星时间穿越》《等待去年来临》和《帕莫·艾德里奇的三处圣痕》。

---

1. 沃尔特·惠特曼（1819—1892），美国诗人、人文主义者，创造了诗歌的自由体（Free Verse），代表作为诗集《草叶集》。

1958年，菲尔搬到雷斯岬站并遇到安妮时，他正在为《时代错乱》收尾。这本书可以被看作科幻小说，也可以被看作心理小说，取决于你是否相信主人公是个神志清醒的正常人。菲尔在这本书里把两种截然不同的野心糅合在了一起：成为主流严肃作家——和福克纳、海明威平起平坐——并同时靠炮制科幻小说来养家糊口。

1959年，利平科特出版社出版了精装版《时代错乱》，这是菲尔的第一本精装书，被宣传为一本"充满危险与恐怖的小说"，并没有以科幻小说的一贯套路进行包装。在文学上取得的这一小小成就促使菲尔再次尝试创作严肃文学，他写出了《一个废物艺术家的自白》和《牙齿完全一样的人》。尽管这些小说在菲尔有生之年并没能取得成功，但是当他发现自己的严肃文学作品多年来都没有出版社愿意出版的时候——包括《一个废物艺术家的自白》在内，那本书一直被视为他较出色的作品之一——这一刻便成为他职业生涯的一个关键转折点。

此时的菲尔感觉自己兜兜转转，又回到了写作之路的起点。他暂时放弃了写作，开始帮助安妮经营她刚刚起步的珠宝生意，把她的手工制品卖给湾区的商店。当他不可避免地重新拿起笔的时候，他决定再次尝试糅合两种不同的野心，试图将高端的严肃文学元素融入科幻小说中。由此而来的成功——《高堡奇人》获得雨果奖——为他日后无与伦比的创造力爆发奠定了基础，这一爆发期一直延续到1964年他离开安妮为止。

这段时间，菲尔的作品变得更加具有自传性质。菲尔在他的短篇小说集《金人》的序言中写道，他想"写一些关于我爱的人的故事，然后把他们放进我虚构出来的世界里"。于是，菲尔把安妮写进了他的小说里。安妮，一位才华横溢、思想前卫的艺术家，成了菲尔笔下一些人物的原型：了不起的英雄、谨慎的工匠、技巧高超的艺术家，例如《高堡奇人》中的珠宝手艺人和《帕莫·艾德里奇的三处圣痕》中的陶艺家。即便世界崩坏衰败,那些人创造出的作品也是永垂不朽的;在某种意义上,这些艺术品就是菲尔作品中反复出现的尤比克式熵值的解药。菲尔1958年遇见安妮之后,他的小说中就开始经常出现工匠和艺术家的形象。

通过安妮的回忆录,我们可以清晰地看到,菲尔笔下的人物并不是独自承受苦难的。他们的困境,也正是创作者的痛苦。每读完一本菲尔的小说,我都感觉自己产生了想要拥抱他的冲动,想要感谢他呕心沥血,做出那么多牺牲来创作这样的文字。我们应该盛赞安妮,感谢她愿意坚定、深刻地重新审视自己的人生和与菲尔之间的关系,并把她寻找答案的旅程与我们分享。

目录
CONTENTS

楔子 1

第一部分：1958—1964

 第一章 我遇见了菲尔·迪克 9

 第二章 四个人的蜜月 53

 第三章 乡下家庭生活 75

 第四章 雷斯岬站的灾难 101

 写在第一部分之后 137

第二部分：1964—1982

 第五章 奥克兰的单身汉 141

 第六章 南希 167

 第七章 暗黑扫描仪时代 189

 第八章 温哥华科幻大会 209

 第九章 更多的黑发女孩：琳达、特莎 223

 第十章 多丽丝和琼 251

 第十一章 科幻作家之死 269

第三部分:1928—1958

    第十二章　早年岁月　299

    第十三章　伯克利的少年时代　319

    第十四章　青年时代　341

结语(2009年版)　373

1982年的三个梦境　377

一段传承　381

译后记(金雪妮)　387

附录:

1. 菲利普·迪克家谱图　395

2. 本书涉及的菲利普·迪克作品列表　399

3. 菲利普·迪克科幻小说改编影视作品列表　405

楔　子

我们那座圣公会小教堂里坐满了一半来参加追悼会的人。保罗·威廉姆斯建议我来组织这场追悼会。南希（菲尔的第四任妻子）、琼·辛普森（差点成为他的第六任妻子）和特莎（第五任妻子）的姐姐都到场了。克丽奥（第二任妻子）一开始说她不来了，到了最后关头却又想搭车过来，可惜没能成行。

在追悼会的末尾，斯科菲尔德牧师说："上帝，我将您忠实的仆人，菲利普·迪克，交予您手中。"

听见这句话，我的心一阵抽痛。"不，不要！"我心想，"我不想让菲尔就这样消失。"

那些我早在许多年前就已经放下的问题，此时又在我心中涌现。菲尔为什么会离开？为什么他没有回到我身边？如果我的个性和当时不同，他还会离开我吗？他和其他女人的关系又是什么样的？在那些女人之中，有没有人拥有和我类似的经历？他爱过我吗？还是说，他所谓的爱从始至终都只是一场巨大的骗局？在隔了十八年之久后，我重新开始一瓣瓣扯掉那朵雏菊的花瓣，好像永远都扯不完：他爱我，他不爱我，他爱我……

此时我已不需要再维护那层虚假的自尊心，也不需要在敏感的菲尔身边如履薄冰、战战兢兢。我决定寻找答案。我开始给所有认识菲尔的人打电话、写信，拜访他们。很快，我收集的信息已经多到足以写成一本书。我本来打算给这本书起名为《菲利普·迪克的五任妻子》,可是我没能联系到他的第一任妻子珍妮特·马林(菲尔的父亲,埃德加·迪克认为她已经去世了),第五任妻子特莎·巴斯比·迪克又拒绝了采访,因此我只能作罢。

接下来的两年中,我都在采访菲尔的前妻们、数不清的前女友、男性友人、家庭成员、心理医生和律师(菲尔生前一直很害怕他的前任们有朝一日会凑在一起议论他)。菲尔的其他女性友人,琼·辛普森、克里斯汀·尼尔森、克丽奥·米尼、南希·哈克特、琳达·勒维、玛丽·威尔逊、贝蒂·乔·瑞维斯、"希拉"和"辛迪"也都和我分享了她们与菲尔之间的故事。

感谢菲尔生前的细心。我一一查出了他每部作品的创作时间(而不是出版时间),整理了一个时间表。然后我按照作品的创作顺序,一口气读完了他的三十六部长篇小说与一百二十部短篇小说。把菲尔的毕生之作当作一个整体来阅读是极为有趣的体验。因此,我足足通读了两遍。有些时候我在书中读到似曾相识的内容,令我回忆起六十年代初我们还在一起时的生活,便不禁莞尔。令我惊讶的是,他的作品流露出了那么多信息,几乎相当于在记录我们相处的点点滴滴。他的毕生之作正是一部超现实主义自传。他的小说正如他的日常生活一样,在真实和幻想之间不断摇摆。菲尔扮演着自己笔下的每一个角色,也预言着自己的未来。

《寻找菲利普·迪克》是迄今为止菲尔的第一部传记。值得一提的是,书中也展现了菲尔不为人知的黑暗面,这令他的一些友人和追随者难以接受。那些人深爱着菲尔,而菲尔也早已令其中一些人相信,他的一生是另外一个样子,而我所说的一切都不可信(其实,我用"不可信"这个词已经算是非常温和客气了),即便那时菲尔一直在说克格勃、联邦调查局和中情局在同时监视他(甚至有人相信这些也是真的)。其中一位年轻人,对菲尔极为忠诚,他读过这本书之后甚至威胁要起诉我。有一群菲尔的崇拜者，都是年轻男性，则表示更支持其他的传记作者，那些作者也都是男性。令我觉得格外有趣的是，在这本书的读者之中，女性读者都迅速理解了我要表达的意思，但部分男性读者却后知后觉。

这次我对菲尔的作品有了全新的理解，都是我最初读到那些小说时未曾体会到的。在他的雷斯岬站创作时期，我总是他的第一个读者，替他校对作品、提出意见。天哪，当我再读到那个时段的作品时，我发现那些作品中的女性反英雄角色或多或少都是以我为原型的，那些角色被塑造成了杀人犯、出轨者，有时候还有精神分裂症。在我们的婚姻逐渐走向死亡的时候，那些角色还变成了瘾君子，可我平时连阿司匹林都不吃。再后来，在我们分手之际，他写下的作品都围绕着"离婚与和解"这一主题。我不禁想，倘若我在1965年就读懂了菲尔的那些作品，而不是等到他去世之后，我们两个的人生会不会因此改变？我们一定是在菲尔写出《模拟造人》之前就买下了那辆白色捷豹，因为那辆车在书里出现了。我们受到《贝伍德杂刊》里刊登的一则广告启发，买了一架小型立式钢琴，他在书中也提到了那则广告。《模拟造人》中还提及了我们一家人去迪士尼乐园旅游的故事，以及菲尔对那个林肯机器人的痴迷。

我那几个已经长大成人的女儿也极力帮助我回忆起了每个事件发生的具体日期："那件事是我三年级的时候发生的。""那个月我正好摔了一跤，把牙磕掉了。""那件事是在我七岁生日派对之后发生的，那天的蛋糕上面有黄色的糖霜，还插着七支白色的蜡烛。"

当我了解到菲尔的后半生时，我心中涌起一阵伤感。即便菲尔在他的书信和其他文档中留下了差不多的内容供传记作者采用，但是亲手将那些事迹一一写下来的时候，我依然备感忧愁。有时候，我会忍不住觉得，倘若我真的爱过一个（至少在我看来）在某个人生阶段曾如此颠倒堕落的人,那我自己肯定也出了什么问题。然而同时,我亦深知菲尔确实曾经是我最好的朋友、称职的丈夫——他确实曾经有一段时间是个几近完美的丈夫——以及一个好父亲。他也是个极其有趣的人。而且,他是一位作家,我则是终生的读者。我最爱的就是作家了。

除了菲尔自己的文学作品之外,别人也撰写了大量关于他的材料。菲尔的人生与文学创作存在于如此之多的层面里,甚至被一位评论家称作"菲利普·迪克的广袤现实",而我绝无可能写出一部足以涵盖所有内容的传记。他在文学、政治、社会、神学上的观点也被我选择性地忽略了。研究菲尔的海量通信记录本身就是一项大工程。在三十六部长篇科幻小说和一百二十部短篇小说之外,菲尔还留下了九册未出版的小说手稿,以及一部百万字长的神学思想录《注疏》。当我于1984年写下这本传记的时候,起码还有七个人在同时撰写关于菲尔的书。他被拿来和卡夫卡、狄更斯、博尔赫斯与诗人布莱克[1]相比。竟然还有布莱克?我惊讶万分。在我和菲尔离婚之后,我就没有再关注过他的职业发展了(我甚至选择了刻意忽略),因此对他之后所取得的巨大成功一无所知。

写这本书的感觉,就像是重新回到了菲尔身边。我从未再遇见第二个像他一样善良、谦逊、富有魅力、才华横溢、总是积极回应他人的人。他令生活更有趣味,为身边的人带来欢乐——然而与此同时,他也拥有阴暗面。真正的菲尔一定存在,但究竟哪一个才是真正的他呢?有时候,就在我以为自己已经看清了的时候,他的形象却又一次在我心中变得模糊起来。难道说菲尔改换自己的人格,就像别人换衣服一样轻而易举吗?

---

1. 威廉·布莱克(1757—1827),英国第一位重要的浪漫主义诗人、版画家。

他被他的才华所孤立了。除了几年之后出现的格雷格·瑞克曼（菲尔亲自选中的传记记者，他在传记中提出的观点后来导致他在文坛和生活中都遭到了迫害）之外，再没有人了解过菲尔曾付出过怎样的努力，又背负了多少重压。在心魔困扰之下，菲尔依然能创造出这么多惊才绝艳、极具创新性的作品，这真是太不可思议了。甚至可以说，菲尔正是在利用心魔进行创作！

倘若菲尔还活着，他一定也会喜欢这本书的，并且还会鼓励我写下去。他会自创一套理论来支持我对他人生的刻画，然后再编出各种看似同样合情合理的理论来推翻我。他会稍微歪曲一些细节，将过去重新改写，呈现出一种新的现实，将他自己塑造得更高尚美好，而将我塑造得更面目可憎。然而，即便如此，我还是不得不为他精彩至极的思维方式而深深赞叹。如果我要为像菲尔这样的人（只不过这世上已经不可能再有第二个他了！）的另一半提出忠告，那就是：如果你无计可施，就写一本书吧。

Part I

第一部分：1958—1964

写这本书的时候，我全身心地沉浸在对过去的眷恋之中，
因此当我在田野中散步时，我仿佛就活在永远鲜活的 1958 年，
看到地平线上的黑面绵羊站在桉树边，
菲尔和四个年幼的女儿正在屋里制作乳脂软糖。
写作的过程中，我不时会做梦，
那些梦境甚至比现实生活还要鲜明真切。
回忆把我带回了那个永恒之地，在那里，感情永远不会改变。

1

我遇见了菲尔·迪克

第一章

然后,她出现了,步履轻巧、蹦蹦跳跳地向他走来,用一块洗碗布把手擦干……她穿着紧身裤,趿着拖鞋,头发乱糟糟。他心想,天啊,她看上去可真美。她走路的样子奇妙极了,矫健而警觉……仿佛准备陡然来一个转身,又总是稳稳地踩着脚下的地面。

——菲利普·迪克,《一个废物艺术家的自白》

1958年10月末的一天,我遇见了菲利普·迪克。那天吃过午饭后,我带着还不到学龄的三女儿谭迪去雷斯岬站市中心的皇宫集市购物。(集市的宣传语是"购在皇宫,帝王生活"。菲尔后来补上了一句:"帝王账单。")我们在蓝鸟童子军蛋糕义卖摊购买巧克力布朗尼的时候碰见了我的朋友阿维斯·哈尔。她本想对我表达慰问,但我实在不希望听到更多的同情之辞了,便换了个话题。我们聊了一会儿杂七杂八的事情,她忽然对我说,一位作家和他的妻子刚刚搬进了马纳纳街与洛里安街路口拐角上的那幢白色平房里。

"什么样的作家?"我问道。我心想大概是写技术手册一类的作家。她说不上来,只知道那对夫妇是从伯克利搬来的。

我们回到家后,我哄着谭迪去睡午觉,然后自己走进了菜园,边做农活边梳理着思绪。我担心未来该怎么办,接着又开始忧虑过去的事情,还有理查德[1]的不幸离世。不。我不想再想起那件事了。抑郁之情一点点从我心底漫了上来。我努力把自己的思绪扭转过来,转而去想新搬来的那对夫妇。

"或许他们会是有趣的人。"我想着,决定在下午晚些时候过去拜访他们。我的长女海蒂可以留在家里照看她的两个妹妹,简妮和谭迪。

五点整,晚饭前的鸡尾酒时间,我把孩子们唤到了电视机前。"快来,孩子们,戴上你们的米老鼠帽子。"米老鼠俱乐部成员已经开始在电视屏幕上又唱又跳:"M…I…C…K…"我把家里的陨石色边境牧羊犬"漂移"关在露台上,跑进卧室,换上一件带有白流苏下摆的七分红色连衣裙、手工皮革凉鞋和手工螺旋黄铜耳环。我沿着两旁栽有蒙特利柏树的车道走向我那辆有些年头的福特乡绅旅行

---

1. 理查德·鲁本斯坦(1922—1958),本书作者的第一任丈夫,美国诗人。

车，将车开下山坡，从弗里斯特大礼堂前面的岔口拐进了洛里安街，把车停在洛里安街73号门口。那里就是作家的新宅。傍晚的雾气从桉树间飘来，一只蓝鹭飞过，去往它在内陆的巢穴。我想要打开白色尖桩篱笆的大门，但门闩太紧了，我打不开，便只能提起裙摆，翻过篱笆。前院里种着一片有芒穗的鸢尾花，还有老式的多花玫瑰。我沿着前庭台阶小跑而上，敲了敲门。

那时，我还是一位三十岁的寡妇。我的丈夫，诗人理查德·鲁本斯坦，在三周前猝然去世了。三年前，我们在加州的雷斯岬站买下了一幢加利福尼亚包豪斯风格的房子——和西马林[1]乡下的建筑格格不入。房子位于五英亩[2]的牧场中央，还自带一小群萨克福羊。这里的老人告诉我们，这幢房子位于圣安德烈亚斯断层的一条裂缝上——那是世界上最长也最危险的地震断层。

雷斯岬站是加州海岸边的一座小型农业城镇，从金门大桥向北开车一小时即可抵达。那个时候，镇上只有一条主街，街边散落着几家小店。几十幢房子围住这个所谓的"市中心"，在附近的一座小山丘上还有几十幢房子。再往外，就是大片的牧场。

向西半英里[3]，一座悬崖下方，是狭长的托马莱斯湾。向东则是起伏的巨大山丘，夏秋时遍野流金，春冬时则绿草茵茵，上面总点缀着黑白相间的奶牛。天气晴朗的时候向西眺望，可以一直望见因弗内斯山脊，上面覆盖着杉树、橡树和月桂树相杂的茂密森林。山脊的远侧向太平洋倾斜而下，那里是美国大陆的极西点，也是风最大的地方。西班牙探险家在1606年1月6日第一次发现那个地方

---

1. 即马林郡西部，位于美国加利福尼亚州的海岸地区。
2. 1英亩约合6亩。
3. 1英里约合1.6千米。

的时候,以"三王"为其命名,因为那天正是西班牙的三王节[1],也是我们的主显节[2]。

那时西马林的许多居民都在奶牛牧场工作,分散在雷斯岬站、因弗内斯、奥利玛、马歇尔与托马莱斯[3]各地。另外一批居民则主要为美国无线电公司工作,负责船对岸通信。大学教授们和一些湾区本地家庭都在因弗内斯买了乡村夏日度假别墅。

我的驾照上写着:"金发,蓝眼,五英尺四英寸[4]高,一百二十磅[5]重,必须戴眼镜。"那时我喜欢穿色彩鲜艳、大胆前卫的衣服。我有三个漂亮的女儿:八岁的海蒂和三岁的谭迪都是金发蓝眼,六岁的简妮则是红棕色的头发,浅褐色的眼睛。简妮在读一年级,海蒂三年级;而谭迪还未到学龄,一直在家——我很感激在我做饭、打扫房间、整理花园的时候有她陪着我,因为我脑中总是回荡着同一个念头:我们一家人,在我的丈夫、女儿们的父亲理查德·鲁本斯坦去世之后,要怎么办才好?

一位留着短短的黑色卷发、穿着牛仔裤的年轻女人打开了洛里安街73号的大门。"你好,"我说,"我听说一位作家和他的妻子刚刚搬过来。欢迎来到雷斯岬。我叫安妮·鲁本斯坦,就住在街那头。我的亡夫理查德·鲁本斯坦也是作家,他是一位诗人。"

我的拜访与欢迎让克丽奥·迪克十分高兴。她做了自我介绍,然后请我"到家里来坐坐,见一见菲尔"。她引着我穿过房子走向

---

1. 西班牙的儿童节。相传很久以前东方来了三个国王——黑脸国王、黄脸国王和白脸国王,这三个国王给人们带来了幸福和欢乐,还专门给小孩送礼物。
2. 基督教的一个重要节日,纪念及庆祝耶稣基督在降生为人后首次显露给外邦人(指东方三贤士,又称东方三王),因教派不同而有不同的庆祝日期或庆祝方式。
3. 以上均为马林郡下的城镇。
4. 约1米63。
5. 约109斤。

厨房的时候，我注意到房子里几乎没有任何家具，仅有的桌椅摆设也来自救世军的慈善救济商店。

时至今日，我依然清晰地记得见到菲尔的那一刻。他双手插在牛仔裤后兜里，身体倚住后脚跟前后摇晃，微微蹙着眉，盯着地板看。他二十九岁，将将六英尺高，身材偏瘦。他的额头很高，头发乌黑，一双充满热情的灰绿色眼眸，略有几分英俊。他穿着一件有着针织袖口、带束腰的老旧棕色皮夹克，里面是一件廉价法兰绒格子衬衫，还有一条硬挺的牛仔裤和一双稍显笨重的棕色军靴。然而，即便如此，他看上去依然非常优雅而富有魅力——就好像故意隐藏在某种伪装之后。

克丽奥向我介绍了他："认识一下，这位是菲利普·K.迪克。"

我们走进屋的时候，他抬起头望向我。在我迎向他的目光、开口说出"很高兴认识你"的那一刻，我突然产生了一种前所未有的陌生感受。在我心底深处，一个声音告诉我："我认识这个人。我从亿万年前起就与他相识了。"然而，我理性的一面却被这个声音吓了一跳，反驳道："荒唐！怎么可能呢？你明明刚刚才遇见他。"

"你名字里的 K 指代什么？"我问他。

"金德里德（Kindred）。"他答道。

"啊哈！"那个声音又响起了。

我一直认为自己是个非常理智的人，从不信那些荒诞的神秘主义言论，于是我竭力把那些奇怪的想法全部从脑海中清除出去。我们三个人坐在厨房桌边，立刻就聊得火热。菲尔举止亲切得体，说话的声音更是美妙至极。当他听说我和我的亡夫与一本名叫《神经》[1]

---

1. 杰·兰德斯曼 1948 年于纽约创立的杂志，是"垮掉的一代"作者的主要作品发表阵地之一。兰德斯曼是安妮的丈夫理查德的好友。

的小杂志有联系，并且认识威廉·英奇[1]、詹姆斯·琼斯[2]等一大堆我脱口而出的诗人和作家时，惊得差点从翘起的椅子里仰面翻下去。我告诉他，我曾经编辑、出版和销售了两本诗歌小杂志：《炼狱》和《狮鹫兽》，加起来一共四期，还有一本理查德的诗集小册子《啤酒与天使》。

我对克丽奥和菲尔详细说了三个星期前的赎罪日那天，理查德在耶鲁大学精神病学研究所猝死的事情。他在饮水机前接水的时候，突然倒地不起。经过漫长的调查，我们最终发现他对治疗期间服用的大剂量镇静剂过敏，甚至到了致死的程度。那种药刚被发明出来，因此并没有人知道它的副作用。不仅如此，很多生性敏感、极具创造力、容易紧张的人对药物的反应也有所不同，这一点似乎连许多医生都不知道。或许这种无知已经导致了很多这样的人死于非命。

可我不想再重温那场悲剧了。我立刻换了话题，改而询问菲尔的创作情况。他告诉我他是个科幻作家。真有趣。我在此之前还从未接触过科幻作家呢。我们聊了聊，我突然发现我曾在《奇幻与科幻杂志》[3]中读过他的一篇小说。这让他颇为高兴。不过，他似乎更愿意和我聊他尚未出版的严肃文学长篇小说。"我只是个二流科幻作家。"他说。

之后我才发现，他已经写作并发表了八十五篇短篇小说，以及五部长篇科幻小说：《太阳系大乐透》《琼斯缔造的世界》《开玩笑的人》《天空之眼》《宇宙傀儡》，并且还正在写《时代错乱》。然而，在那个年代，科幻小说是不入流的，所以菲尔时常因为自己是个科

---

1. 威廉·英奇（1913—1973），美国编剧及小说家。
2. 詹姆斯·琼斯（1921—1977），美国小说家。
3. 美国最负盛名的幻想文学杂志之一。

幻小说作家而感到尴尬。他极其希望自己能够取得"主流"意义上的成功，因此也创作了不少严肃文学小说，可是那些小说直到他死后才陆续出版。

我告诉菲尔和克丽奥，理查德、我和两个女儿为了躲开大城市的喧嚣，1955年搬到了雷斯岬站，我们想在郊区买一块地，种些农作物、养养家畜，理查德则想多花一些时间在诗歌创作上。他从来没有上过一天班，因为他的焦虑症太严重了。幸好，他的家庭足够宽裕，可以支持他的选择与爱好。

菲尔和克丽奥则对我说，他们也想回归自然，与花花草草相伴，养一些动物。为了补贴家用，克丽奥一周中有三天都要到伯克利去，在加州大学的行政办公室上班。

菲尔在写给朋友的信件中这样描述他们的房子和雷斯岬站："我们……在马林郡西北部一个叫作雷斯岬站的乳业小镇买了一栋房子——就在一号公路上。我们有一块100英尺×160英尺大的地，养了两只鸭子和一只公猫。这一片到处都是野生动物——鹿、兔子、近三百种不同的野生鸟类——比加州任何地方都要多。还有成群的野天鹅。鹿在我们的后院自由来去。这里所有的男人都戴着真正西部风格的帽子，穿着靴子——他们就在附近的牧场工作。"

我看了看表。"天哪，我要回去照顾孩子了，"我说，"真希望可以继续和你们聊天。你们明天方便来我家做客吗？我家里有些你们可能会感兴趣的书，还可以看看我们养的羊和牧羊犬'漂移'。"

"好啊，我们很想去。"克丽奥说。

我离开之前，菲尔执意要借给我几本书：弗朗茨·卡夫卡[1]的《城

---

1. 弗朗茨·卡夫卡（1883—1924），奥匈帝国统治下的捷克德语小说家，被认为是20世纪最伟大的作家之一。

堡》,赫尔曼·黑塞[1]的《悉达多》和詹姆斯·乔伊斯[2]的《一个青年艺术家的画像》。开车回家的路上,我开心地想,这对新搬来的夫妇比我想象得还要有趣和好相处。我不禁开始期待起了明天的会面,之前的迷茫和痛苦也一扫而空了。

次日下午,我带着菲尔和克丽奥参观了我的家。在理查德和我的共同努力之下,房子的内部装饰融合了古典和现代风格:伊姆斯椅子[3]、和风纸灯、新英格兰式古董松木桌、纳瓦霍地毯[4]——都是这样的东西。餐桌上还有我尚未完工的泥塑,因此我和孩子们这段时间吃饭的时候都在客厅里随便找地方坐。

"估计你家的供暖费也一定不会便宜到哪里去。"菲尔打量着房子东南面足有四十五英尺高、从天花板一直延伸到地面的落地窗。他猜想,或许客厅中间的钢制焊接壁炉可以替我们解决一部分供暖问题。

"地板下面埋了加热电阻,"我告诉他,"我们花了一万六千美元买下了这栋房子,没有首付,房贷利率是四点五,月供一百零一。"我们一起望向窗外田野里的黑面绵羊,还有山谷对面那些又大又圆的绿色山丘。一群鹌鹑被惊得从田野里飞起。"这一带有很多草地云雀,昨天还有一只狐狸从客厅的角落溜了过去。"我继续介绍道。

菲尔和克丽奥看了看理查德收藏的现代诗歌。"我可以借这本书看看吗?"菲尔拿起了亨利·米勒的《北回归线》[5]。理查德的一位

---

1. 赫尔曼·黑塞(1877—1962),德国作家、诗人,诺贝尔文学奖获得者。
2. 詹姆斯·乔伊斯(1882—1941),爱尔兰作家、诗人,后现代文学的奠基者之一,其作品及"意识流"思想对世界文坛影响巨大。
3. 由美国的伊姆斯夫妇于1956年设计的经典餐椅,曾被列入世界最佳产品设计之林。
4. 美国土著印第安人的手工艺制品,遵循最古老的几何图案,由家里的母亲传给女儿,绝不外传。
5. 亨利·米勒(1891—1980),20世纪美国乃至全球最重要的作家之一,富有个性又极具争议的文学大师。《北回归线》是他的第一部自传体长篇小说。

朋友将这本书偷运进了美国。根据当时的审查制度，这本书在美国还是违禁品呢。菲尔和克丽奥在我家吃了晚饭，然后和孩子们一起做游戏。孩子们睡着之后，我们三个人又聊了很久。

菲尔说他们的邻居，朱恩和杰里·克里希夫妇，邀请他们去"'克劳迪娅·汉布罗'位于因弗内斯的家参加飞碟小组聚会"（克劳迪娅·汉布罗是菲尔在《一个废物艺术家的自白》中为这个女人起的化名）。我已经听说过这个小组的存在了。最起初，一群人不过是聚在一起聊聊哲学罢了，可是没过多久，那些原本还挺有理智的人渐渐都开始相信克劳迪娅有关飞碟的说法。克劳迪娅告诉所有人，世界马上就要毁灭了，但是她和一些来自外太空的智慧生物有私交，因此可以拯救一小部分人，包括这个小组中的所有成员在内。在世界末日到来的那一天，她的房子就会变成一只飞碟。她预测世界末日会在明年春天，也就是1959年4月22日降临。

克劳迪娅对菲尔说，她能看出他来自另一个地方。她对他说："在世界末日到来的时候，你会以某种方式帮助那些可怜的、迷途的人类。"

菲尔在《一个废物艺术家的自白》中写到了克劳迪娅：

"她身形娇小，乌黑的头发扎成一条很粗的马尾辫，让我以为她是个外国人。她的肤色像意大利人一样偏黑，但鼻子却长得像美国印第安人一样骨感。她长着结实的下巴，那对褐色的大眼睛总是目光如炬地盯着我，让我感到很不自在。和我打了个招呼之后，她就没有再说一个字了，只是面露笑意。她那野人一样尖利的牙齿也让我感到有些不安。她穿着一件男款的绿色衬衫，下摆垂在腰带外面，还有短裤和金色凉鞋……某种意义上，她确实有种惊人的美丽，但同时我又不禁觉得，她的身材比例似乎有一点儿问题。她的脑袋和肩膀相比之下实在有点太大了——当然也有可能归结于她那一头浓密的黑发——而她的胸脯则有点往里凹，几乎是中空的，完全不像是女性的胸部。她的臀部相对于肩膀显得太窄，腿相对于臀部也太短，而脚相对于腿则太小。因此，在我眼中，她的身形就好似一个倒三角。她的声音很低沉，刺耳又沙哑，和她的视线一样具有某种摄人心魄的力量和威严。每次和她对视，我都发现自己几乎难以把眼睛转开。尽管她此前从未见过我——用他们的话说，'她的目光从没落到我身上过'——她却表现得仿佛自己早就在恭候我的光临，就像我是她家的熟客一样。"

菲尔第一次参加飞碟小组聚会之后，跟我说他很害怕克劳迪娅有一天会去他家"抓捕他"，他也不想再继续参加她的活动或者和她本人接触了。后来，当她真的来菲尔家敲门的时候，他就在屋子里躲了起来。克丽奥和我只要一想象菲尔在自己家里东躲西藏、吓得不敢出声的样子，就笑了起来。余下的时间里，我们一直在聊书籍和各种想法。菲尔和克丽奥离开我家的时候，已经过了午夜。那个夜晚过得愉快极了。

之后，他们夫妇俩几乎每天都会来做客。我们一起吃饭，一起和孩子们踢足球、打棒球，玩各种棋牌桌面游戏。有些时候，克丽奥去上班了，菲尔就会自己到我家来。我很快发现，菲尔是我遇见过的最会聊天的人。我甚至会自己主动停下话头，只为了听听他想说什么。我们发现我们两个人之间有着无数的共同点：想法、价值观、兴趣爱好……我们都天性羞涩，却又努力在外人面前掩饰着这一点；我们都极易轻信别人，几乎可以称得上是单纯好骗了，而且都是浪漫主义者；我们的父母都对我们寄予厚望；我们俩都喜欢动物、书籍和音乐，不过菲尔倾心巴洛克音乐和歌剧，我则更偏爱现代古典音乐、"过时老土"的爵士乐，还有民谣。

我们两个也都是家中受宠的孩子。菲尔的父母和祖母都非常呵护他，而我从小到大，也是备受父母、管家和两个年纪大得多的哥哥宠爱。我们的母亲都有些专横独断。菲尔的母亲希望他成为一名作家，我的母亲则希望我成为一名大学教授。我俩都在幼年时失去了父亲。我父亲去世了，而菲尔的母亲向父亲提出了离婚。我对菲尔提到了我的两个哥哥，说他们会在我小时候把我扛在肩膀上走来走去，说了其中一个哥哥在三十八岁那年突然去世，也说了父亲在四十二岁那年撒手人寰。菲尔告诉我，他有一个双胞胎妹妹在他们出生三周之后就去世了，他为此感到内疚极了。他说，他的双胞胎妹妹就活在自己体内。

后来，为了能够更了解菲尔，我读了很多关于双胞胎的资料。我发现，如果双胞胎中只有一个人活了下来，确实有不少存活的人都会感觉到死去的另一个活在自己体内。

"而且她是个同性恋。"他一本正经地对我说。

听完这句话，我甚至还没回过神来，他就又抛出了下一枚重磅炸弹："青春期的时候，我做了那个'不可能的梦'。我梦见我和我母亲上了床。"

我吓了一跳。他为什么要对我说这种话？

"就这样，我也赢得了我的俄狄浦斯[1]时刻。"他继续说道。当他

---

[1] 希腊悲剧中著名的杀父娶母的人物。

开口讲话的时候，语调总是轻快而令人愉悦的，因此人们很容易就会被他说的话带着走。过去，我总能在任何人说的任何话里找出值得反驳的点，但我不得不承认，菲尔的一些奇言怪语实在远远超出了我的认知范围，让我甚至都不知道该作何反应。

轮到我开口讲话的时候，菲尔也听得极为专注，令我心花怒放。他的回应迅速、详细而富有想象力。我不禁觉得，我们两个人讲话的时候，就仿佛能去往宇宙的任何地方。菲尔大方自然、风趣幽默，非常令人喜欢。我从未遇见过能像他一样让我开心的人。我也对菲尔说了理查德的事情——尽管理查德从小家境优渥，他却一直没有真正感觉到幸福。他的父亲靠废旧金属发家，父亲去世后，母亲又改嫁了。这位被称作汉德斯曼先生的犹太富商也从事着类似的行业，他开玩笑地称呼自己为"卖废品的"。我告诉菲尔，汉德斯曼夫人虽然总喜欢打扮得花枝招展、珠光宝气，但她其实是个温暖善良的好人。

遇见理查德的时候，我正和大学同学一起在餐馆吃饭，理查德恰好负责招待我们这一桌。他身材敦实，容貌俊美，有幽默感，爱揶揄人。有一家位于圣路易斯[1]河边的小酒吧，叫作小波西米亚，他和画家斯坦利·拉德洛维奇，还有他最好的朋友杰·兰德斯曼是酒吧的三位合伙人。他为我们斟酒的时候，随口背诵了几段波德莱尔[2]和兰波[3]的诗歌。

我也向菲尔讲述了我之前帮助理查德打理他的小型诗歌杂志《炼狱》的事情。在旧金山波特雷罗山一栋房子漏水的地下室里，我

---

1. 美国中部城市，位于密西西比河畔。
2. 夏尔·皮埃尔·波德莱尔（1821—1861），法国诗人、作家，代表作《恶之花》。
3. 让·尼古拉·阿蒂尔·兰波（1854—1891），法国诗人，代表作《地狱一季》。

不得不站在水泊之中做完排版，然后把稿子送到一个老牌无政府主义独立出版社去印刷。我校勘书页，装上封面，然后把那些杂志快递到美国全境的各个小书店售卖。我们时不时会收到书店寄来的小额支票。仅此而已。在我看来，我们所做的一切都是徒劳的，我也渐渐心生倦意。理查德的抑郁症也令我感到抑郁。我记得刚结婚的时候，我还是个活泼而充满生命力的女孩子，刚刚结束快乐的大学生活。我心想："难道成年人的人生就是这样吗？"

在妇女解放运动之前，对于女性来说，她们唯一的出路就是婚姻。绝大部分女性都没有工作。读大学的时候，我曾考虑过成为一名医生，但我的生活中却没有任何一位从医的女性榜样。我大学一毕业就结婚了，因为那就是大家对我的期待。理查德主动追求了我，他有一群很有趣的朋友，还会写诗。遇见他之前，我还从未遇见过会写诗的人。在那个年代，诗人、作家和画家都很罕见。

据心理医生诊断，理查德患有焦虑性神经衰弱症。难怪自他童年时代起，他的母亲就会一直带他去看精神病医生。后来，医生发现他的症状可能与过敏有关。他有时会陷入抑郁，变得疏离而沉默。和大部分酗酒者一样，他喝醉后也会性格大变，胡作非为。同样，在那个年代，家庭里出现的所有问题都会被怪在女主人头上。维持家庭的和睦本该是我的责任，因此我一直以为，我是个失败的妻子。

每次理查德要去理发店的时候，都非常焦虑。那时所有男性都留着短短的头发，理查德认为他每过六个星期就要去理一次发，因此每六个星期，我们家都会因为理发产生一次不愉快。最终，理查德的精神病医生，A医生，建议理查德住院治疗。那时，康复医院和戒酒中心还没有现在这样普遍。理查德的家人从加州赶过来，陪他去耶鲁大学精神病学研究所接受治疗。两个月后，犹太赎罪日那天——整个犹太历最神圣的一天——理查德猝死了。

菲尔对于有关理查德的一切都很感兴趣。在《一个废物艺术家的自白》中，查理·休谟这个角色就是以理查德为原型的。只不过，菲尔完全没能抓住理查德的精髓。查理还有部分原型是基于他的朋友，迈克·海纳特。

在读过《一个废物艺术家的自白》之后，理查德的家人和部分好友再也没有和我说过一句话。我只能说，有些人从这样一部仅能部分代表作者本人生活的小说中得出了错误的结论。

菲尔十分详尽地对我描述了他的人生，他自称是工人阶级的一员，爱岗敬业，自学成才。父母离婚后，他就几乎没有再见过父亲了。他和母亲搬到华盛顿特区住了两年。他们搬住伯克利之后，他在高中的最后一年辍学了，然后请了一位家庭教师。他在名叫"大学广播电台"和"艺术音乐"的两家唱片店打了几年的工。当我称他为"伯克利披头族"的时候，他开心极了，把这个称呼当成是一种荣誉。

在我们相遇两周后的一个下午，菲尔又来我家做客了。谭迪在睡午觉，海蒂和简妮都去上学了。我们分别坐在沙发的两端聊天。突然间，菲尔抓住了我的手，说："你就是我梦想得到的一切。"他的声音低沉，语气热烈。

我惊讶得差点从沙发上摔了下去。我整个人都愣住了，像个维多利亚时期的老处女那样呆坐在那里，盯着地面，完全不知道接下来该说些什么、做些什么。菲尔将我揽过去，亲吻了我。在片刻的犹豫之后，我下意识地开始回吻他。我们接吻，停下来聊天，然后继续接吻、聊天。我们可聊的话题又多了一个：我们之间的互相吸引。不论是菲尔还是我，对此都有千言万语要说。

我对菲尔讲述了我初次遇见他时那种奇妙的感觉，而在遇见他之前，我根本就不相信一见钟情的存在，更想不到会发生在我自己身上。我感觉自己就像神话故事里的女主角：英雄赴汤蹈火来拯救她，将她从魔法带来的沉睡中唤醒了。菲尔对这个比喻着迷极了，因为他特别倾慕瓦格纳[1]。他再一次来我家的时候，便带来了整部《尼伯龙根的指环》的唱片，播放了其中好几个选段。他说以后有机会我们应该一起把整部歌剧都听完。

我心中思绪翻涌。当他离去的时候，我意识到自己爱上的这个男人已经结婚了，我不应该对他有这样的感觉。于是我约了 A 医生见面。A 医生对我而言就像慈祥的叔叔，我对他有着毫无保留的信任。

头一年，我还去 A 医生那里接受过好几次心理咨询。理查德其实才是 A 医生的病人，但在那个女权主义兴起之前的时代，A 医生始终坚信，如果丈夫的精神状况有问题，那心理医生也应该治疗一下妻子，我并不介意这一点。坐在扶手椅里和精神分析师聊天，接受精神分析在当时是件很潮的事情，我甚至可以说，精神分析就是当时最流行的宗教。A 医生是一位精神病医生，不是精神分析师，我去拜访他的时候也没有扶手椅可以坐，只能坐在普通的椅子上。不过，既然主要都是我在讲话，A 医生在聆听，那么大概也勉强算得上是精神分析了。在前厅等待的时候，我随手翻了翻茶几上的医学杂志，发现所有的强效镇静剂广告上都是女人——她们看上去要么凶神恶煞，要么垂头丧气。

"为什么这些广告上一个男人都没有？"我脑海中飘过一个念头。

当我终于见到 A 医生的时候，我单刀直入地问他："我爱上了

---

[1] 威廉·理查德·瓦格纳（1813—1883），德国作曲家，浪漫主义音乐大师，下文的《尼伯龙根的指环》是他作曲及编剧的大型音乐剧。

一个有妇之夫,我该怎么办?"

A医生建议我别太担心克丽奥的感受。他说:"克丽奥会怎么想,是菲尔需要处理的事情。他们两个人的关系与你无关,你无须在其中扮演任何角色。"我试图听从他的建议,但我内心的愧疚还是没能减少半分。

A医生希望见见菲尔。当我把这件事情和菲尔说了之后,他说:"好的,我也想见见他。"

A医生对菲尔颇有好感,甚至可以说彻底被菲尔吸引了。后来,他又为菲尔的妄想体系所蛊惑,因此作为精神病医生,他其实没能够帮到菲尔多少。

就这样,我被卷入了一段狂风暴雨般的感情。为了安慰我,菲尔对我说,克丽奥拒绝生孩子,就连极端保守的罗马天主教会都会在这种情况下宣布婚姻无效。于是我疯狂地、不顾一切地、如痴如醉地爱上了他,就连菲尔的电话号码在我眼中都有种神秘的美感。菲尔总是对我赞誉不断,赞美我的性格、容貌、想法,还有我教育孩子的方式:"你视他们为成年人。"他总是充满爱意,还会主动刷碗、拖地。

"我就知道,这才是真爱该有的模样。"我告诉他。

我们总是手牵手去散步,去沙滩、森林,沿着雷斯岬半岛起伏的丘陵漫步。我开车——菲尔喜欢让我开车——载着我俩造访了古老的石灰窑、有着深厚历史的墓园,还有牡蛎养殖场。有一天,海水的水位很低,我们便索性一路开到了最远的皮尔斯角,爬下悬崖,站在附满鲍鱼的礁石上。后来我才发现,原来那天菲尔非常害怕,很久才鼓起了勇气,抓着下垂的绳子爬下了悬崖。

他在《一个废物艺术家的自白》里描述了那件事:

现在费伊已经走到了一些凸起的岩石旁边。他看到她前面是陡峭的悬崖，远处的悬崖下隐隐可见礁石的顶部，还有冲荡的海浪。费伊蹲下身子，一步一步地向下爬到悬崖一个突出的边缘上。在那里，在一堆堆滑落下来的沙子和碎岩中间，有一根绑在钉入岩石的金属桩上的绳子。

"接下来就要靠绳子了！"她喊道。

"我的老天爷。"他心想。

"我的女儿们都能顺着绳子爬下来。"她说。

"我实话跟你说吧，"他一边说着，一边两脚分立，站稳身子，小心翼翼地保持着平衡，"我真不确定我能行。"

"那我负责把所有东西都搬下去。"费伊说，"把所有背包和鱼竿都丢给我。"

他小心翼翼地把所有东西都逐个递给了她。她把背包绑在后背上，抓着绳子，然后消失了。过了一会儿，她又重新出现了，这次就站在悬崖下的沙滩上，仰起头直接望着他。在他看来，她不过是礁石丛林中一个小小的人形罢了。她把双手拢在嘴边喊道："好了！"

恐惧令他不断地咒骂着。他磕磕绊绊地来到了费伊刚刚站过的岩石边缘，握住了绳子。他发现绳子已经被严重腐蚀了——这个发现可一点都没起到鼓舞士气的作用。不过，好在他也同时发现悬崖并没有他想象得那样陡峭：上面有一些方便攀爬的落脚点，那根绳子的存在只不过是多一重安全保障而已。即使没有绳子，就算有什么紧急情况，一个人也可以轻而易举地爬上爬下。于是，他攥紧了绳子，一步步逐渐爬下悬崖，抵达海滩。当他终于站稳的时候，发现费伊早已经离开了，正在寻找适合钓鱼的深水区。她甚至都没想过要看看他是怎么爬下来的。

我完全不知道菲尔竟然如此畏惧那座悬崖。

菲尔的频繁到访令我的女儿们感到有些困惑，但她们都很喜欢他，也逐渐习惯了他成为家中的常客。她们知道我和菲尔之间的关系有些奇怪，但她们也说不太清楚具体是怎么一回事。克丽奥似乎凭空消失了。菲尔非常喜欢孩子们，也常常和我们一起去沙滩玩儿。我震惊地发现，菲尔从未学过游泳，还十分恐惧下水。我希望他能上一门游泳课，克服对水的恐惧，但他拒绝了。他说他只想站在沙滩上看着我们在水里玩儿。菲尔送孩子们去上舞蹈课，给她们做早餐，领着她们四处游玩：动物园、红木森林、游乐园。他们四个人还一起发明了一种叫作"怪兽"的游戏。女孩儿们兴奋地尖叫着，四散逃开，"怪兽"菲尔则故意拖着一条腿，做出跛足的样子，脸上挂着恐怖扭曲的表情，伸出模仿爪子的双手，在房子里追着她们跑来跑去。所有的邻居家小孩都喜欢到我家来玩"怪兽"游戏。菲尔演怪兽演累了，我们就一起到外面去玩棒球、足球或排球。偶尔，菲尔会把其中一个孩子抱在膝上，其他孩子就都听话地围到他身边，听他讲即兴编出来的故事。

到了晚上，菲尔就在客厅中间的钢焊壁炉里生起火。吃过晚餐后，我们支起牌桌，一起玩拼字游戏、金波棋或是"游戏人生"。菲尔玩"游戏人生"的时候从来不会选择"读大学"的游戏支线。我试图教菲尔玩"你演我猜"，但他完全不喜欢。我则讨厌玩"大富翁"，我的棋子总是会落在菲尔的酒店那一格，但是菲尔和女儿们都很爱玩儿。菲尔总是选择那只旧鞋作为自己的棋子。

我们之间的私情震惊了整座小镇。我一贯很会察言观色，但这次我却几乎完全没注意到邻居的窃窃私语和异样眼光。朱恩·克里希诧异地说："我从没见过有人能做出这种事。"

终于，十二月初的时候，尽管我对菲尔的感情依旧强烈，我却主动向他提出了分手。虽然 A 医生开导过我，但我还是觉得我们这段关系是错误的。菲尔和我单独出游了一次，去了索萨利托[1]，没有带上孩子们。走在石块遍布的沙滩上时，我清晰地记得我的双脚踩在那些圆圆的石块上的感觉。最终，我看向菲尔。由于难以保持平衡，我边说话，边把一只手放在他肩膀上。

"菲尔，"我说，"我们的关系不能再继续下去了。我需要一段更认真的感情，而且我一直觉得很对不起克丽奥。虽然我爱你，但我们之间这件事是个错误。你是有妇之夫。就是这样。"

菲尔抓住了我的双手，用绝望的语气说："安妮，请不要离开我。"

那一刻我意识到，他是需要我的。我停顿了一下，然后说："好的——但我们必须结婚才可以。"菲尔同意了。

A 医生对此感到很生气。他严厉地说："一个像克丽奥这么好的希腊裔女孩可能永远都没法再婚了。"

我什么都没说。毕竟 A 医生是精神病医生啊。但令我觉得奇怪的是，是他最初让我不要为克丽奥负责的，而现在他又来告诉我，这全是我的错。反正现在也晚了。无论如何我都不会放弃菲尔的。

A 医生想再见菲尔一面。菲尔和他碰过头之后，笑着回到了家。"A 医生说：'如果安妮想要一个丈夫，她就会出去找到最好的那个选择，就像去超市买块肥皂一样。'"我不知道该如何回应这句话，所以我保持了沉默。菲尔偶尔会说些完全超出我的认知范围的话，或是在闲聊时提到自己的过去——就像一罐罐生蛆的罐头，还是别开为妙。

---

1. 位于美国旧金山湾区的度假小镇。

菲尔向克丽奥提出了离婚。她同意了，然后搬回了伯克利。住在街对面的阿维斯·哈尔说，克丽奥当时开车离开雷斯岬站的时候，"速度有每小时一百英里那么快"。菲尔在《一个废物艺术家的自白》中也描写了她离开的样子。

菲尔同时在墨西哥和加利福尼亚州都申请了离婚。根据当时的离婚法律，墨西哥离婚的流程很快，加利福尼亚州离婚则需要等一整年才能通过审批。这样，我们春天就可以先在墨西哥结婚，然后再慢慢等加利福尼亚州的离婚生效。然而，复杂的是，如果菲尔没有先在加利福尼亚州离婚，那么墨西哥的离婚从法律层面讲也是不算数的。但在那个时候，我彻底把我和菲尔关系里的法律因素抛之脑后了。我知道这非常愚蠢。尽管我在日常生活中是个很实际的人，但在面对人生重大选择的时候，我可一点都不实际。

在我遇见菲尔之前，我和女儿们就已经决定了要在圣诞节期间回到圣路易斯，去探望理查德的家庭。菲尔对此表示支持。理查德的社会保险每月会支付给我五百七十五美元，我和女儿们还继承了理查德在东海岸的一座房子，每月会收到租金。他希望我能和汉德斯曼夫妇达成协议，让他们每月再为我提供一笔钱。但这个想法显然是不切实际的。汉德斯曼夫妇每月给理查德补贴五百七十美元，却一直疑惑为何我们没钱买辆凯迪拉克开一开，或是每个月都给三个女儿买新衣服。与此同时，汉德斯曼夫人会定时把自己的"旧衣服"——价值数千美元的欧洲设计师品牌服装，甚至有些衣服从来都没穿过——一箱一箱地寄到我家来。我觉得我们几个人在面对金钱的时候似乎都有些不切实际。

我和女儿们在圣路易斯的时候，菲尔给我写了一封信：

> 亲爱的安妮，你一离开家，那位为你打扫房间的奇怪

老太太就迅速去了你家。我把你们送到机场，又返回你家关灯、锁门的时候，我发现前门紧锁，那盏大大的户外灯关上了，室内各种凌乱的地方也都清理干净。餐桌正中正是我的蓝色睡衣，装在纸袋里。在房间被打扫得一尘不染之后，它是如此显眼，就好像在这个朴素的房间里时刻提醒着别人：纸是包不住火的。不过，那位老太太也并非完美无缺：她没关好水龙头，而且地上还扔着一把勺子。

（把我们送到机场之后，他先去了一趟母亲家，才回到雷斯岬站）

我上楼到了我母亲住的地方，蹭了一顿饭，然后解释了我为何会在这里（我把你和孩子们送到了机场，或者宇航中心，管它呢）。之后，我和母亲就"结束糟糕的婚姻"这一话题聊了老半天（我的婚姻，还有她和我父亲的婚姻）……我小心翼翼地擦干了挡风玻璃，然后开车出发了。其实路上并没有多难走。雨已经快要停了……圣诞购物的人都回家吃饭了。然而，开到差不多一半路的时候，大约在和101号公路的交口那里，我开始战抖起来。我知道这跟开车本身没有关系，只是单纯因为从这里开始，后面的路就是我们五个刚刚一起开车经过的路了。我下意识地开始把独自一人回家的旅程，和我送你们去机场时五个人的热闹进行了对比……马林郡好像闭锁了一样，彻底荒废了。这里仿佛空无人烟，就像那些半废弃的战时开发住房，现在早已摇摇欲坠、杂草丛生。我接近伍德埃克[1]的时

---

1. 马林郡的一个小镇。

候，开始认真考虑自己到底能不能开回雷斯岬站，然后熬过接下来的十三天。不管怎样，我确实成功开回家了，也下了决心要熬过这十三天。这证明了一个普通人只要下定决心，就几乎能做到任何事情——这是你常爱说的……把我介绍给你那些出身乡村但社会地位颇高的亲友时，你可以这么说："他在俄罗斯和英国都很有名……事实上，还有德国、意大利和法国——以及南非和阿根廷（小说还在翻译）……他马上就要在美国出名了，因为利平科特出版社明年春天就要出版他的一部小说。"

在另一封信里，他这样写道：

你永远无法想象你打来的那个电话到底对我产生了怎样的影响。在接下来的一个小时（更像是两个小时）里，毫不夸张地说，我一直处在狂喜之中。我从未有过这种感受，仿佛房子里所有的墙都在逐渐融化，而我直接望向外面，目光可以穿透无垠的时空。那是一种身体上的感受，而非仅仅是脑海里的念头。我感受到了一种全新的、真实的存在方式。当然，几天没有和你联系让我产生了分离的痛苦。这是很自然的一件事，但我所能意识到的，只有我心中的沮丧、孤独和百无聊赖。那时我感觉，你作为我现实生活的一部分，好像开始消退了。不是说我对你的感情产生了变化，而是作为我生命中切实存在的一员，你在物理层面和我产生了距离感。可是，当你打来电话的时候，那种距离感顿时无影无踪，你又作为真实的一部分回到了我身边，让我感到如脱胎换骨一般，就好像我陡然从一个世界进入了另一个世界……我听到你的声音时,就像教徒在经历了传统的闭关、斋戒和冥想之后"听到"了上帝的声音一样。唯一的区别是,你是切实存在的,而我却不确定上帝是否存在。

我和女儿们回到雷斯岬站之后,菲尔立刻搬来和我们同居了。他带来了所有的个人物品。他的衣服本身就很便宜,早已被穿得破旧不堪、松松垮垮。菲尔完全不在意外表,也不在意任何家具。他最珍视的只有他的皇家电动打字机、米罗华唱片机、藏书、唱片,还有一套《大英百科全书》。

他最喜欢的书包括詹姆斯·斯蒂芬斯[1]的《金坛子》和纳撒尼尔·韦斯特[2]的《寂寞芳心小姐》。他的藏书包括《惊异科幻》[3]《惊奇故事》[4]和《奇幻与科幻小说杂志》的全套。他收藏了一大堆H.P.洛夫克拉夫特[5]的小说,还有其他恐怖小说。他还拥有不少严肃文学作品,当时他正对加缪、卡夫卡、贝克特[6]和尤内斯库[7]的作品感兴趣。

海蒂喜欢菲尔带来的旧漫画书藏品,尤其是《魔术师曼德》和《疯

---

1. 詹姆斯·斯蒂芬斯(1882—1950),爱尔兰诗人、小说家,爱尔兰文学复兴运动的主要参与者。
2. 纳撒尼尔·韦斯特(1903—1940),美国作家、编剧,被誉为"迷惘的一代"中最后一位天才。
3. 约翰·W.坎贝尔主办的科幻杂志。
4. 1926年由雨果·根斯巴克创刊,世界上第一本科幻刊物。
5. H.P.洛夫克拉夫特(1890—1937),美国恐怖、科幻与奇幻小说作家。
6. 萨缪尔·贝克特(1906—1989),爱尔兰作家,代表作有《等待戈多》。
7. 欧仁·尤内斯库(1909—1994),法国剧作家,荒诞派戏剧最著名的代表之一,代表作有《犀牛》。

狂》杂志全集。她把之前用来阅读童话故事的时间全都花在阅读菲尔写的《宇宙傀儡》和他收藏的其他各种科幻小说上。

菲尔还带来了一只有两个抽屉的资料柜，里面塞满了各种文件。他把自己写过的每一封信都复印了一份存档。

"你留下这么多信件，肯定是为了方便你未来的传记作者。"我开玩笑道。他也露出一贯温和的笑意，却没有回答我的话。

我把菲尔自己写的小说全都收拾在了一起。晚上，女儿们上床睡觉之后，我就坐在床上读菲尔的作品。我吃着洋蓟，一边用叶子蘸着荷兰辣酱，一边翻动书页。菲尔总忍不住要到卧室来转一转，看看我读他作品的样子。

他说："你让我想起了塞缪尔·约翰逊[1]。你把荷兰辣酱滴在你睡衣上的样子，就像约翰逊把鸡蛋撒在背心上一样。你的机智与尖锐也丝毫不输约翰逊。"然后他又补充了一句，"如果你是约翰逊，那我就是鲍斯韦尔[2]。"

我对他笑了笑，继续低头读书，心想："所有人都知道，科幻小说家才不会写传记呢。"在接下来的几天里，我读完了他所有的作品，并兴奋地对每个故事做出了评论。我最喜欢的是《今为人类》。我对他说："《今为人类》是你最好的作品。"

我们对书籍的品位不拘一格。我俩的藏书里都包括了《小熊维尼》和《当我们年轻时》。我们都对这两本书了如指掌，甚至可以随口引用一整章的内容和诗歌。孩子们对此很高兴。我推荐菲尔读

---

1. 塞缪尔·约翰逊（1709—1784），英国历史上最有名的文人之一，集文评家、诗人、散文家、传记家于一身。前半生名声不显，直到他花了九年的时间独立编出《詹森字典》，终于为他赢得了声誉。
2. 詹姆斯·鲍斯韦尔（1740—1795），英国著名传记作家，为英国文学评论家、诗人塞缪尔·约翰逊撰写了《约翰逊传》，记录了他后半生的言行，使他成为家喻户晓的人物。

《大教堂谋杀案》[1]，但他却一头扎进了理查德留下的三卷桑德堡[2]所著的《林肯传》。

"我是个内战迷，"他说，"内战百年纪念日就快到了，人们马上就要开始对内战产生浓厚兴趣了。"他想要基于内战写一部小说。他也饶有兴趣地读了我收集的许多弗洛伊德心理学著作，以及我的《犹太民间传说精选》。

他把藏书全部拆包完毕、在架子上一一摆好之后，又把书房旁的壁橱改成了自己的私人药房。他拥有大量的各种药片和药水，女儿们流鼻涕或者摔破膝盖的时候，他就喜欢为她们开药或者包扎。他给简妮看了他所有的药，解释了每一种药的用途，然后说："成年人几乎总在生病。"菲尔不敢相信我连阿司匹林都没有。"难以置信，"他说，"你空有一个药柜，但里面却什么都没有。"

我是由笃信基督教科学派[3]的母亲抚养长大的，因此从不吃任何药物，也几乎没去看过医生。"我从来不生病，要那么多药做什么？"我说。

菲尔每天都要吃两颗甲安非他命。"这是医生几年前给我开的处方药。"他说。他从未解释过为什么要吃药，我也没有兴趣多问。他和我同居不久之后，就突发了一次心动过速。他告诉我："我的心脏可以连续几天都快速搏动，除非我服用奎尼丁，否则我可能就会死掉。"他又补充道："奎尼丁也很危险。我服用奎尼丁也有可能会死掉。"我觉得他对这些事情有点过于神经质了。反正在我眼里，他看上去挺健康的。

---

1. 英国诗人、剧作家 T.S.艾略特的戏剧作品。
2. 卡尔·桑德堡（1878—1967），美国诗人、传记作者和新闻记者。
3. 1879 年由玛丽·贝克·艾迪创立。该教派认为物质是虚幻的，疾病只能靠调整精神来治疗，并称此为基督教的科学。总部位于美国马萨诸塞州的首府波士顿。

菲尔的猫也一起搬过来了。那是一只破了耳朵、灰白相间的公猫，是菲尔从伯克利的某条小巷里捡来的。他很喜欢猫，总是不间断地养着一两只。他给猫起名叫"塔姆佩"，对它溺爱有加。如果猫到了饭点却没出现，他就会忧伤地说："塔姆佩又死了。"我更喜欢长相漂亮的纯种动物，但塔姆佩让我想起了我小时候捡回家的流浪猫，因此我也对它很宽容。而菲尔则非常爱它。

我们还没来得及收拾好菲尔的所有东西，就该庆祝今年的第一个生日了：我的生日。菲尔为我买了一把敲化石的锤子作为礼物。我彻底被他迷住了。他怎么知道这正是我想要的礼物？我们驱车去了德雷克斯海滩[1]，采集嵌在岩壁中的鲸骨化石。

菲尔刚刚完成了《时代错乱》的创作，那将是他出版的第一本精装书。他用我的名字命名了本书最后一部分中的一个小角色。有时候他在我家书房写作，有时候回到他的老房子写作。起初他会一直写到深夜，最后我终于抗议说，他的作息时间需要适应家庭生活，他立刻为自己安排了朝九晚五的时间表，每天回家吃午饭。在午饭桌上，我们总是聊得很投入，让我经常一不小心就烧焦最先放进烤箱里的那两个奶酪三明治。我们讨论叔本华、莱布尼茨、单细胞生物和现实的本质，或者杜尔凯姆[2]用康德理论去分析澳大利亚土著文化这一举动。或者，菲尔会滔滔不绝地谈论三十年战争[3]和华伦斯坦[4]这类"轻松"的话题。

日耳曼文化对菲尔有很大的吸引力。他告诉我他有四分之一的德国血统，更是个"狂飙突进"的浪漫主义者。他深深仰慕着瓦格

---

1. 位于雷斯岬站附近的海岸。
2. 埃米尔·杜尔凯姆（1858—1917），法国社会学家。
3. 发生于1618年至1648年，由神圣罗马帝国内战演变而来的一场大规模国际战争。
4. 阿尔伯莱希特·华伦斯坦（1583—1634），三十年战争时期神圣罗马帝国的军事领袖。

纳、歌德、舒伯特和巴赫。他热爱教皇约翰，讨厌伯克利合作社[1]、爱德华·泰勒[2]、阿兰·瓦兹[3]、阿兰·特姆科[4]和KPFA电台[5]，因为那里"充满共产主义者"。他非常憎恨老年男性，尤其是老年男性司机。他对我描述了"格根星"的样子，这个虚构的隐藏行星位于太阳的另一面，与地球恰好相对。我们这些地球上的人类永远都不可能看到它。他对男高音、中世纪阉人和关在罐子里的侏儒的话题滔滔不绝。

有一天中午，在我们一起吃午饭的时候，他突然用十分冷静的语气说："我曾经有一个完美的妻子，而我用她换来了你。"

这句话和我们之前在讨论的内容完全无关。在我的一生中，我一直是个直言不讳的人，总能顺畅地表达自己的意思，从来没有失语过，但面前的这个男人却似乎总能说出一些令我根本不知道该如何作答的话。但他说话的样子又是那么温和可爱、那么冷静，让我没法对他发脾气。

三月份的时候，菲尔去法院领取了他的离婚中期裁决书[6]。他回家的时候，显得十分沮丧，甚至有点生气。我感到非常困惑：在那之前，他一直不断地对我强调，他有多么喜欢现在的人生，有多么庆幸自己做出了改变。第二天，我们带着孩子们去了奥克兰梅里特湖的游乐园。我们买了票，去坐公园里的环形观光小火车。我和孩

---

1. 原文为 Berkeley Co-op，疑为 Berkeley Student Cooperative 的缩写，即伯克利学生合作社，由加州大学伯克利分校的学生于1993年成立，旨在为经济困难的大学生提供低价住房，以其嬉皮氛围闻名。
2. 爱德华·泰勒（1908—2003），匈牙利裔美国理论物理学家。
3. 阿兰·威尔逊·瓦兹（1915—1973），英裔美国哲学家，曾为KPFA电台志愿工作。
4. 阿兰·特姆科（1924—2006），活跃于美国旧金山地区的建筑评论家、作家。
5. 一家位于加利福尼亚州伯克利的电台，宣扬改革与文化多元。
6. 指离婚诉讼期间对某些问题的暂时性裁决。

子们上了一辆车,但是菲尔没有地方坐了,因此列车长把他和一群童子军塞进了另一辆车。

菲尔在《一个废物艺术家的自白》里描述了自己的心情:

> 或许她会成为一个好妻子……她会忠于我,帮助我完成我想做到的事情。她对我的旺盛控制欲终会消失的;她体内的能量也会渐渐淡去。我会让她做出实质性的改变。我们会改变对方。终有一天,我们将再也无法分辨到底是谁引领了谁,以及为什么会这样。

三月底,我们开车去墨西哥结婚。我们抵达蒂华纳[1]的时候,我说服菲尔,我们应该继续向前开到恩塞纳达[2],因为蒂华纳实在是太丑陋了,不适合结婚。沿着巴哈半岛[3]而下的孤独山路令菲尔感到很不舒服。我们住在位于恩塞纳达海滩的一家汽车旅馆里——我还记得那个宽阔的旅馆房间,有着粗糙的木头横梁和美丽的蓝色手工瓷砖地板,还有那天晚上我们在旅馆餐厅品尝的美味的现捕海鲈鱼。

我本来想等到四月二日再结婚,但菲尔急着要在四月八日之前赶回雷斯岬站为简妮庆祝生日,于是,我们匆匆忙忙地走上了小镇的街头,想要打探一些如何才能在这里结婚的信息。我们对墨西哥的婚礼程序一无所知。尽管我大学期间学了五年的西班牙语,但我到了这里,依然无法和人顺畅交流。四十年代的语言学习不包含对话交流,只学语法和阅读。最终,我们找到了一个会说英语的结婚

---

[1]. 墨西哥北部城市。
[2]. 位于墨西哥下加利福尼亚州的港口城市。
[3]. 即下加利福尼亚半岛。

手续经办人,请他替我们准备一切所需的法律文件。法官在一座古老的西班牙要塞里为我们完成了婚礼程序。这座要塞看上去就像一座小型中世纪城堡,地上铺着油毡,一群鸡在里面跑来跑去,还有几位美丽的墨西哥妇女怀抱着婴儿,坐在靠墙摆放的木凳上等着与法官会面。

西班牙语的结婚典礼听上去美妙极了。1959 年愚人节那天,我和菲利普·迪克结为了夫妇。

我们去当地的集市为孩子们买礼物。就在我们驱车一路向北驶向加利福尼亚州边境的时候,菲尔说,他必须对我坦白一件有关他的可怕的事情。他对这件事感到很尴尬,觉得我知道之后就不会再爱他了。他觉得这表示他是个有严重缺陷的、不完整的人。原来他有疝气病。

"你为什么不去看病呢?"我问。

他说:"看病的话就要去医院,我不想去医院。"

对于他的这个想法我实在无法苟同,但是当时我们毕竟正在度蜜月,所以我什么也没说。

在恩塞纳达的时候,我们买了一加仑[1]龙舌兰酒(我记得那瓶酒花了三十美分),而菲尔想把酒偷偷带入美国国境,逃掉边境的关税。他把酒藏在了行李最下面,令我紧张不已。入境的时候,他直接望着边境守卫,然后微笑着表示我们没有任何需要申报的东西。结果,入境之后,我们才开了差不多二十英里远,就听见了刺耳的警笛声。是美国海关警察来了。菲尔顿时变得脸色苍白,我还以为他当场就要晕过去了。他以为警察是为了那瓶龙舌兰酒来抓他的。不过,那辆警车径直超过了我们,向前继续驶去。菲尔大大松了一口气。

---

1. 1 加仑约合 3.78 升。

当我们回到雷斯岬站的时候，其实才过去了三天而已。四月十六日，我们结婚的消息在当地的周报《贝伍德杂刊》上刊登了，同期刊载的还有"拉维尼娅·亚当斯周日驱车抵达诺瓦托"和"沃伦·梅里特发现巨型蘑菇"这样的新闻，还有女士花园俱乐部的樱草茶花饰草帽大赛，以及诸如有人溺水、有人坠落悬崖之类的消息。

开车回家的路上，我们决定，女儿们从现在开始应该改口叫菲尔"爸爸"了。孩子们对此没有任何异议。当她们提到理查德时，就称他为"第一个父亲"。她们和菲尔在一起很开心。除了给她们读书和扮演"怪兽"之外，菲尔还准许她们在床上吃热狗。我希望菲尔能够正式收养我的三个女儿，但他觉得如果那样的话，他就必须在经济上对她们负起全责，而他的收入还远远不够。我很失望，可是他又向我指出，如果他收养了女儿们，那么在某种程度上，他就割裂了她们和祖父母之间的关系。他觉得这样对孩子们的身心健康是有害的。他解释之后，我就认同了他的立场。毕竟，在我看来，他是一个好父亲，我们的家庭也十分和睦团结。这才是更重要的。

如今我们结婚了，我也终于愿意把菲尔介绍给我的朋友们了。偶尔我会在介绍的时候不小心把他说成是"理查德"。"这个丈夫和另一个丈夫是一样的。"我开玩笑地说。我们去了奥科夫妇家里吃饭。阿道夫·奥科是当地一位房地产经纪人。1948年，解放战争[1]时期，他曾在一艘以色列战舰上当过舰长，他们突破了英国的封锁，把七千名难民从比萨拉比亚[2]带到了以色列。奥科的妻子格拉蒂斯甜美、漂亮，又有些糊里糊涂的，经常喝酒。菲尔在《牙齿完全一样

---

1. 即发生于1948年至1949年间的第一次中东战争。
2. 当时苏联东南部一地区，如今部分在摩尔多瓦境内。

的人》这本书中,以他们夫妇为原型,用有些刻薄的方式塑造出了伦西波一家。他在书中详述的那些可怕的、亵渎神灵的"复活节笑话",都是从奥科舰长那里听来的。

奥科舰长是尼米兹海军上将[1]的朋友,也是极力推动德雷克航海家公会成立的人之一。这个公会旨在证明弗朗西斯·德雷克爵士[2]并非在蒂布龙[3]登陆,而是在马林郡西海岸登陆。三十年代,有人在那里发现了著名的"铜盘"。奥科家里有不少铜盘的复制品,他还送给了我们一个,让我们挂在家里的墙上(多年以后,科学家证明"铜盘"是假的)。菲尔把所有这些传说都写进了《牙齿完全一样的人》之中。

我们也和隔壁邻居皮特和琼·斯蒂芬斯夫妇成了朋友,他们经常来我们家拜访,吃晚饭或是喝点小酒。

1983 年,我在写作这本书的时候,从亚利桑那州的一座小镇里给琼打了个电话。克里斯·斯蒂芬斯,她已经成年的儿子之一,依然住在雷斯岬站。他说琼没有电话,但她每周三晚上都会去当地酒吧坐一坐。我最终联系上了她,和她进行了愉快的叙旧。她还记得菲尔,依然非常喜爱和思念他,也正在重读他的全部作品。

彼时皮特和琼分居了(不过他们后来又搬回到一起);皮特住在湾区的某个小镇。幸运的是,我在皇宫集市的肉铺前撞见了他,那时他恰好回来办事,我得以与他闲谈了一会儿。听说菲尔数部小说中(包括《激光枪》和《牙齿完全一样的人》)的发明家都是以自己为原型的时候,皮特十分高兴。

---

1. 切斯特·威廉·尼米兹(1885—1966),美国海军名将,十大五星上将之一。
2. 弗朗西斯·德雷克(1540—1596),英国著名海盗,后被授为爵士。
3. 加利福尼亚州城市,位于旧金山北湾。

皮特受雇于旧金山著名设计师沃尔特·兰多[1]，是一名优秀的发明家和技术员。他每天都会去旧金山滨水区一个改造过的仓库上班。菲尔和皮特渐渐成为了好朋友。

我把菲尔介绍给了鲍勃·艾伦。鲍勃是西马林中学极受欢迎的科学教师，有点胖，五英尺四英寸高。他带我们两个去了利曼图尔海滩的考古工地，挖掘几百年前印第安人在营地篝火旁留下的取火镜。我们还发现了黑曜石箭头、猎鸟箭头、印第安烟斗的碎片，以及从西班牙殖民时期沉船里冲上沙滩的中国明代瓷器碎片。鲍勃把我们发现的所有东西都捐给了索萨利托的一家博物馆。菲尔把鲍勃·艾伦和考古的事情都写进了《牙齿完全一样的人》。鲍勃同时也是《血钱博士》中的主要人物之一。

菲尔遇到了比尔·汤普森——狮子俱乐部的主席和当地屠夫之后，也把他写进了《牙齿完全一样的人》中，将他化为杰克·E.维普这个人物。普拉特斯医生变成了特伦斯医生，而当地一个承包商乔·戈麦斯则变成了约翰·弗洛雷斯。弗洛雷斯是菲尔在伯克利一个老朋友的名字，几年前去世了，所以或许这个角色是由这两个人拼凑起来的。菲尔笔下的角色经常有两个以上的原型。

西马林小学的体育老师露易丝·米尼是个活泼的红发姑娘，她和菲尔是在伯克利认识的。她的前夫，诺曼·米尼，是菲尔的好朋友。后来，她也成了我的好朋友。

菲尔生性节俭，而我花钱却大手大脚。菲尔教过我要谨慎理财。他说："把所有要出门办的事都攒到一起，出门一次就全都做完，以便节省汽油。多去几家超市购物，多买特价商品，在家屯起来，但只屯那些你会经常用到的东西。尽量去折扣店买你需要的东西。永

---

1. 沃尔特·兰多（1913—1995），美国著名商标设计大师。

远都不要冲动消费。"他给的建议我都试过了。我需要买白色短裤的时候，就去了西尔斯罗巴克[1]，而不是佩克佩克[2]。我得给菲尔买些像样的衣服——那是必需品。我买了几件质量上乘的休闲服，就是理查德以前经常穿的那种，还有新的内衣。

菲尔对他的新衣服相当满意，然后他说："我真的想留胡子了。"

"好啊。"我说。他一直不停地感谢我，因为我批准他留胡子了。但我不明白为什么要为此感谢我。他留长了胡子，穿上新衣服，看上去惹眼极了。

菲尔是个完美的丈夫，他好得就像一场梦。就算我对伴侣的所有幻想与期望都成真，也不及菲尔的百分之一那么好。我经常对他说，他无论作为伴侣、情人还是丈夫，都是那么美妙。他则详细地对我描述，我有多么美丽、聪慧、睿智和善良。我们一整天都在拥抱、亲吻和牵手。孩子们总是取笑我俩相处的样子太过肉麻。我们一家一起去动物园的时候，看到两只卷尾猴依偎着坐在树枝上。海蒂指着它们，开玩笑道："看，这就是妈妈和菲尔。"

菲尔把他的时间和精力慷慨地花在我和孩子们身上。当孩子有问题的时候，他会耐心地安慰她们，但他又不会对她们太过宠爱。他也会很严厉。他和孩子们谈话，给她们讲道理。他会帮我叠衣服。没有什么是他不愿意做的。我干活的时候，他也从不闲坐着，总会帮我一起干。他是我见过的最体贴、最可爱的人。

至少那时，我是这么以为的。

菲尔除了拥有这些优点之外，还知道如何制作冰冻代基里酒。

1.2. 西尔斯罗巴克和佩克佩克都是美国百货店品牌，后者要比前者更高档。

他也会调配马提尼鸡尾酒,每天晚上都会亲手为我调两杯,他自己则只喝一杯葡萄酒。有一次,我们带着孩子外出的时候,去了索诺玛[1]参观布埃纳维斯塔酒厂。菲尔爱上了布埃纳维斯塔酒厂制作的仙粉黛酒,一种神秘的、原产地未知的葡萄酿造的葡萄酒。晚上,我们回家之后,他打开一瓶酒,坐在客厅里啜饮着。他先用拉丁语说:"酒后吐真言。"然后又说:"天要使其灭亡,必先使其疯狂。"接下来是"事已至此,只能这样了",和"致命的狂妄"。

"你说的话是什么意思?"我担忧地问他。他只是笑啊笑,却从没做出解释。

菲尔在索诺玛广场的灌木丛下找到了几枚鸭蛋,我们把它们都带回了家,放在书房的电热毯上孵化。十天后,鸭蛋开始发臭了。我们打开窗户,保持室内通风。我们以为起码还会有几枚完好的鸭蛋,就把房间里的暖气也一起打开了,以防气温太低。结果,三个星期后,房间里的气味变得实在是太难闻了,我们才不得不宣告放弃。我们把鸭蛋拿到外面,丢在前院的苹果树下。天空中立刻布满了秃鹫,足足有二十只之多,都在苹果树上盘旋。那个月的电费是一百三十五美元,放在那个年代已经相当于天文数字了。

之前,我们常常从一个老头手里买鸭肉回家。他住在海湾另一边,在沼泽地里养了好几种不同的禽类。他每磅肉卖二十五美分,但我们得自己拔毛。从他那里买肉是一件非常令人不适的事情。他会用一截树桩当砧板,把鸭子的头砍下来;被砍下来的头掉在地上之后,还会嘎嘎地叫几声。可是菲尔,作为一个动物爱好者,在那个时候说自己是在农场里长大的,因此能够坦然面对这样的血腥场景。在我们孵化鸭蛋失败之后,我们就从老头那里买了几只活鸭:

---

1. 美国加利福尼亚州著名葡萄酒产区。

一只卢昂鸭,一只美洲家鸭。还有一个不得不跟着父母搬家的小男孩,把他的宠物鸭"爱丽丝"送给了我们。那是一只非常聪明的北京白鸭,它每年都会下两百个蛋,每个蛋都有大大的蛋黄。我们还买了一对珍珠鸡,它们会藏在灌木丛里孵蛋,完全不需要我们操心。不久之后,就有十二只珍珠鸡在院子里跑来跑去,不停发出响亮的鸣叫。孩子们和菲尔就跟以前集体出动去遛狗一样,每天喂这些家禽两次。

我们还在佩特卢马[1]买了半打菲尔一直想养的矮脚鸡。他喜欢看着那些五颜六色的小公鸡展开翅膀,围着小母鸡蹦蹦跳跳,把小母鸡们赶到一起。"它们就像我一样。"他说。

不过,我们养的四只碰巧都是公鸡,没有母鸡。四只公鸡都蹲在书房窗外的篱笆上,在菲尔想要写作的时候,它们能连着鸣叫好几个小时,让菲尔非常烦躁。很快,我们就把它们都送人了。之后,我们又买了一只天竺鼠送给女儿们做宠物。在我看来,那只天竺鼠似乎总因为恐惧而瑟瑟发抖、缩着身子,但当我们试图抚摸它的时候,它也没表现出拒绝的意思。

理查德那匹友善的夸特马[2]已经十六岁了,还住在我们的土地上。尽管菲尔不愿承认,但他显然有点害怕那匹马。当他出去喂鸭子时,总会用扫帚把马赶走。

菲尔想养一只猫头鹰做宠物。我们家周围的柏树上有几十只猫头鹰,整夜整夜地鸣叫。有一次,我们看到一只巨大的猫头鹰在那年落下的第一场雨中洗澡,在雨中扭动、旋转,甚至还会张开翅膀清洗腋窝。到了晚上,我们听到猫头鹰在外面叫,有时还会跑到外

---

[1] 美国加利福尼亚州城市,位于索诺玛郡。
[2] 一种强壮的小型马,擅长短距离冲刺。

面去学它们叫，它们总是会回应。

四月中旬，我把一只新生的小羊羔带回了家。它太虚弱了，甚至无法自己站着喝奶。我们为它暖了身体，给它喂了牛奶，让它住在浴室里。菲尔在《一个废物艺术家的自白》里也写到了这件事。

四月二十二日，克劳迪娅·汉布罗和她的两个女儿登上了一座小山丘，站在那里等待飞碟来接她们。这件事过后不久，飞碟小组就解散了。克劳迪娅剪掉了自己和女儿们的长发，然后一家人就搬走了。

春天来临，鸢尾花和玫瑰花次第盛开。菲尔开始频繁地出没在他的老房子里，主要是在修剪花园。我觉得我们的房子才应该是菲尔关心的重点，因此我和他第一次大吵一架。我很强势。当我生气的时候，我的声音会越来越大，语速也会变快。我以为这次争吵只是为了鸡毛蒜皮的小事罢了，因此当菲尔赌气搬回老房子住的时候，我震惊了。我和女儿们一起走过去，坐在门廊的台阶上。最后，菲尔走出门，说："行吧，行吧。"然后和我们一起回家了。

我思考了一下这件事，然后得出了结论：如果菲尔卖掉他的另一套房子，我们的婚姻会更和谐。他同意了。房子刚一挂牌出售，几乎立刻就卖出去了。他收到房款时，说道："我知道，我应该把这笔钱的一半给克丽奥，但我不会这么做的。"他这么说让我感到很不安，但我又觉得，他和克丽奥的关系是他自己的事，和我无关。卖房子的钱最终全都存进了我们的银行账户，成了生活费的一部分。

那一年，我们还种了一个大菜园，并买了一只大冰箱。我做了许多果酱和果冻，又从附近的果园屯了好多水果，把它们都冷藏起来。夏天到来之后，我就在院子里裸体晒日光浴。起初，菲尔觉得这很棒。然后他开始变得疑神疑鬼，不停地跑到房子前面去察看送奶工会不会突然经过。在那之后,我就穿上了泳衣——尽管我觉得,我们的位置足够偏僻了,其实根本没有关系的。

菲尔还会花大把的时间听音乐:奥兰多·吉本斯[1]、《飞翔的荷兰人》[2]、巴赫、贝多芬,还有亨德尔。他和他的米罗华唱片机或是我的高保真音响形影不离。他对唱片的了解足以让他成为一位音乐评论家;事实上,他在伯克利的一些朋友确实也在为《纽约时报》和《乡村之声》撰写乐评。

他爱听的音乐种类繁杂。他买了马拉斯和米兰达[3]的唱片,因为我喜欢听民谣。马拉斯唱到"哦,我的妻子多么可爱……我会爱她一辈子"的时候,我心想,"这就像我和菲尔一样。"他还给女儿们买了保罗·罗伯逊[4]唱美国老歌的唱片。他几乎把自己收藏的所有唱片都为我们播放了一遍,一边播放音乐一边进行细致入微的介绍。他最喜欢播放费舍尔-迪斯考[5]演绎的舒伯特,我听过太多遍,早已铭记于心。我喜欢上了他推荐给我的吉尔伯特与沙利文[6]的歌剧;他还告诉我,喜欢听柴可夫斯基也没有问题,其实我早就偷偷喜欢柴可夫斯基了。我们最喜欢的唱片是亨德尔的小型管弦乐队《弥赛亚》,都柏林版。

我和菲尔相识后不久,他就带我见过了他的母亲,哈德纳夫人。他直呼她的名字多萝茜,和继父的名字乔。哈德纳一家住在伯克利赫斯特街一间朴素的二十年代平房里,除了夫妇两人之外,还有乔

---

1. 奥兰多·吉本斯(1583—1625),英国维吉那古钢琴乐派作曲家。
2. 德国作曲家威廉·理查德·瓦格纳的歌剧作品。
3. 两人均为美国民谣歌手。
4. 保罗·罗伯逊(1889—1976),美国著名黑人歌唱家、民权运动领袖。
5. 迪特里希·费舍尔-迪斯考(1925—2012),德国著名男中音歌唱家。
6. 两人均为英国维多利亚时期艺术家,曾合作创作了大量轻歌剧作品。

的两个正值青春期的孩子，琳和尼尔。琳和尼尔不仅是菲尔的继弟妹，也是表弟妹，因为乔本是多萝茜妹妹的丈夫。菲尔二十岁出头的时候，多萝茜的妹妹玛丽恩去世了。玛丽恩死后一年，乔和多萝茜就结婚了。

菲尔那时仍不认同这桩婚事，并坚持认为玛丽恩之死有些蹊跷。

他从来没说过半句母亲的好话，但是有时候，当我看着他和母亲相处的时候，看得出他们之间是多么亲密，就好像是同一副神经系统在控制着两具不同的身体。多萝茜非常溺爱菲尔，并为他的写作感到万分自豪。菲尔卖掉自己的房子后，多萝茜和乔想着他可能需要偶尔去远离家乡的地方写作，就把他们位于因弗内斯的度假小屋送给了他。

多萝茜五十二岁，但她显得要比实际年龄年迈多了。她瘦骨嶙峋、白发苍苍，走路很吃力——她年轻的时候做了当时很流行的手术，却不慎发生意外，弄坏了腿上的神经。那个手术在当时被认为可以改善肾病患者的血液循环。她最终死于这次手术留下的后遗症。多萝茜小时候患有布赖特氏病[1]，因此一生都受到肾脏感染的折磨。

多萝茜正像她的儿子一样，口才极好，魅力四射。我认为她聪明而温柔——尽管有人曾说过，她绵软如天鹅绒的表面之下，其实是一层冷硬的钢铁。我个人倒是从未产生过这种感受。她总是显得有点忧郁。她说起简——菲尔早已死去的双胞胎妹妹——的时候，语气就好像简昨天才去世似的。她对我非常爱护，也很喜欢我的孩子们。

乔·哈德纳是一个肌肉发达的小个子男人，第二代爱尔兰移民。他讲话的时候带着厚重的爱尔兰口音，听上去比那些刚刚从都柏林

---

1. 一种慢性肾炎。

坐船过来的人的口音还要重。他曾经是一名铁匠，收集了许多印第安人锻冶钢铁的古老配方。他打扮得像个劳动者，但其实也是知识分子、优秀的木匠以及家具制作者。他为人温暖和善，专门为我家的三个女孩儿做了菲律宾红木的书桌；后来我怀孕了，他又给我做了一个小脚凳，让我可以坐着洗澡，又给菲尔做了一个有轮子的书架。

多萝茜会写作。乔也写作，还会雕刻枪支，并且在闲暇时间做了一大堆有趣的雕塑。他参加过劳工运动，二战期间在造船厂当过焊工。

哈德纳夫妇的家舒适、整洁、简朴。他们每次搬家，都有足够的钱用现金直接买一座新房子。他们两人都是自由派、左派和和平主义者，但是由于思想太过独立、过于个人主义，并没有加入任何特定的组织或者政党。他们广泛阅读，紧跟政治和哲学思想的潮流，以及艺术和文学的趋势。乔和多萝茜都没有上过大学，他们完全是自学成才的。

尽管菲尔对他母亲抱有负面的想法，我却并不在意。我是个以家庭为中心的人，经常拜访哈德纳夫妇，也邀请他们来我们家。他们应邀而来，和我们一家一起过了许多愉快的家庭时光和节日庆典。菲尔参加这些活动的时候也没表现出什么抗拒。节日和生日的时候，乔和多萝茜总是送给孩子们一些可爱的礼物，通常都是书。在我看来，我们的家庭关系是稳定而正常的，像是可以永远持续下去。多萝茜告诉过我："你和菲尔真是天生一对。"

像菲尔一样，多萝茜也很喜欢猫。吃饭的时候，她家的两只猫都和其他家庭成员一起坐在餐桌旁的椅子上。乔和多萝茜同两只猫交谈的时候，总是表现出莫大的尊重和喜爱。两只猫比他们家里任何人的地位都要高。

菲尔完成了《时代错乱》的校对并把稿件寄给经纪人之后,每次家里收到《时代周刊》杂志和《纽约客》,他总会热切地阅读书评板块,期望着能在那里找到一篇关于这本书的书评。他以前出版过的所有的小说都只以平装本的形式发行过,有些小说还与其他科幻作家的小说拼在一起出版。这样的"合集"只能带给他七百五十美元的版税。

他告诉我:"我的大部分小说都是由王牌图书公司[1]出版的,廉价图书出版社里最低级的一家。"让我惊讶的是,菲尔对于自己写科幻小说这件事感到非常难为情。我们邀请孩子们的现代舞老师和他的男朋友来家里做客的时候,他们问菲尔:"你写的是什么小说?"他死活不肯回答。后来,当我们一起吃晚饭的时候,菲尔对他们说了些侮辱性的话,又冷酷又刻薄,导致他们后来再也不肯理我们了。那时,除了库尔特·冯内古特[2]的小说之外,菲尔甚至没有读过其他科幻小说。他说:"我其实是个幻想文学作家。"他把自己的小说称为"边缘超现实主义",称自己为"无产阶级作家"。每次他这么说,都会站直身体,摆出一副无产阶级作家该有的样子。后来他又告诉我:"我真的想成为一名严肃文学作家。"

"你为什么不写你想写的小说呢,菲尔?"我反问道,"成功的严肃文学作家都能受人敬仰,还能赚很多钱。"我对于菲尔的才华和毅力深信不疑,也期望他能有所作为:获得名声——当然是风靡全球的名声——以及很多钱。

我们讨论过,靠我和菲尔两人微薄的收入,应该怎样维持一

---

1. 美国科幻、奇幻小说出版社,1952年创立于纽约。在创立的最初十年间一直是幻想小说出版的领军机构,后来逐渐衰落,被企鹅出版集团收购。
2. 库尔特·冯内古特(1922—2007),美国黑色幽默作家,亦以科幻小说见长。

家人的生计。那时，菲尔每年能写两部长篇科幻小说，每部能挣到七百五十美元到一千美元，偶尔能挣一千五百美元。有时候，他的前期作品会被再版，我们便又会收到一次七百五十美元或一千美元。还有一些收入是从销售海外版权那里来的。我还记得菲尔收到寄来的日文版《天空之眼》的时候有多么高兴。那本书的日本版权卖了三十美元。书的设计十分好看，袖珍小巧，封面是闪亮的白色，要从右向左读。此外，我能从已故丈夫的遗产中获得一万美元，女儿们还能额外继承一万美元。菲尔认为我们光靠这笔钱就能再生活二十年，可我对此半信半疑。

我经常会为金钱的问题忧心忡忡，这点和我母亲如出一辙。我在大萧条时期长大，那时候家里还拥有东方地毯、红木家具、旧银器和瓷器，都是在之前的好日子时留下来的。我母亲担心钱的问题，更担心我们家的社会地位会一落千丈。她似乎认为，我们随时都可能搬去狄更斯小说里的那种救济院。

菲尔对我说："想要以严肃作家的身份取得成功，需要至少二十年到三十年的时间。"他愿意厚积薄发，坚持努力。我很欣赏他的人生态度。然而，让我理解"预算"这个词，却要难得多。

我想用继承的遗产来投资房屋出租，并建议菲尔考虑看看马林郡南部的公寓楼。我们在磨坊谷[1]找到了一座有十八个单元的公寓，只要花两万美元就可以买下它（现在那栋楼应该值数千万美元了），但菲尔不想做房东。因此，在接下来的两年里，我继承的所有钱都成了生活费。我们又回到了起点。

为了菲尔的写作计划，我们一致决定，在菲尔专心写作的时候，由我负责打理家务，并继续参与各种其他活动——蓝鸟童子军、家

---

1. 美国加利福尼亚州城市，位于马林郡。

长协会、学校图书馆，还有一个政治团体，那些人正在努力呼吁市政府把一所新的高中建在市中心，而不是建在荒僻的奶牛牧场中间。我在家的时候，就会专心地做雕塑。每天我都开车载着孩子们去上课，参加俱乐部和其他课外活动。到了夏天，我又负责每天开车把孩子们和她们的朋友送到贝壳海滩。所有的母亲都围在一起闲聊，孩子们则在玩耍和游泳。八月份，红十字会的游泳课也在那里举行。我的女儿们也报名参加了。有一年，我还做了游泳老师的助理，站在冰冷刺骨的水中授课，八月的浓雾在我们周围萦绕不散。

某一个下午，在长聊了一番菲尔的职业生涯之后，我们俩躺在书房的床上，依偎在一起。我们刚刚做爱了，我感到愉悦而放松。菲尔开始不停地大笑。他说："我想到一个绝佳的小说点子。主角是一个叫作杰克·伊西多的男人。他的名字来自古代一个专门收集各种古怪知识的百科全书编撰者，圣伊西多[1]。我会用第一人称写这本书。全书的第一句话就是杰克·伊西多的发言，他说：'让我来介绍一下我自己。首先，我是一个病态撒谎者。'"（在出版版本里，这句话变成了"我是水做的"。）然后菲尔继续放声大笑，笑个不停。不知为何，见到他这样，我感到一阵颤栗，隐隐有些不安，但我依然对他露出了鼓励的笑容。在我们的关系进入蜜月期的时候，他开始创作一部叫作《一个废物艺术家的自白》的小说。

---

1. 伊西多（560—636），曾担任西班牙塞维利亚地区大主教，中世纪百科全书式学者，著有《词源》一书。

2

四个人的蜜月

第二章

"有一只羊生了小羊羔!"他从车里钻出来的时候,邦妮大叫起来,"她几分钟前刚刚生下了一只小羊羔!""我们透过窗户看到的!"埃尔西也对他叫道,"蓝鸟童子军们都看到了。我们当时正在烤面包,看到了四只黑色的脚,我就说,'快看,那是一只小羊羔。'果然没错。妈妈说那是一只母羊羔,还是个小羊姑娘呢。她们几个人都在后院,围着小羊羔看呢。"他便穿过房子,打开通向后院的门,女孩子们蹦蹦跳跳地跟在他身边。

——菲利普·迪克,《一个废物艺术家的自白》

菲尔对我说："作家同时也应该是编年史作者。文明是在编年史作者的笔下创造出来的。没有编年史作者，那个文明就不存在。"他写作的时候总是文思如泉涌，下笔如有神。他说，他的小说点子往往都来自某个转瞬即逝的直觉，但即便如此，他也难以用"区区六万字"把它表达出来——"这些词句来自我的双手，而不是我的大脑。是我的双手在写作。我一分钟能打一百六十个词，这个速度能和一个优秀的法律秘书持平了，而且我打字还非常准确。"有一天他告诉我，他一口气写了六十页，一个错误都没出。

菲尔去世后，我采访了他生前的朋友，杰里和朱恩·克里希，还有露易丝·米尼。他们的说法令我惊讶：六十年代的时候，菲尔曾经跟他们说，他觉得我像是在逼着他写作一样，这样高强度的工作早已令他筋疲力尽。这些话他从来没对我说过，也没有表现出任何疲劳的迹象。在我看来，他极度热爱自己的工作。他给自己制订了日程表，工作的速度也完全取决于他自己。实际上，他和我在一起的时候，写作并没有像在伯克利生活的时候那么多。我根本没想过要对他指手画脚，规定他应该怎么工作、做多少工作。我唯一说过的，只有希望他能够按时回家吃晚饭而已。

菲尔的计划是每年写两本小说，每本写三个月。在两本书之间间隔的三个月里，他将会构思下一部小说。他一般花六个星期写初稿，再花六个星期进行修改（后来有一次，他只用一个长周末就写完了一部小说）。不写小说的时候，菲尔就做做园艺、读书、听音乐。他从来都不做笔记，因为他有着超强的记忆力，完全不需要进行任何记录。偶尔，他会在凌晨三点的时候打开床头灯，在小笔记本上写几句话。当我第一次看到他中午时分神情恍惚地坐在客厅的大扶手椅上时,我问他:"你在干什么?"

他则用异常清晰而略带恼怒的语气回答道:"我在工作。"

我便踮着脚尖悄悄走开了。

有时候,他会搬一把椅子到后院,坐在核桃树下,花上足足一个小时凝视着远方的布莱克山。他非常讨厌被打断。"小心那个来自波洛克的人。"他说,然后讲述了柯勒律治[1]在写作英语语言里最完美的诗歌《忽必烈汗》时被打断的故事。那时,有人敲门打断了这位创作中的诗人:"你能告诉我去波洛克的路吗?"他不喜欢朋友或邻居突然来拜访我们家;而且,如果有人没有提前打招呼就出现在我们家门口,他会表现得非常粗鲁。

完成初稿之后,他喜欢自己动手修改一遍。实际上,他的初稿完成度都很高,只需要做少量修改校对即可,因此我建议他雇一个打字员来替他完成第二稿,这样他就可以把精力更多地用在创作上了。他不肯听我的。"我不想让别人碰我的稿子。"他说。

菲尔的知识储备既广又深。他能够快速浏览学术著作,立刻总结出主题并记住书中的所有内容。他很少精读,但是常常会速读。他最爱那套旧版的《大英百科全书》,那是他青少年时期买的。他写作的时候会把各种毫不相关的元素杂糅在一起,织成一张复杂的网。他是如此擅长模仿,能够创造出栩栩如生的人物对话,导致我后来重读他在那个时期写下的小说时,那些我们在六十年代初认识的人全都因为他的文字在我眼前活灵活现。他自称写的是"小人物"和小事件,自认是个"老实的小男人"。而我眼中的他却才华横溢,潇洒自信。菲尔构思新小说的时候,会和我讨论笔下的人物。他会

---

[1] 塞缪尔·泰勒·科勒律治(1772—1834),英国诗人、浪漫主义文学的奠基人之一,《忽必烈汗》是其代表作之一。

讲起他想象中的人物以及那些人物的生活中所发生的事情，但是他最终写完的小说总和他最初对我描述的样子相差甚远。

不管他把自己的角色置于什么样的境地，他总有办法替他们找到一个脱身之道。他一边大量产出快速写下的初稿素材，一边在旧草稿中发掘灵感，有时会把不同的碎片拼补在一起，变成新的东西。他是搭建隐形桥梁的大师，他笔下的文字流动得无比顺畅，读起来天衣无缝，仿佛所有的文字都是同时写成的，丝毫看不出拼凑的迹象。日常生活中的事件、物品、人物和名字他都信手拈来，也会打乱人物和名字再重组。他笔下的人物、原型和名字之间往往有着千丝万缕的复杂联系。例如，《帕莫·艾德里奇的三处圣痕》中的艾米莉·赫纳特有一部分是以我为原型的；菲尔则是艾米莉的丈夫，理查德·赫纳特的一部分原型，但"理查德"这个名字又来自我的前夫。我们的朋友迈克·海纳特是《一个废物艺术家的自白》中查理·休谟的原型，查理则是费伊·休谟的丈夫。

菲尔写小说不仅是为了自娱自乐，更是为了自我治愈。他用小说来传达自己的政治、哲学、社会学、心理学和神学思想。他靠写作来吸引注意，娱乐大众，也赚了一些钱。他的小说是他幻想的梦境，反映着他想要做的事、希望能发生的事，还有他认为已经发生的事。我怀疑他甚至会用小说来把未发生的事情变成现实——就好像某种交感魔术一样，又或者他具有预知未来的能力。有很多次，他都在小说中提前写出了未来即将发生在他生活中的事情。

他的小说是用梦的语言写成的自传。当他觉得自己不经意间在小说中透露了太多有关自己的信息时，他就会猛然更换主题，或者改变某个角色的性别。我觉得他似乎并没意识到在那些写于六十年代初期的小说中究竟透露了多少有关自己的事情，抑或他深信自己写得已经足够隐晦，别人是无法把他笔下的内容和他的私生活联系在一起的。又或许他根本就不在乎。或许，他甚至希望有洞察力敏锐的读者读懂他写下的一切。

菲尔从来不让我读他尚未写完的小说，但他写完初稿之后，总会立刻拿给我看。能够成为世界上第一个读到他新作的人，我既欣慰又兴奋。他喜欢我边读边为他进行校对，随时指出逻辑上的小错误，或者时间、地点、人物性格上的不一致——但实际上，我几乎没有什么可挑剔的。我一直都是个"狂热书迷"，有时一天能读完不止一本小说，这些深厚的阅读经验恰好帮助我完成了菲尔的编辑工作。

菲尔也鼓励我自己进行创作。有段时间我对焊接雕塑很感兴趣，他完全不介意我把焊接罐放在餐厅，甚至把餐桌烧出洞都没关系。他回家吃午饭的时候，我就会停下手里的工作，给他做一个汉堡包，配上一碗袋鼠尾汤，而我会喝一口"美曲"，那是当时流行的一种极其难喝的减肥饮料。之后，他会剪一根"科罗娜百灵鸟"或者"埃及艳后"雪茄，边和我聊天边抽上一口。他对雪茄产生了极大的兴趣，我怀疑他甚至能当场就雪茄的制作写一篇论文。幸好我知道怎么把话题转开，让他聊聊别的。我们讨论控制论、天体物理学、自然科学、音乐和博弈论。菲尔又迷上了汽车，读遍了所有的《汽车》杂志和他能找到的一切相关内容，并连续几个月"喋喋不休"（用他自己的话说）地谈论各种车型的优点。当时我们正在考虑买第二辆车。最后，我们买了一辆二手的标致。菲尔声称这是那一年最好的车。

早在我们结婚之前，我们就决定要一个自己的孩子。我们尝试了整整一个月，最后我终于怀孕了，菲尔既兴奋又焦虑。他不断催促我多吃啤酒酵母、小麦胚芽、大豆蛋白和其他阿黛尔·戴维斯[1]推

---

1. 阿黛尔·戴维斯（1904—1974），美国著名营养学家，以倡导营养搭配而闻名，是美国二十世纪六七十年代最受欢迎的营养学家。

荐的食物——那时我们刚刚读完她的第一本书。他像养鹅一样喂我，因此在我孕期的后半段，我的体重足足增加了五十磅，变得和菲尔一样重了。菲尔自己则迷信维生素大法，胡吃海塞各种各样的维生素。结果，他的舌头变黑了。一位医生朋友告诉他，这种情况是由于过量摄入维生素A造成的。从那以后，菲尔直到死都没有服用过维生素，并开始表示所有的健康食品"狂热分子"都是"法西斯主义者"。

菲尔每个月都会带我去看医生，做检查。有一天，在候诊室里，他非常严肃地对我说："我真希望自己当时选择成为一名妇科医生。我要是早知道……"

在充满欢声笑语的婚后第一个夏天结束时，菲尔终于完成了《一个废物艺术家的自白》，让我阅读。读完书之后，我静坐了一会儿，把书放在膝盖上，心里满是困惑与不安。"这部小说既奇怪，又令人不适。"我心想，"它在某些方面过于接近现实了，但是在另一些方面又太过遥远。我真的和费伊很像吗？但愿不是这样的，因为我一点也不喜欢她。我绝不可能是个费伊那样的人。大概这就是小说家的习惯吧，会在书里自由发挥。"尽管这部小说让我本能地感到不适，我却自动把那些不安感都屏蔽了。我对于菲尔的写作和我们之间的感情都有强烈的信任。或许这不过是我在自欺欺人罢了——但也许自欺欺人正是深信不疑的另一面。当一个人深深相信着某件事时，那种信念甚至可以平海移山。

小说的背景，里面描写的房子、羊群、孩子们、我们生活的细节（比如我收拾房间的时候会用扫帚把孩子们散落四处的玩具扫成一堆）都是无比准确的。在这部小说中，是费伊的魅力先征服了纳特，但在现实生活中却恰恰相反。我想知道为什么菲尔会这么写。菲尔做的大份早餐让我的体重直线上升，和费伊一样，我也对此感到很恼怒。我已故丈夫的骨灰真的被送到了皇宫集市。我讲话很直接，从不怯言，但绝没有那么粗鲁，也没那么谎话连篇。恐怕，菲尔才是更爱撒谎的那个人。如果说费伊就是我的写照，那么菲尔描写她的时候，与其说是"瑕不掩瑜"，不如说是"丑态百出"。在菲尔笔下，费伊之所以嫁给纳特，完全是因为她自己需要找一个丈夫、给孩子们找一个父亲。他已经深深内化了 A 医生的观点。纳特似乎完全没有想过，费伊是真的爱他。

尽管我是如此困惑不安，但我依然觉得这是一部优秀的小说，它是那么与众不同、异彩纷呈。我把这些想法告诉了菲尔，然后问他："我让你去商店买丹碧丝卫生棉条的时候，你为什么不直接告诉我你不想去买呢？"

查理·休谟一点也不像理查德。理查德看上去健康又热爱运动，但他的性格其实沉默孤僻、焦虑敏感。和大多数五十年代的男人一样，菲尔在书中显然更同情查理，而不是费伊。在他笔下，查理之所以会打费伊全是费伊的错，就好像她对他的运动神经系统有种谜一般的控制力似的。

许多年后，当我读到恩特威斯尔出版社出版的《一个废物艺术家的自白》的序言时，我惊讶极了。菲尔在序言中详细地描述了杰克·伊西多有多么美好，显然他把自己代入了那个满脑子幻想、性格古怪、迂腐、性冷淡的家伙。我眼中的菲尔和伊西多之间的区别，就好像极乐鸟和蝙蝠之间的区别一样。法国人把这部小说改编成了电影，强调了小说中的黑暗面，把杰克刻画得入木三分。看到一个漂亮的法国电影明星扮演一个以我为原型的角色是很有趣的，尽管电影中的那个角色是个冷酷、严苛而擅于操控人心的恶妇，和我一点也不像。

《一个废物艺术家的自白》并没有卖出去。这本书直到 1975 年才由一家小型私人出版社出版。编辑在序言中写道:"完成这本书后不久,他就娶了那个启发他创造出费伊·休谟的女人。在接下来的五年里,他们一直生活在一起。"如果我是个较真的人,我完全可以起诉他的。

1976年,一个朋友从洛杉矶给我打了个电话,说:"菲尔写那本小说绝对是为了报复你。"可她有所不知,那本书其实是在我们幸福的蜜月期写的。一个菲尔的年轻粉丝对我说:"《一个废物艺术家的自白》本应该让你警醒的。"但这本书里描写的内容也和我们的日常生活截然不同。有些读者把这本小说当成了现实的写照。几个菲利普·迪克的粉丝发现我遇见菲尔的时候早已是寡妇时,震惊极了。还有两个来自瑞士的菲利普·迪克学者到雷斯岬站来拜访我,只为了和我聊一聊菲尔的事情。其中一个人坐在客厅里,目不转睛地盯着我看。后来他告诉我,能见到"真正的费伊·休谟"这件事太令他激动了。"真是谢谢你啊。"我说。没想到他居然真心喜欢费伊·休谟这个角色!

如果当时我能够理解菲尔性格中的阴暗面,理解深藏在他内心中的不信任感和恐惧感,那么我们的故事可能就会有不同的结果。然而当时,我根本觉察不出有什么不对劲的地方,因为我每天都生活在这个男人炽烈的爱意之中。他在爱情方面就像写小说一样有天赋。我彻底相信了他呈现给我的样子——或许直到现在,我也依然相信着他。彼时,我尚且以为,他的小说全都是虚构的而已。

菲尔的经纪人把《一个废物艺术家的自白》的稿件寄到了克诺夫出版社。阿尔弗雷德·克诺夫曾亲自写信给菲尔,说他有兴趣出版这部小说——前提条件是菲尔必须改写最后三分之一的内容,赋予女主角更多可爱的特质。他将菲尔的作品与塞林格[1]、罗斯[2]和梅勒[3]这三

---

[1]. [2] [3] 应分别指J.D.塞林格、菲利普·罗斯、诺曼·梅勒,三人均为美国当代著名小说家。

位当时最杰出的小说家相提并论。我们两个人激动极了，但菲尔却说："我无法改写这部小说。不是我不想，而是我不能。"这个原则对于菲尔的创作而言非常重要。彼时，我感到很失望，因为菲尔不肯——或者说不能——利用这个绝佳的机会，但这毕竟是他的小说和他的职业生涯，因此决定权也握在他手里。当然了，最后克诺夫出版社没有买下这本小说。

菲尔又开始写一部新的小说，这部小说和之前一样，还是基于他的日常生活。我们读到了一则关于考古学家利基博士在东非坦噶尼喀湖找到"胡桃钳人[1]"头骨的报道，于是，我们就尼安德特人、北京猿人和皮尔丹骗局[2]展开了热烈的讨论，最后讨论还演变成了一场持续数周的友善的争论。我从图书馆借了各种各样的书，来证明我的观点（菲尔从来不去图书馆）。我们争论的焦点在于，尼安德特人究竟是素食者还是肉食者？菲尔坚持认为他们是素食者。他说："尼安德特人牙齿的形状证明了他是吃素的。那样的牙齿是用来咬碎种子、磨碎谷物的，无法撕碎肉块。"

我确定菲尔说错了。"可他们那些用来打猎的武器呢？还有他们生活的山洞里找到的那些动物骨头呢？"我说。菲尔还是固执地认为他没说错。他生气地对我说："你不要再说了，不然我就拔掉你的插头。"我爆笑起来，差点没从沙发上摔下来。

第二天，我在图书馆里找到了一本书，书上明确地写着尼安德特人是肉食者。我把那本书带回家，故意大声朗读给菲尔听。菲尔愤怒极了。他先是抱怨了一通，质疑那本书作者的权威性，然后立刻开始写他的新小说《牙齿完全一样的人》。那本书讲的是一个生

---

1. 这种原始人因其强有力的下颌被戏称为"胡桃钳人"。
2. 1921 年在英国皮尔丹发现的原始人头盖骨，后经鉴定系伪造物。

活在现代的返祖尼安德特人的故事。他笔下的尼安德特人就是素食者。他在后面几部小说里依然执着地强调着这一点,比如《复制人》中尼安德特式的"查普人"。

我们之间有不少类似这样的争论,两人抢着要在某个问题上做出最权威的回答。我把这些争论统统看作是友谊赛,就像我和两个哥哥曾经玩过的游戏一样。就算我赢了,菲尔似乎也毫不介意。我博览群书这件事令他感到很自豪,而且他也喜欢和我互相争执,一起讨论,提出跟我一致或者相反的观点。他总是立场鲜明,跟我互有输赢。

菲尔写完《牙齿完全一样的人》之后,很快又写完了另一部小说《在弥尔顿·拉姆齐的领地上》。他把新书拿来给我看。"菲尔,你的工作效率高到不可思议。"我说,然后坐了下来,开始好好读书。

"一部诡异的小说,用夸张的笔触描写了一些微小的事情,有些小题大做。"读完之后,我心想,"但是的确写得很好,想象力丰富,而且就像目前流行的其他严肃文学一样——非常悲观。"

一个负责、勤奋、聪明而富有魅力的年轻人(菲尔用我们隔壁邻居家小儿子的名字为他命名)被一个穿着我的衣服、上了年纪的疯女人勾引。尽管年轻人极其不信任这个比他年纪大得多的女人,但他依然一直留在她身边,努力为她工作。他天资聪颖、充满耐心而且热情主动,但是她却控制着一切,还会无缘无故地把事情都搞砸。尽管菲尔说这是一部新写的小说,但它其实是他搬来雷斯岬站之前在伯克利写的严肃文学作品之中的一部。女主角的原型可能是他最喜欢的高中女老师,沃夫森夫人。当时他暗恋过这位老师。1959年,他针对这部小说做了些调整,略微将我融入了女主角的原型之中。

那年秋天,我已故丈夫的家人,汉德斯曼一家来看望我了。他们每年都会来看我一次。他们到访的时候，有一部分时间住在旧金山费尔蒙酒店的套房里。女儿们会专门进城去和祖父母住几天。他们每次来都带着一大堆礼物：芝加哥的犹太腌牛肉，还有我最喜欢的圣路易斯一家熟食店的普拉泽犹太黑麦面包。这些都被菲尔写进了《火星时间穿越》中。汉德斯曼一家被菲尔的魅力征服了。他和马瑞·汉德斯曼一起在附近开车兜风，寻找合适的房地产——马瑞总在寻找适合投资的新项目。菲尔写的《模拟造人》中的莱奥·罗森和《火星时间穿越》中的莱奥·波伦，都是以马瑞为原型的。对他来说，马瑞就像父亲一样。

汉德斯曼一家离开后，菲尔和我一起参加了一个学校董事会会议。有一群人正在努力筹建一所幼儿园。董事会的成员大多是大农场主，他们在当地的政治圈势力庞大。他们认为幼儿园太奢侈了，实在没有必要。我们地处乡下，这里有一个传统，就是人人都会在政治集会上大喊大叫。由于我散播了申请开办幼儿园的请愿书，董事长便冲我吼了一通。我辜负了他们的信任，我应该先征求他们的意见再行动的。那天晚上，我们准备睡觉之前，菲尔把敲化石的锤子放在了他床边的地板上。我觉得他对董事会的反应有点过激了，但他却说，就在不久前，一个思想与当地政治观相左的人被人开枪打破了家里的窗户。我也听说过这个故事，确实是真的，但对我来说，那件事情似乎已经过去很久了，现在早就没有人会做这种事了。

那年，我们还做了一顿丰盛的感恩节大餐，邀请了哈德纳一家共度佳节。不过我们没能吃到蔓越莓果酱——那年联邦政府铲除了所有的蔓越莓作物，因为它们都被杀虫剂污染了。我以前从不相信这样的事情会发生，大概以后再也不会出这种事了。幸好，即便没有蔓越莓果酱，我们一家也度过了一个美好的感恩节。

1960年1月，哈考特·布雷斯出版社对《一个废物艺术家的自白》

表示了兴趣，继而和菲尔签下了一份新小说的合同。他们希望菲尔飞到纽约去和他们的一位女编辑合作，但菲尔坚决不肯。我希望他能过去，这是一个绝佳的机会。听到他说"几年前，《电视游侠》[1]制片方邀请我去纽约为他们做编剧，每周能挣五百美元。当时我没有去，现在我也不会去"的时候，我感到有些失望。

"为什么？"我问。去纽约做《电视游侠》的编剧，多好的机会啊！他为什么之前从来没跟我提过这件事？

"我就是不去。"他斩钉截铁地说。他的语气如此坚决，我便不再继续问了。

他和那个女编辑起初通过信件进行合作，但几个月后她怀孕了，便从出版社辞职了。后来，哈考特·布雷斯与乔万诺维奇出版社合并了。菲尔的小说便迷失其中了，之后的很多年都没能出版。

菲尔巧妙地安排好了自己的职业生涯和创作进度。我们的孩子预产期是二月份，他想帮忙照料新生儿。于是，他并没有开始写新的小说，而是把一部五十年代的旧稿《乔治·斯塔夫罗斯的时代》进行修改校对，重命名为《奥克兰的矮胖子》，寄给了哈考特·布雷斯。在我看来，这是他写得最好的严肃文学。只不过，哈考特·布雷斯和我都不知道，《奥克兰的矮胖子》并不是一部新创作的小说。菲尔告诉我，这部小说超凡卓绝，因为它是一部以内部人士的视角剖析无产阶级世界的小说，而多数关于无产阶级世界的小说都是中产阶级作家写的，他们并不真正了解无产阶级的生活。

在我预产期将近的时候，由于两次假性分娩阵痛，我们不得不一路超速，开了三十五英里去旧金山恺撒医院看急诊。开完第二趟

---

1. 美国二十世纪五十年代流行的家庭科幻剧集，讲述电视游侠带领手下和邪恶力量进行战斗的故事。

之后，菲尔筋疲力尽，坚持让我先暂时住到他母亲家去。她在伯克利，那里离医院更近。我不情不愿地同意了，然后搬到了多萝茜和乔的家里住了十天。他们都对我很好。他们家的氛围很安逸，但总有一丝挥之不去的忧郁。当我搬走的时候，多萝茜很伤心。她认真地对我说，她真希望我能继续和他们一起住在伯克利。她能这么说我很高兴，但同时我也觉得有点奇怪：这样的话，菲尔和我的三个女儿怎么办？

1960年2月25日，菲尔和我迎接了新的小生命。她就像香槟酒瓶里的软木塞一样跳了出来，八磅重，是个漂亮的金发女婴。菲尔在医院等待的时候，非常焦灼不安。孩子顺利出生后，他对我说："我真的好怕会出什么意外。"我嘲笑他说："菲尔，你就爱瞎操心。看，宝宝是不是很可爱？"

他俯身望向医院病床上的婴儿，凝视着她的脸，说："她的出生总算能弥补我的双胞胎妹妹了。"菲尔就是这样，总会说些不合时宜的话。

我们决定让菲尔给孩子取名。他给孩子起名叫劳拉，全名叫劳拉·阿彻·迪克。劳拉出生后的第二天，菲尔和三个女儿一起来医院接我。劳拉的降临让菲尔彻底着了魔。我们到家之后，他直愣愣地坐在那里，出神地看我喂孩子。乔和多萝茜从伯克利开车过来看望他们的第一个孙女，但菲尔只允许他们和婴儿在一起待上一分钟的时间——字面意思上的一分钟，之后他就把孩子的祖父母赶出了房间。我简直不敢相信。"也许他是害怕细菌感染。"我想。当时我忙着照顾孩子，根本没有时间去细想这件事。

劳拉出生后，我的体重降到了一百三十五磅，并且一直保持在这个水平。菲尔伤心地说："我每一任妻子到最后都发福了。"他坚持说他喜欢纤瘦的、黑色头发的女人，但我却是个例外。

那段时间，菲尔不再每天写作，而是帮我做家务、照顾其他孩子和新生儿，尽管他和劳拉相处得并没有他和另外三个年龄更大的女儿那样融洽。劳拉出生几个星期后的某一天，菲尔感到胸口剧烈疼痛。我们真担心他会心脏病发作。我把婴儿留在家，让海蒂照看，然后赶紧开车送他去了恺撒医院。菲尔躺在急诊室的病床上，然后一名医生拿着心电图仪跑了进来。我的心沉了下去。我心想："天呐，千万不要让我再死一个丈夫了。"

菲尔兴高采烈地说："我觉得我不是要死了，就是要生孩子了。"结果，经诊断，我们发现他患有幽门痉挛。医生告诉他要少喝咖啡，多读书，多冥想，来刺激他那有些失衡的副交感神经系统。

照顾新生儿并没有占用我们全部的时间。同时，我们还参与了一个项目。这个项目后来不仅花了我们很多钱，还引发了不少矛盾。菲尔之前买下的那辆标致轿车有些问题，于是我们买了一辆1953年的捷豹马克七型轿车。没想到刚出油锅，又进火坑。那是一辆漂亮的曲线型白色轿车，配有桃花心木内饰、高级仪表盘、灰色真皮坐垫，还有遮阳车篷。我们付了两千美元给原车主——英国汽车公司的首席机械师。菲尔开这辆车的样子优雅极了。车看上去很新，保养得也很好，除了地垫以外。于是，我们就买了我们能找到的品质最好的宝蓝色毛绒地垫来搭配它。我们在尼卡西奥高速公路上把它开到了九十六英里的时速。后来我们才发现，车还保留着最早的轮胎，翻新了七次。轮胎摸起来实在太软了，以至于我们几乎可以用手指直接捅穿它的胎壁。

这辆车到我家不过两个月就罢工了，我们请了当地小修车厂的机械师来维修。结果，过了一会儿，开到怀特山上的时候，车上一个阀门炸开了，车里还载着一群孩子。我们刚把阀门修好，车轴又坏了。我们安装了新车轴之后，又不断地有其他部件突然坏掉。似乎，我们如果想要让那辆车保持运转，就得在引擎盖下面塞一个英国机械师让他边走边修才行。后来，那年秋天连续下了好几天的瓢泼大雨。车篷漏水，蓝色地垫上开始长小小的白蘑菇。我想让菲尔在院子里搭个停车棚，但他不肯，于是我就把车开到了圣拉斐尔[1]，用它换了一辆崭新的沃尔沃。菲尔怒不可遏。直到二十年后，他还在念叨这件事。我觉得他大概真的很喜欢那辆捷豹吧，尽管他本人绝不承认。他可能也喜欢上了那些长在地毯上的蘑菇。

同年秋天，我们在当地的周报《贝伍德杂刊》上看到了一则二手小型立式钢琴的广告。我们决定买一件乐器放在家里，一架钢琴，或者是菲尔想要的新型电子琴。最后，我们买了一架鲍德温小型立式钢琴。菲尔去了一趟伯克利，买了很多乐谱。菲尔把我们在报纸上看到的小型立式钢琴广告写进了《模拟造人》中。

我开始了一个新项目。日后，这个项目对菲尔产生了极大的影响。在劳拉午睡的时候，我会拜访我们的邻居洛琳·海因斯，边喝咖啡边聊天。有一天，我们突发奇想，与其坐而论道，不如做一点有价值的事情。

我一直痴迷于做焊接雕塑时飞溅出来的金属焊花。洛琳和我都觉得，我们可以把那些废料捡回来，做成手工珠宝。菲尔很鼓励这个想法，还为我买了铁砧、钻床和抛光马达。他在我储存焊接罐的杂物间里搭了一个结实的工作台，告诉我："我不喜欢做木工活。我故意把这个板凳做得特别结实，这样我以后就不用再做一个了。"

只用一个小型焊接炬，洛琳和我一起放飞自我，发明了各种制作珠宝的野路子。我们锻造了镶珍珠的黑铁手镯，用上釉的红铜和带纹理的黄铜制作首饰，还学会了如何把铜棒熔化铸成各种形状。

---

1. 美国加利福尼亚州西部城市，位于马林郡。

与此同时，我开始为房子的主卫生间铺瓷砖。我买了各种五颜六色的小瓷砖，拼了一条美人鱼、几条小鱼、马桶上方的宇宙之眼、一艘船和一条大海蛇，洗澡的时候，感觉就像在水底世界一样。菲尔在《模拟造人》中也写到了我的瓷砖画。在那部小说中，卫生间的瓷砖画是由一个非常糟糕可怕的女人——普瑞丝·弗劳恩齐默——拼成的。

我和菲尔争吵的音量越来越大了。菲尔表示他很喜欢和我吵架。"我们就像那种地中海国家的家庭一样，每个人都在家手舞足蹈，大喊大叫。"他美滋滋地说。有几次，我忍不住摔了几个盘子。事后，我又会为自己的暴脾气而感到愧疚，向菲尔道歉，但他却含情脉脉地对我说："你做什么都可以，只要你不让我觉得无聊就行。"

后来，我总是想不明白我们当时到底在吵什么。在日常生活中，我们似乎相处得很和谐，甚至可以说是默契非凡。我们的争吵似乎也没有什么看得见的理由。有一天，我多摔了几个盘子，其中一个撞破了前门的一扇窄窗。我还把硬币存钱罐扔了。在谭迪捡硬币的时候，我又继续和菲尔相互吼叫。那件事情之后，我感到非常沮丧不快。我喷薄而出的怒火把自己都吓了一跳。

后来我想出了一个可以缓解紧张关系的办法，那就是我们一家——劳拉除外——去迪士尼乐园玩儿。第二天，我们就给女儿们请了假，把劳拉留给邻居照看，开车去了洛杉矶。我们在迪斯尼乐园逛了一整天，把大部分的娱乐项目都玩遍了。我最喜欢"登月火箭"，菲尔则被那个林肯机器人深深吸引了。第二天，我们回到家的时候，所有人都筋疲力尽，把之前的争执彻底抛之脑后。后来，我做了一个新的彩绘玻璃窗来换下前门那扇破碎的窗户，上面画着一名举手表示祝福的僧侣。我们从来没有真正地处理过那些争吵，更没有仔细讨论过究竟为什么会吵架。很多年后，菲尔把自己描述为一个"情感恐怖分子"。他肯定知道要怎么做才能精确地激怒我——那个时候，我有很多情绪上的弱点。

菲尔对我描述了他几次灵魂出窍的经历："我走进客厅，看到自己就坐在那里。"他还曾经说过："我躺在床上，看见自己站在床边穿衣服。突然间，我又进入了那个正在穿衣服的自己的身体里，俯视着躺在床上的自己。"还有一次，他告诉我："我看见一个意大利老绅士的鬼魂走来走去，这里曾经是个农场，那个鬼魂可能就是住在农场里的人。"夜里起风的时候，他觉得自己仿佛听到了火车的声音，是二十世纪初经过雷斯岬站的老式窄轨列车的幽灵在这里穿来穿去。但我也听到了那个声音，只是一阵风罢了。

不过我敢打赌，当菲尔必须亲手把大黄蜂蜂巢从屋檐上捅下来的时候，他肯定巴不得自己能够当场灵魂出窍。起初蜂巢还很小，我们兴致盎然地看着它一天天变大。突然之间，它就变得足足有三个篮球那么大了。数以百计的大黄蜂在我们的后院飞来飞去，大家连门都不敢出。菲尔穿上一件长长的黄色雨衣，戴上一顶奇怪的帽子，穿上靴子，最后把蚊帐披在身上。他的打扮差点要让我和女儿们笑死了。晚上，他把蜂巢捅了下来，然后对着它狂喷杀虫剂。我们都在夸奖他的勇气。他听得开心极了。

那年秋天，我们还买了一本鸟类学书籍，用来鉴别每年西马林地区迁徙的鸟。书上只列出了红色和黄色羽毛的鸟，但我们这里的鸟却是橙色羽毛的。我们还一起看了肯尼迪和尼克松的全部辩论。菲尔提名马丁·路德·金做总统。后来，看到尼克松落选之后哭了，他还是忍不住感到一丝同情，尽管他并不喜欢尼克松。

尽管我们坚持采取避孕措施，我还是再次怀孕了。我觉得自己没有能力抚养五个孩子。现在的四个孩子再加上菲尔，已经够我受的了。一开始，菲尔极力反对我堕胎，但是我决意要为全家人的幸福着想。面对两难的选择,我内心愤怒不已。我火冒三丈地痛骂那些愚蠢的科学家,他们可以把人送上太空,却连可靠的避孕技术都发明不了。

我见了很多精神病医生,想为在加州合法堕胎找个理由,但后来我们还是去了西雅图,做了非法堕胎手术。回家之后,我开始服用一种新型口服避孕药,"安无妊"。据报纸所说,这种药将彻底改变世界,为两性关系带来革命性的变化。

我相信,菲尔那部极端暗黑的小说《模拟造人》就反映了他在这次堕胎前后的心路历程。这件事对他的负面影响比他表现出来的要深得多。《模拟造人》是他最后一次尝试创作严肃文学作品。1972年,小说出版的时候,他在故事里加入了一个太空港和一个火星房地产项目,把它变成了科幻小说。

鲍勃·邦迪的原型是我们的邻居皮特·斯蒂芬斯。马瑞·弗劳恩齐默的原型是菲尔的朋友马瑞·盖伊(当时他已经开始研究新时代运动的苏布派[1],很快就把名字改为伊斯干达·盖伊)。菲尔在小说中一语双关地提到了马瑞改名的事情,书中的马瑞·弗劳恩齐默根据百科全书里"石头到苏布"这一章给自己改了个新名字。山姆·K.巴罗斯的原型是菲尔的律师威廉·沃夫森。菲尔自己则代入了路易斯·罗森,莱奥·罗森的儿子。莱奥的原型是马瑞·汉德斯曼。路易斯/菲尔在《模拟造人》中说,他和林肯就像一个豆荚里的两颗豆子那样相似。他说林肯患有双向情感障碍或精神分裂症,更是有史以来最深奥难懂、最复杂的人类之一。

《模拟造人》之所以特殊,是因为这本小说里第一次出现了深

---

1. 新时代运动泛指二十世纪七十年代兴起的追求和谐与启迪的各种民间宗教性组织活动;苏布派源于印度尼西亚,主张追求"伟大的生命之力"。

深吸引菲尔的人物形象,第一个所谓符合他审美的"黑发女孩",普瑞丝·弗劳恩齐默。普瑞丝糟糕透顶,像个随时可能发作的精神分裂症患者。恐怕普瑞丝有一部分是以我为原型的(不管怎么样,她在书里给卫生间铺的瓷砖和我的一模一样)。菲尔在书中写道:

> 痛苦是人生的一部分,也是和普瑞丝相处的一部分。没有普瑞丝,就没有痛苦,没有不稳定,没有不平衡——却也没有了任何生机。所余下的只有规划到细处的时间表、严密的计划、蒙尘的办公室格子间,还有两三个人在沙滩上手忙脚乱地挖掘翻找。

我告诉菲尔,我特别喜欢书中斯坦顿的模拟人,而看到林肯的模拟人获得生命的时候,我也激动极了:"菲尔,他比大多数真人还要真实。"

菲尔写到霍斯托斯基医生给路易斯·罗森"自负之药"的时候,笔锋最滑稽也最严肃。"这片药能吟唱贝多芬第十六四重奏的开头。一个人几乎可以把这种药给哼唱出来。"现在,路易斯又想要一片"贝多芬第九交响曲《合唱》"。"如果上帝存在的话,天使就会说'可以'。"医生提供了另一种选择,那就是前脑叶白质切除术。

上午,菲尔在书房工作时,我就做家务。根据我的生物钟,一天中的这个时候,我要么在昏睡,要么就在沉思。菲尔经常走出书房,给我朗读新写的段落,谈论新闻里看到或是他刚在书上读到的内容。他确实很好,但这一切都让我感到精疲力竭。上午的时候,我真的需要一些个人空间。我建议说:"也许你应该找个别的地方,白天在那里工作。"菲尔欣然同意。我们在四分之一英里外的地方发现了一座破破烂烂的木屋,大概长三十英尺,宽十英尺。菲尔把它命名为"陋室",这个名字非常写实。走进屋里,甚至能透过地板看到下面裸露的地面。我们从住在街角的比尔·克里斯滕森警官手里租来了"陋室"。每个月的第一天,菲尔都会拿着三十美元去比尔家付房租,并和他聊聊天。他们都非常健谈,相处十分愉快。比尔也是一个有趣的人,曾经参加过西班牙内战,他的头部受过伤,里面手术植入的银板足以证明他的战争经历。他是西马林地区唯一的执法人员,给我们讲了不少引人入胜的故事。

菲尔把他的米罗华唱片机、一些小说、打字机还有书桌都搬进了"陋室"。他买了一堆巧克力棒,每次孩子们放学回家,顺路去"陋室"看他时,他都会给她们巧克力吃。他刚一搬走,我就开始想念他了,因此有些后悔。但是,到后来,即便我恳请他重新搬回家里来工作,他也不愿意了。

他说:"我母亲告诉过我,要学会承担自己行为的后果。我绝不会翻来覆去地思考同一个问题。做了决定就永远不要回头,可能正有什么东西紧紧咬在你身后呢。"

3

乡下家庭生活

第三章

在她位于西马林山丘上的家中,邦妮·凯勒……从卧室走出来,擦掉手上的水彩颜料……然后,透过窗户,她看到南方天空下升起一柱褐色浓烟,像有生命的粗树桩一样。她目瞪口呆。下一刻,窗户就轰然炸裂,碎片迸溅。她猛然摔向后方,在地板上滑了出去,倒在碎玻璃碴之中。房子里的每一个物品都在翻滚、倒下、碎裂,和她一起滑动,仿佛整座房子都倾斜了。

——菲利普·迪克,《血钱博士》

1961年，我继承的一小笔遗产和菲尔卖房子的钱也全都花光了。我开始担心："我们要怎么维持生计？"菲尔也很担心钱不够花的问题。他不想再写严肃文学了。过去两年中，他写的五部小说都被纽约的那些出版商拒绝了。有一天，他在纽约的经纪人寄来了一个大箱子，里面是那五部小说的稿件，还有六部他在伯克利时期创作的严肃文学作品。菲尔打开箱子的时候，我不禁感叹他竟写了这么多。"总有一天，这些小说都会一一出版的。"我说。他把稿件都存放在书房一个柜子的顶上。

他思考了几个星期，为职业生涯规划了几种不同的路线。他先是对当时在耶路撒冷发生的艾希曼审判[1]产生了兴趣，考虑写一部小说，讲纳粹士兵马丁·波曼隐匿在南美洲的故事。他草草写了一份大纲，然后放弃了这个构思。然后他又想写一部关于中世纪的历史小说。他说，在那个年代，法国的马赛港已经被关闭了近一百年。他起初查了不少资料，然而最后又选择了放弃。

同一时间，我开始阅读卡尔·荣格[2]的作品。多萝茜·哈德纳深受荣格作品的影响，当她听说我也在读荣格的时候，就给我寄了一本精美的波林根版[3]荣格专著。我和菲尔都读完了那本书，然后我们很快就买了荣格全集。我甚至考虑过要去苏黎世成为荣格的学生。我还梦见给他做晚饭。在梦里，我打开冰箱，却看到里面全是腐烂的肉。我心想，那我不去找他也好。我们还一起听了荣格访问英国时BBC对他的采访。记者问："荣格博士，你相信上帝吗？"他的

---

1. 指以色列当局对前纳粹高官、屠杀犹太人的刽子手阿道夫·艾希曼的审判，后者最终被判处绞刑。
2. 卡尔·古斯塔夫·荣格（1875—1961），瑞士心理学家，创立了荣格人格分析心理学理论。
3. 普林斯顿大学出版社旗下的一个书系，主要涵盖心理学、神话学、考古学、艺术史、宗教、文学等领域，截止2002年已出版了275本图书。

答案却令我们吃惊,他说:"我不相信。我知道。"

菲尔仔细研究了荣格的《炼金术研究》和《弥撒中的转换象征》。他对荣格的观点很感兴趣——基于四位一体而非三位一体的新世界宗教即将诞生。据荣格所说,新加入的第四种力量就是如今被视作魔鬼的力量。这句话对菲尔有着极大的影响。

我读了荣格对《易经》《太乙金华宗旨》[1]和《西藏生死书》[2]的介绍之后,就买了这三本书,还有其他许多书:一本关于印度吠陀经的书,一本《薄伽梵歌》,还有一些关于禅宗佛教的书。

菲尔对《易经》和荣格介绍《西藏生死书》时提到的莱纳斯·鲍林的共振理论[3]产生了浓厚的兴趣。每天好几次,他都要借助《易经》预言未来。有一次他想占卜我们是否应该卖掉旧福特旅行车,占卜结果说:"载鬼一车。"[4]于是我们就把车卖了,然后买下了那辆标致,不料标致车依然载满了鬼才知道是怎么回事的毛病。还有一天,占卜告诉他"悟行道之不易"[5],菲尔对此颇为失望。他在梦中见到了一位苍老的中国圣哲,他出现时伴随着重重叠叠的影子。他坚信这就代表了在过去几个世纪中共同写就了《易经》的哲学家们。在他心中,《易经》和《圣经》一样都拥有生命,正是《易经》在托梦给他。

---

1. 明清之际道家经典著作,伪托唐末吕洞宾所著,真正著者不详。
2. 藏传佛教宁玛派的上师索甲仁波切的作品,自1992年问世以来,已被翻译成三十多种文字。
3. 莱纳斯·卡尔·鲍林(1901—1994),美国著名化学家,量子化学和结构生物学的先驱之一,曾获诺贝尔化学奖及和平奖,提出过著名的共振理论。共振理论是化学中表示分子结构的一种方法,是价键理论的重要组成部分。该方法认为,对于结构无法用一个经典结构式来表达的分子、离子或自由基,可以通过若干经典结构式的共振来表达其结构。
4. 出自《周易·睽卦》:"上九,睽孤,见豕负涂,载鬼一车,先张之弧,后说之弧。匪寇婚媾,往遇雨则吉。"
5. 出自《周易·蹇卦》的《象辞》:"君子观此卦象,悟行道之不易,从而反求诸己,修养德行。"

我却无法苟同。在我眼中,《易经》就像亚洲版的"知心姐姐专栏"一样。终有一天,我询问《易经》:"世上还有比你更好的预言家吗?"它的回答大概可以简略概括为这样:"你自己就是最好的预言家。我是很久很久以前的老书了,你属于你所处的时代,只要有足够的直觉,你就能比我更好地预言未来。"于是我合上了《易经》,再也没用它测过一次。菲尔直到死都还在依赖着《易经》的指引,尽管有些时候他也会为自己得到的结果而暴躁不满。后来,他也不再投掷硬币,而是改用蓍草棍来占卜卦象。

菲尔对宗教主题向来很感兴趣。那时正巧出版了许多新的《圣经》解读书籍,他尤其喜欢一本名叫《沙漠之父》的书。他时常引用一句俄罗斯谚语:"折断一根棍子,耶稣就在里面[1]。"

我们一起读了《道德经》。我们也碰巧同时读了一本诺伯特·维纳[2]写的关于控制论的书,书里描述了拥有八种不同级别的机器。那种处于第八级别的机器将能创造自己的物质。维纳认为,道家学说描述的宇宙,就与控制论极为相似。

我还找到了一本关于日本园林的书,菲尔很喜欢,书中提到的"无为"和"侘寂"的概念都被菲尔引用到了自己的创作中。不过,他完全不喜欢当时流行的《箭术与禅心》——

读完之后,他把书扔到地上,像踢球一样用脚后跟把书踢向空中,说:"禅宗佛教不过如此。"

当然,我们俩也并不是总在讨论学术和智力上的话题。我们还会一起在电视上看玫瑰碗[3]游行,《福尔摩斯》《大鼻子情圣》和《波

---

1. 迪克在《注疏》中就引用了这句话,来形容宗教"小中见大、无处不在"的特点。
2. 诺伯特·维纳(1894—1964),美国数学家,控制论的创始人。
3. 即玫瑰花车游行,通常在游行之后便是一年一度的玫瑰碗比赛,后者是美国大学美式足球冠军碗系列赛之一。

波鹿与飞天鼠》。我们还一起玩围棋、纸牌、国际象棋、拼字游戏，并和对方比赛看谁能说出更多的双关幽默歇后语，比如这些：

> 图书行业墨守成规。
> 植物蔓延占据世界。
> 接线员让我断线。
> 原子能的发现引爆了世界。
> 参议院对现代随身武器的调查哑火了。

> ——菲利普·迪克，《星际补陶匠》

那年春天，玛米·艾森豪威尔[1]——那是我们给最年长的萨福克母羊取的名字，她的刘海长得和第一夫人一模一样——生下了三头小羊。耶稣受难日[2]那天下午，菲尔一边在录音机上播放亨德尔的都柏林版《弥赛亚》，一边在后院露台旁的花坛里劳作。突然，他飞快地跑回了屋里，说："我看到一道遮天蔽日的黑影掠过天空。那一刻，天空被一片虚无一分为二。"我相信他肯定是真的看到了什么才会这样说的。或许他看到的正是当时世界各地教会纪念受难日的时候（象征性地）创造出来的巨大精神黑洞。

我认为，房产证上应该写我们俩的名字，而不该仅仅只有我一个人的名字。一对夫妻如果住在一起抚养孩子的话，那么双方都应该拥有房子的所有权。菲尔同意了，于是我们就去了产权公司，把他的名字加在了我的房产证上。这座房子从此被列在"联权共有"之下，而非"夫妻共有财产"——理查德的家庭律师当年就如此建

---

1. 美国第三十四任总统德怀特·戴维·艾森豪威尔妻子的名字。
2. 复活节前的星期五。

议他,这样,就算我们离婚了,我也无法像当时加州常见的情况那样自动得到房子的所有权。不过那会儿,我并没有意识到的是,菲尔不仅没有和我合法结婚,还合法拥有了房子的一半。但当时我俩对于这个决定都很高兴,菲尔情绪高涨,也由此写出了《高堡奇人》。

菲尔推荐我读沃德·摩尔[1]的小说《把银禧带来》。我从图书馆借了书,开开心心地读了起来。《把银禧带来》是一部架空历史小说,在书中的世界里,是南方联盟打赢了美国南北战争。书中还特地有一个脚注,提到了一部由北方人写的小说,那部小说则讲述了北方联邦胜利的故事。注意,那也不是我们现实意义中的北方,而是在一个南方取得胜利的世界中,一位南方作家想象出来的"北方"。我对菲尔说:"我真希望沃德·摩尔可以在小说中更进一步探讨这一点。我真想知道那个世界具体是什么样子的。"

不久之后,菲尔就开始写他的新小说了,在书中,他假设日本和纳粹德国在第二次世界大战中获胜。彼时菲尔正在重修他的打字机,因为谭迪把它摔坏了。因此,他不得不用一台1936年出产、价值十美元的安德伍德打字机写下《高堡奇人》的开头——那台打字机本是我们买来给孩子们玩的,其中有一个按键失灵了,但菲尔似乎并不介意。

菲尔写作的时候,我就和我的搭档洛琳·海因斯一起制作珠宝。然而,我俩之间却渐渐生了嫌隙。菲尔一直在我们两家之间来回走动,想调停我们之间的关系,但不知为何,我俩却相处得越来越糟糕。不久之后,洛琳就不再和我一起做珠宝了,只留下我一个人在洗衣房改建而来的小工作室里工作。

菲尔为了陪我,也开始熔铸一些球状金属模型。他从中获得了

---

1. 沃德·摩尔(1903—1978),美国科幻作家。

不少快乐。他制造出了一个不规则的银三角形，然后花了一个小时来对它进行抛光。他在《高堡奇人》中也写到了这件物品："一个小小的银三角形，装饰着空心的水滴。三角形下面是纯黑的，上面则明亮无比。"

他特地放下写作，抽出几天时间去了弗雷泽商店，一家位于伯克利的精品店，以帮我完成第一笔生意：把我的作品卖给店主霍姆夫人（在接下来的十五年中，她一直坚持购买我的作品，直到弗雷泽商店被那些把街道堵得水泄不通的小摊贩逼得关门大吉为止——那些小贩的穿着和举止都十分古怪，吓跑了伯克利山上绝大部分的上层中产阶级购物者）。菲尔把那些珠宝都在小篮子里仔细摆放好，展示给买家看。他在软胶橡皮擦上设计出了一个图案，用孩子们的玩具转轮印刷机在我们的艺术家朋友伊内兹·斯托勒制作的手工纸上印制漂亮的卡片。他在《高堡奇人》里也如实记录了这一切。

在我反应过来之前，菲尔就已经先从我手里接管了全部的珠宝生意。我好不容易在做家务和带孩子之外发展出了自己的爱好，而他却连我拥有的唯一事业都要夺走——他早已拥有自己的写作事业了。做珠宝是我一个人的事情。如果他决意要在这件事情上指手画脚，那我宁可他不要再和我一起工作了。我请他离开，他便一言不发地走了。我还以为他已经理解了我的意思。

后来，一天晚上，我们进城拜访杰里·克里希。当我们准备离开的时候，菲尔从口袋里掏出他做的那个银三角，问杰里想不想要。"可以啊，"杰里说，"我看把它放在前门上就很不错。"他拿起锤子和钉子，把菲尔做的银三角直接钉在了前门上。在钉子穿透菲尔心爱的作品的那一刻，我看到菲尔微微蹙起了眉头。那一刻，我突然感觉自己糟透了。出了什么事？我知道菲尔受到了伤害，但是想要补救却已经晚了。我只好努力不去多想。毕竟那只是一小块金属而已啊,我这样安慰自己。

那年夏天,菲尔也开始参与当地的水务运动。为我们家输水的直径一英寸的水管已经老旧了,遍体锈迹,因此到了夏天,水压下降的时候,我如果想要洗碗,就只能半夜去水泥前廊上用水管冲洗。管道的水压不足以把地下水输送到厨房水槽那么高的地方。

菲尔决定解决这个问题。他挨家挨户去询问大家的用水情况,当那些房主告诉他"水管里除了泥巴什么也没有"的时候,他震惊了。他不敢相信所有人都"保持了沉默",竟然没有一个人投诉这件事。于是他写了许多信,也参加了不少会议。没过多久,直径两英寸的管道就一路铺上了两英里长的山坡,直抵我们的家——管道尽头的那一家。菲尔平日里温文尔雅、谦逊宜人,全然不是那种步步紧逼、锋芒毕露的人,但他有自己的一套行事方法。我开玩笑道:"真幸运,你不喜欢抛头露面,否则你就该是下一个戈培尔[1]了。"

我们度过了一个美好的夏天。孩子们把劳拉放在玩具婴儿车里,推着她在露台上走来走去。简妮和菲尔进行了一场吃煎饼比赛。她一口气吃了二十三个煎饼,赢得了比赛。菲尔和女儿们一起在田野里摘了一大把"摇晃草",把它们都插在餐桌的花瓶里。到了傍晚,我们会进城去看当地的市民骑驴打棒球。菲尔还买了一把巨大的双柄伐木工锯子和一把斧头,为冬天劈柴做准备——不过他从来没有用过这把斧子。

伊斯干达·盖伊(当时他还叫马瑞·盖伊)和他漂亮的新女友一起来访了。我们带着冷食珍珠鸡去斯廷森海滩野餐,吃饭的时候只用手,不能使用任何餐具——这是马瑞皈依的苏布派的教义之一。

---

1. 保罗·约瑟夫·戈培尔(1897—1945),德国政治家、演说家,曾担任纳粹德国的宣传部长。

太阳、晴空、大海、美丽的年轻女子还有美味的食物，这些东西组合在一起，让我感到那一天仿佛天降祥瑞。

夏末，我们决定把所有的羊都宰了，把肉冻在冰箱里。我们的羊相对于牧场的面积而言实在有点太多了。每一只母羊都生下了小羊羔，有些甚至是双胞胎。我们的隔壁邻居亨德伦先生是一位老农场主，他主动表示可以帮我们宰羊。菲尔说，亨德伦先生宰羊的时候，他可以帮忙把羊按住。我觉得我应该也留在一旁观看，以示鼓励。

我们的羊长得高大健美。菲尔按着羊，亨德伦先生便一刀割断羊的喉咙。这一幕太可怕了。自那以后，我好多年都不愿再吃羊肉。然而，菲尔似乎没有感到不安。他热爱动物，性格又敏感，因此他的反应令我很惊讶。他说："你要记住，我可是出身农场世家，我父亲的亲戚全都是农场主。"

菲尔让我读《高堡奇人》的手稿。他说："可能我根本就不会拿这部小说去投稿。我觉得它写得根本就不好。"

但我却很喜欢。我尤其高兴的是，和以往不同，菲尔以我为原型创造的女性角色居然真的是一位女英雄。我完全能够代入进朱莉安娜。可是突然间，她一丝不挂，变成了一个精神分裂的角色，直接扑上去割断了一个男人的喉咙。即便那个男人是纳粹党卫军杀人魔，这一幕也太可怕了。

当我阅读时，我完全沉浸在书中的世界里了。我心想："弗兰克[1]，你的艺术才能马上就要崭露头角了，你怎么能在绝望的情绪面前败下阵来呢？朱莉安娜当然会笃信艾本德森和他那个不再有压迫、充满希望的世界。而艾本德森双臂交叉，脚跟踩在地上晃动身

---

1. 弗兰克和后文出现的朱莉安娜、艾本德森、田芥先生、梶浦·贝蒂、罗伯特·齐尔丹均为《高堡奇人》中的人物。

体，就和菲尔平常的举动一样。有一刻，可爱、敏感的田芥先生来到了我们的世界，正打量着那个装饰有水滴的银色三角形——但他很快就在这里迷失了方向，又返回了他自己的世界。梶浦·贝蒂为罗伯特·齐尔丹做的饭，正是来自我的菜谱。齐尔丹身上交织着极度的自尊与自卑。有那么一霎，他得以超越自己本身的局限，体验了上帝的荣光和恩典。天哪，菲尔，难道我们命中注定要犯下残忍、邪恶和充满暴力的罪行吗？"

"菲尔，这是你写过的最好的一部小说。现在就把它寄出去。"他很高兴，却依然有些将信将疑。最终，他还是把小说重新手打了一遍，做了一点点修改，然后寄给了经纪人。

每次我重读《高堡奇人》，都会在其中找到我曾经没有注意过的细节。我在写作这本传记的时候发现，田芥杀死的混混之一的钱包里有一张名片，上面写着"杰克·桑德斯"，而那正是菲尔五十年代在伯克利的旧友之一。这个细节令我笑了出来。《高堡奇人》的紧张刺激、恣肆大胆、情感细腻与充满嬉笑怒骂的笔触，让这部小说成为菲尔笔下所有作品中最能传达他本人精神的一部——然而，即便这样，那也仅仅是一个苍白寡淡的影子罢了，难有他万分之一的风采。

出版的时候，菲尔给出版社寄了一张自己在五十年代早期拍的照片，那是他最难看的一张照片。菲尔的一位老朋友，约翰·吉尔德斯利夫说："这张照片把菲尔所有最糟糕的特征都表露无遗，却连一点优点都没展现出来。"

菲尔把这部小说献给了我："献给我的妻子安妮。如果不是她一直保持沉默，我就不可能写出这本书。"我不确定自己是否喜欢这句话。我一直没能理解他究竟是什么意思。

写完《高堡奇人》之后，菲尔休息了一段时间，每天都在沉思。我们出门的次数也更频繁了。我们去旧金山买书，进城吃晚饭。有一天夜里，我们开车驶上奥列马坡道的时候，看到车前灯里映出了一只猫头鹰，爪子紧紧钳着臭鼬的尸体。臭鼬太重了，猫头鹰没法飞起来把它带走。臭鼬已经喷出了臭液。我说，我们也许不应该干扰自然生物的生活规律，但是菲尔已经停了车，打开车门走了下去，然后解救了猫头鹰。最终我同意，我们那天做出了正确的决定。菲尔好几个星期都散发出一股臭鼬的味道，我们不得不把他穿过的所有衣服都扔掉。

1962年的1月和2月，降雨量格外大。菲尔开始着手写一部新小说：《泰坦棋手》。我发现我们的柏树下长着几丛看上去乱糟糟的蘑菇，便开始思索它们究竟能不能食用。我把蘑菇摘下，带到旧金山加州科学院去给那里的蘑菇专家罗伯特·奥尔博士看，他告诉我这是毛头鬼伞[1]。奥尔夫妇偶尔来拜访我们，有了他们的专业指导，再加上几本参考书，我们就变成了狂热的蘑菇猎人。雨季期间，我们每天都在跋涉，不是在海湾旁云缭雾绕的山坡上，就是在因弗内斯山脊的橡树森林中。通常，那里除了我们之外空无一人。"我们是并肩前行的战友。"我告诉菲尔。

有时候，露易丝·米尼和谭迪也会跟我们一起去找蘑菇。这就像寻宝游戏一样，大家在一起寻找林间那些拥有古怪的颜色、质地和形状的蘑菇，判断它们是否能成为餐桌上的美食：鸡油菌、平菇、牛肝菌、大紫菇等。自然，菲尔痴迷于红白相间的毒蝇伞，因为书里说这种蘑菇能致幻，因纽特人会把它们用在宗教祭祀中。当时，除了几个意大利裔美国人之外，我们可以算是唯一一批在这个地区

---

1. 一种野生食用菌。

采野生蘑菇的人。又过了几年,那些搞反主流文化的人也都开始采集和食用野生蘑菇,其中一些人就吃了毒蝇伞,不过令人失望的是,似乎毒蝇伞在他们身上并没有什么负面效果,连致幻都没有。雷斯岬站的冬天潮湿多雨,采蘑菇就成了一项大工程。白天的温度在十摄氏度左右。这里简直是完美的蘑菇之国(这里的所有东西都会发霉)。对我们而言,冬季不间断的暴雨不再令人沮丧,反而成了这里的优点之一。

我们加入了真菌学会,还去旧金山参加会议。我们在熊谷小径[1]上发现了一枚地舌菌,小巧玲珑,质地近似皮革,就像一块黑色的"大地之舌"。我痴迷于在腐烂木头上生长的黏菌,因为它们体型纤小,还不时蠕动。菲尔把所有的真菌都写在了小说里。我自己的蘑菇食谱已经了无新意,便询问菲尔有没有什么新的创意来烹饪野蘑菇。尽管他坚持说自己没有厨艺,却还是成功地发明了好几种非常美味的调味组合。

我们去参加真菌学会的宴会,吃到了一道用橙盖鹅膏做成的菜。菲尔非常兴奋。橙盖鹅膏是可食用的,但它的近亲鬼笔鹅膏却有剧毒。虽然我感到有些害怕,却还是禁不住尝了一点。我们和一个黑人青年同桌吃饭,几年之后,他选择发下沉默之誓,终身禁言,去周游世界、弹吉他写诗了。不过我们相遇的那天晚上,他说起话来还是妙语连珠。突然间,他对我说他爱上我了。我不知道该回应什么,所以我什么也没说。后来,大约二十年后,我偶然间遇见了他,并向他提起了他在真菌学会晚宴上对我的告白。那时他依然不能说话,但他笑了,笑起来的样子令人感觉十分温暖美好。

尽管《泰坦棋手》同样想象力磅礴、质量上乘,但是有《高堡奇人》

---

1. 雷斯岬站附近的一条步道。

珠玉在前，我还是感到一丝失望。书中的游戏是模仿我们家的大富翁游戏写成的。菲尔在这部小说中塑造了一个全民痴迷于让女性怀孕的社会。我猜想，菲尔应该是用了一些伯克利时期的素材。

接下来，菲尔又给我描述了一个新的小说构思："我准备写一写水管工工会和伯克利合作社的故事，然后把背景设定在火星。"这部作品就是后来的《火星时间穿越》。

后来，当我回忆和菲尔在一起的日子时，有几次，我也曾想过，我是不是在一厢情愿地为我们的生活罩上一层朦胧的、幸福的滤镜？但菲尔的表妹兼继妹琳·哈德纳却回忆道："菲尔很喜欢和女儿们住在一起，也喜欢身处在一个大家庭之中。他那段时间的婚姻就是两个成年人之间的婚姻。"我又为这本书采访了我的朋友伊内兹·斯托勒，她说："我觉得我当时看到了一对感情平衡稳定的夫妇。菲尔是个顾家的人，喜欢在厨房里转来转去。家里有狗，还有许多小孩，菲尔非常喜欢孩子。在我看来，你们是我认识的最有趣、最博学的一家人了。"

我在亚利桑那州找到了朱恩·克里希，那时她已经改名朱恩·冯·舒克了，她几年前和一个按摩师私奔了，他们依然住在一起，感情很好。我们聊了很久。朱恩回忆道："那时候你们两个很幸福，相处和睦。我记得到处都是欢声笑语，一切都是那么完美。"

1983 年，我通过电话联系到了搬到奥克兰居住的杰里·克里希。他离群索居，还患有严重的心脏病。看在旧交情的分儿上，我约他一起吃午饭，但他并没有领会我的心意。他在电话里明确表示："和你结婚的时候，菲尔有生以来第一次从自己的壳里爬了出来。他爱你，安妮。他爱你。他好不容易爬出了自己的壳，一直在不断地付出、付出……菲尔是个非常自私的人，而你却是世上为数不多他真正在意的人之一。他是一个有暴力倾向的小人，几乎完全没有自己的生活……他就像自私的机器一样……他爱你，安妮……他爱你。（愤怒地说）你和菲尔本来拥有人人艳羡的人生，而你却亲手毁了它。"

我幸福极了。我们的生活顺利平静，没有什么波折。正如所有其他平淡而幸福的家庭一样，我们开车把孩子送往各地，全家人在一起热热闹闹地聚餐，修剪花草。菲尔对身边发生的一切都很感兴趣，他总是专心致志地聆听，不时提问。在我眼中，我们的爱正在扩大、加深、进化。我们可以和对方分享一切。我们两人之间的关系是如此圆满，而我们又是完全平等的。这段感情中不存在哪怕一丝阴霾。我们也曾坦白过，我们之于对方，就像父亲、母亲、兄弟、姐妹和叔伯一样。

我们的感情生活本就很完美，在此时又更上一层楼。菲尔是个绝佳的情人，在身体和情感的亲密关系中都能如鱼得水，深情满满，且任人支配。我们的日常生活已经足够丰富充实，因此，即便我们的性生活也同样美妙，在菲尔看来，那也仅仅是"格式塔[1]"（用他的话说）的一部分。我还记得有一天晚上，我感觉他似乎有一瞬间成为了一个超然的存在。

菲尔依然是那么风趣幽默。有一天，一群蓝知更鸟落在了客厅窗外的樱桃李树上，菲尔立刻开始用唱片机播放《幸福的蓝鸟》——有史以来最矫情的一首歌。我做晚餐的时候，他喜欢在厨房里待着，和我聊天。有时他会和孩子们一起做甜点，比如奶油乳脂软糖、柠檬或者巧克力口味的舒芙蕾，还有巧克力蛋糕。菲尔会在晚饭后开

---

[1] 心理学术语，一指事物的一般属性，即形式；一指事物的个别实体，即分离的整体，形式仅为其属性之一。

车带着三个年龄大一点的女儿去因弗内斯公园商店买制作漂浮沙士饮料的原料。他开始有些发福了。他告诉我他在高中的时候很胖，并且短暂地患过糖尿病。于是我们两个就开始减肥了，他一个星期减了十磅，但我一点都没瘦下来。

大多数时间，我们都相处得十分和睦，但这并不代表我们的关系就没有暗流汹涌的冲突。其中最主要的一个冲突，来源于我对平等地位的渴望。在我眼中，菲尔每天写作，拥有受人尊敬的职业，而我却日日家务缠身、劳作不休。虽然他早餐后都会洗碗，偶尔擦地板——比大多数丈夫做的家务都多——但他却始终不肯同意，分担家务本就是他应该做的。我们就这个问题展开了无数激烈的争辩。贝蒂·弗里丹的新书《女性的奥秘》刚刚出版，自然，我已经读过了这本书，但我觉得我所思考的问题远比她写到的内容要深远。

尽管我们依然争吵不休，但我再也没摔过盘子了。菲尔喜欢自命权威，坚信自己说出的话就是绝对真理，但有时候他说得一点都不对。这个时候，我就会直接指出他的问题，而不会像六十年代初女性"该做的"那样闭口不言、恭敬聆听。事实上，我们家里的每个人都在不断地发表着自己的意见，讨论各种问题。菲尔说家里的几个女儿都应该成为律师，他说得很对。菲尔也很擅长辩论，他总能侃侃而谈，从来没有无言以对的时候。有时候他也会生气。他和自己小说中描绘的那种可怜的、饱受蹂躏的小人物一点都不一样。然而，当我粗暴地拖着伊莱克斯吸尘器在屋子里忙碌的时候（我很讨厌吸尘），我记得他曾经说过："我感觉我就像那个吸尘器一样。"

然后，他就转移了话题，开始给我讲伯克利的人们把狼蛛拴在绳子上当宠物养，还有野生狼蛛会躲在加州大学校园的灌木丛中，一跳能跳六尺高。

菲尔觉得孩子们应该学会为自己的行为负责，承担后果。海蒂和简妮吵架的时候，菲尔告诉我："不要插手，让她们自己解决问题。"菲尔还会替女儿们的未来忧虑，尤其在意她们的英语是否流利标准。他怕她们会学到一些蹩脚的俚语和粗俗的乡下话，以至于影响她们往后的人生。

4月1日，我看到菲尔从田野跑回家里，海蒂、简妮和谭迪紧随其后。他们四个人兴奋不已，叽叽喳喳地讨论着刚刚降落的飞碟。我几乎都要相信他们的话了，直到我猛然记起那天是愚人节，也是我和菲尔结婚三周年的纪念日。那天晚上，我们吃了烤牛肉庆祝，然后又吃了菲尔和女儿们一起做的柠檬蛋白酥皮派。

还有一次，根据谭迪回忆，菲尔对女儿们说："火星人马上就要降临了，快跟我来。"他抓起盐罐和胡椒罐就跑出了门，女儿们也激动地跟在他身后跑了出去。我猜，他们那时候大概觉得，在火星人身上撒盐，就可以驯服他们。

菲尔那次真的用"陨石"骗到我们了。那时候，我们正围坐在客厅里聊天，突然间，菲尔站了起来，瞪大双眼，指着我身后的窗户："有什么东西在那边降落了。"他兴奋地说。经过多次讨论，我们一致认为，一定是块陨石。我们花了整整一天的时间寻找碎片。我们还真的找到了一些光滑的黑色碎片，但我认为那些东西是本来就有的。毕竟，布莱克山曾经是一座火山。

菲尔讲的故事总是真假难辨。那些最离奇的故事总是真的，而最普通、最能令人信服的故事却往往是凭空捏造的。

除了编故事之外，菲尔有时候也会通过"格式塔"（他经常用的词）描述并不存在的场景。比如，入夜之后，他偶尔会有一瞬间在车前灯的映照之下看到稍纵即逝的物体，比如某只本不存在的动物。

自从前苏联的"斯普特尼克号"人造卫星[1]成功发射以来,我们就会经常仰望天空,希望能看到一颗人造卫星。有一次,黄昏时分,我们在黄道面上看到一个摇摇晃晃的东西划过天空(这次我也亲眼看到了)。菲尔说那是一只气象探测气球。我们开始沉迷研究夜空,还买了一本关于星象的书。不久之后,一到晚上,我们就会仰面躺在田野里的毯子上,打着覆盖了红色薄棉纸的手电筒阅读新买的星图。在学习其他东西之前,我们先学会了如何辨认大部分星座。那一年,我们还透过熏黑的玻璃观测了一次日食。

菲尔不相信飞碟的存在。他认为相信飞碟的人都是疯子和神经病。他自己的想法更奇妙,也更滑稽。他认为所谓的"飞碟"是某种气态的、飘浮在空中的生物。他告诉我们:"那些人所描述的飞碟,运动规律更近似一种拥有生命的动物,而不是所谓来自外太空的飞船。"

1962年5月26日,海蒂十二岁生日那天,我们带着一群女孩子,在菲尔位于因弗内斯的度假小屋里野餐。晚餐后,菲尔把灯光调暗,开始为她们朗读H.P.洛夫克拉夫特的《墙中鼠》。女孩子们最爱的就是恐怖刺激的东西了。

春去夏至,我们种了无花果树和不少蔬菜,还有菲尔喜欢的两种杂交茶香玫瑰——皮斯和夏洛特·阿姆斯特朗。有那么一天,菲尔和我肩并肩坐在露台边上,用手臂环绕着对方的肩膀。我们谁都没有说话。那一刻是如此幸福完美,直到今日,它依然鲜活地存在于我的记忆之中。即使经历了后面那么多事情,过了很长很长时间,我仍然深切地相信着那一刻,菲尔不仅是我的丈夫,也是我最好的朋友。

---

1. 人类的第一颗人造卫星,于1957年发射。

那年夏天，菲尔在大学电台的老朋友文斯和弗吉尼亚·鲁斯比来我们家拜访。弗吉尼亚回忆道："看到菲尔在开开心心地做家务，我惊讶极了。我记得他跑出门去，到草坪中间，抱起小劳拉，不让她离羊群太近。然后他又在厨房里帮助年龄增长的女儿做家务。相较伯克利时期的菲尔，我更喜欢那个时候所看到的他。菲尔还从菜园里摘了一颗西兰花，骄傲地给我们看，抱怨说种菜比买菜要贵多了。他简直过着完美的乡绅生活。"

阳光明媚、天气晴好的周末，我们经常招待客人：哈德纳一家、菲尔在伯克利的朋友，或者是我的老朋友。科幻小说家波尔·安德森[1]带着妻子和女儿来我家玩过槌球。菲尔的前女友珍妮特·范斯坦和她的两个女儿来因弗内斯度假小屋过了一个周末。菲尔为她的到来做了许多准备，不知道的人，恐怕还以为是示巴女王[2]要来访问了。不过，我和她相处得很愉快。我在菲尔身边很有安全感，因此完全不会介意他的前女友。艾伦·艾尔是菲尔的老朋友，他非常喜欢瑜伽。吃晚餐的时候，他只喝了一杯水。露易丝·米尼还带她的前夫诺曼来我家拜访过。菲尔在伯克利的另一位老朋友，阿兰·里奇来访时，菲尔还教他如何使用《易经》占卜。二十年后，我采访他的时候，阿兰曾回忆说，我们一家的幸福美满给他留下了深刻的印象。

在那个夏天，比尔·克里斯滕森警官组织大家对付杀害当地牧场羊群的野狗。我们的牧场也遭遇了劫难。凌晨四点，我们听见羊群受惊奔跑的声音，就穿着睡衣从房子里狂奔出来，疯狂挥舞手臂大喊大叫，想要把野狗都赶走。为了保护羊群，菲尔买了一支点二二口径的步枪——他只要一看到路边有野狗经过，就会立刻跑到

---

1. 波尔·安德森（1926—2001），美国著名科幻大师，曾七次获得雨果奖。
2. 《圣经》中朝觐所罗门王的东方女王，因其宏大的排场而闻名。

外面开枪，根本不会等到野狗接近羊群再采取行动。我真害怕他会不小心打中路过的孩子。他不会寻找目标，也不会瞄准，只是随手开枪而已。枪就放在我们卧室衣柜的架子上，子弹上了膛。我真的很害怕会有意外发生。我告诉菲尔："我要把那东西处理掉。"然后就把枪送人了。对此，他什么都没说。

海蒂记得夏末有一天，两岁的劳拉把所有的西红柿都摘了。菲尔正要批评她的时候，她就抬头仰望天空，表情无辜，高高举起手，仿佛是冥冥之中的什么东西指引她摘下了西红柿一样。于是菲尔对海蒂说："你看看，女孩子在这么小的年纪就学会了撒谎。"

谭迪去了一次伯克利，原计划在哈德纳夫妇家里住五天。她住到第三天的时候，发了一场小脾气，哈德纳夫妇就让她上车，把她强行送回了雷斯岬站。我和菲尔对谭迪在哈德纳家竟然受到这样的待遇感到十分愤慨。从此以后，我们两家之间就因为这件事生出了嫌隙。

与此同时，菲尔的母亲多萝茜决定再次和家人一起搬到墨西哥（哈德纳一家五十年代时就住在那里）。菲尔因为母亲竟然要"抛弃"他，考虑移居墨西哥而感到孤独和愤怒。他声称一点都不喜欢自己的母亲时，用到了"抛弃"这个词，令我十分惊讶。后来多萝茜放弃了移居墨西哥的想法，但不久以后她就生病了，菲尔认为她可能会死。他告诉我，如果他的母亲去世了，他希望乔·哈德纳能搬来和我们一起生活。最后，多萝茜还是恢复了健康。

初秋时分，菲尔的婶祖母萝伊斯的丈夫去世了。我去了雷斯岬站以南大约七十英里的圣何塞[1]，陪她待了几天。菲尔独自一人留在雷斯岬站，天天担心牧场会发生草地火灾——那时正值一年中最干

---

1. 美国加利福尼亚州城市，位于湾区南部。

燥的时候——因此,他让孩子们睡觉的时候都穿着出门的衣服,这样如果真的起火,她们就可以及时逃离房子。几个月前,夏天的时候,我们家门口峡谷对面的山上就发生过一场火灾。

我们再一次出门进行短途旅行的时候,菲尔拔掉了所有的电线插头。他告诉我,他害怕老鼠会咬断电线,引发火灾。从那以后,每次我们出门,菲尔都会拔掉所有插头。我觉得这样的行为很奇怪,而且出门前总要等他把插头拔完,我会等得不耐烦。我从来没有听说谁家里发生过这样的火灾,但不管怎样,他把这种可能性描述得头头是道,颇有说服力。

那年秋天,一只老鼠爬进了我们家的墙里。我读了露丝·斯托特[1]关于有机园艺的新书,便决定我们应该拿家里的垃圾堆肥。一开始,我们把垃圾都埋在一个坑里。结果,我们不仅没有做出化肥,反而吸引了几十只附近垃圾场的老鼠。住在我家墙里的老鼠非常忙碌。有一天晚上,它偷走了所有的猫粮并藏在洗碗机下面。一夜之间,它几乎独自搬空了一袋整整十磅重的猫粮。我们摆出了毒药,老鼠被毒死了——只不过死在了墙里。屋子里开始弥漫一股可怕的恶臭。菲尔和皮特·斯蒂芬斯闻到这股气味后,开心地把墙打穿了,然后取出了老鼠腐烂的尸体。这项工作如此恶心,他们却做得兴高采烈。后来,琼·斯蒂芬斯也来到了我家,我们一起做了新款意大利披萨,还颇有创意地在上面放了洋蓟心。菲尔和皮特专门调制了冰冻代基里鸡尾酒,以庆祝他们的英勇行为。

后来,另一只老鼠把洗衣房的墙咬出了一个洞。我们又摆出了毒药,但它吃掉了所有毒药,还咬出了几个更大的洞。我们只好改用捕鼠夹。它从捕鼠夹里逃脱了好几次,最后终于被钳住了。当我

---

1. 露丝·斯托特(1884—1980),美国作家,撰写过大量关于家庭园艺的书籍。

们发现它时,它还活得好好的。菲尔想把它丢进一个装满水的洗衣盆里淹死,它身上拖着夹子,不停地在盆里游来游去,就是淹不死。最后,菲尔把它捞了出来,拿到外面,用短柄斧砍它。这只仿佛有金刚不坏之身的老鼠终于死了。菲尔挖了一个用来埋葬老鼠的洞。他刚刚开始往洞里填土,突然又停住了,从衬衫里摸出他的圣克里斯托弗[1]护身符,然后把它也丢进洞里,就落在老鼠身上。

10月底,古巴导弹危机的阴影笼罩在每个人头顶上空。整夜,我们都能听到头顶上有飞机成群结队地飞过。我们大家都很害怕。如果有核弹降落在旧金山,我们这些生活在玻璃房子里的人该怎么办才好?我们坐在外面的露台上,思考着应该藏在哪里才好,却发现根本就无处藏身。我们决定步行到市中心,买一些食品储存起来,以便生存之需。结果,终于走到哈罗德市场的时候,我们又变了主意。最终我们买了一条波迈牌香烟。我们在书上读到过,文明世界分崩离析之际,香烟就是硬通货;万一遇上大屠杀这样的事情,这条香烟可以保护我们。

书籍继续在我们的生活中扮演着重要的角色。在菲尔的推荐下,我读了《蝇王》。菲尔正在读纳博科夫[2]的书。他很不喜欢《洛丽塔》。多萝茜也给女儿们寄了书,我们便一起读了《夏洛特的网》和《精灵鼠小弟》。至于那本关于畸胎瘤[3]的令人毛骨悚然的插图书,我依稀记得,是从我们的邻居——海因斯一家——的书房里借来的。书里有很多图片,比如手指插在囊肿里面、囊肿包裹着椎骨碎片。最可怕的是一对双胞胎,只有其中一个婴儿存活了下来,另一个便化

---

[1] 受到天主教及正教会所崇拜的圣人,最有名的传说是曾经帮助耶稣所假扮的小孩子过河,后被认为是旅行者的守护神。
[2] 弗拉基米尔·纳博科夫(1899—1977),俄裔美国作家,代表作《洛丽塔》。
[3] 一种生长在育龄女性卵巢中的肿瘤。

作囊肿,长在这个活下来的婴儿体内。菲尔对这本书很是着迷,把书中许多内容都写进了《血钱博士》里面。同时,他也怀着仰慕的心情读了诺曼·梅勒[1]的《自我宣传》和《白色黑人》。后来,我又从图书馆借了一本书,路德维希·宾斯万格的《存在主义精神病学》。这本书对菲尔产生了非常深远的影响。作者是一位瑞士精神病医生,他通过海德格尔的现象学创造了新的精神病学理论。

菲尔沉迷于阅读书中的种种案例,尤其沉浸在宾斯万格的心理现实概念之中:街道世界、空灵世界、坟墓世界。时至今日,我还几乎全部记得他当时不断谈论的那些可怕的病人案例。那些故事给家中笼罩了一层病态、阴郁的气氛。这本书对《火星时间穿越》产生了重大影响,菲尔在书中讨论了他对精神分裂症的看法。

宾斯万格的书并没有给菲尔带来什么好处,尽管一些评论家认为《火星时间穿越》是菲尔最好的作品之一,因为它把主流严肃文学和科幻小说恰到好处地结合在了一起。《火星时间穿越》中的反英雄人物杰克·波伦始终与精神分裂症做着斗争。他描述了自己高中时期发病的样子。他还记得自己在参加一次派对的时候突然被忧郁情绪笼罩,顿时陷入了沉思,一句话都不想说,那一刻他感到全身麻痹,只能紧紧盯着一个火柴盒看。(如果是我的话,我会告诉他:"嘿,你只是低血糖发作了。")杰克觉得他自己一定是出了什么问题。饱受精神分裂症困扰,加上地球实在太过拥挤,他决定搬到火星居住。

二十多岁的时候,杰克经历了一次十分凶险的精神病发作。在他眼中,人类都和机器人一样,由冰冷的电线和各种开关组成。他

---

[1]. 诺曼·梅勒(1923—2007),被誉为二十世纪最伟大的美国作家之一,代表作《裸者与死者》。

在时间中迷失了自己。现在，在火星上，他又出现了类似的症状，但他仍在顽强地与疾病做着斗争。

他绝不能让自己像曼弗雷德[1]那样被孤立，最后变得缄默不语、被关进精神病院。他对抗精神分裂症的方法之一就是搞外遇。

对他而言：

……必须不惜一切代价保持亲密接触。

精神分裂症的第一步是与世隔绝：在知觉上，与外界事物，尤其是重要的事物——那些温暖好心的人——彻底隔绝。那么，取代那些人的是什么呢？所有的精力都专注于感受自己心中情绪无止境的起起落落；发生在自我内部的改变，也只会影响到内部世界。外部世界和内部世界产生了分裂，两个世界都依然存在着，却形同陌路。它是时间的停滞，是任何一种新体验的终结。一旦一个人变成精神病患者，就什么都无法再体验了。而他终于意识到："我就站在那条分界线上，我的自我是凝固的，它恒定而庞大，挤走了一切，占据了整个能量场。"

杰克·波伦把自己始终想要避免滑入的那种不稳定精神状态称作"不朽的自私"。

《火星时间穿越》中的那个始终望向窗外的小男孩深深触动了我。对我而言，他就像小时候住在华盛顿特区的菲尔一样，每天脖子上挂着钥匙，留在家里等待着母亲回家。我对那个小男孩彻底着了迷，总在不自觉地担心他的命运，连菲尔都对此有些生气了，但我却始终无法把他忘记。菲尔说："你不必担心他。他过得很好。他最后和火星上的原住民一起跑了。"在《火星时间穿越》的结尾，

---

1. 《火星时间穿越》中的一个自闭症角色。

曼弗雷德垂垂老矣，中风之后，不得不依靠生命支持系统才能活下去。

在破败、凄凉的火星上，生活十分单调乏味，跟移民们被许诺的那幅美好图景截然不同。杰克的妻子西尔维娅·波伦又有许多烦心事：孩子们的吵吵闹闹，收音机的噪音，还有丈夫总是不在家。她只有服用兴奋剂才能起床，服用苯巴妥镇静剂才能睡着觉（菲尔也在这样做吗？）。邻居家有四个女孩子，总被家人忽视，和我的四个女儿年龄差不多大。菲尔又在书中描写了我们日常生活中的细节，比如一个上门来的推销员试图向我们推销的教学机器，以及我们经常阅读的《纽约时报》周日版。书里写到的阿尼·考特——一个蛮不讲理的乡巴佬工会领导——他的原型是谁？阿尼有个名叫菲尔的哥哥，毕业于加州大学，是一名牛奶测试员。那正是我们在雷斯岬站的好友杰里·克里希的职业。而在我前夫的诗集里，就有一首诗叫《阿尼》，是他写给一个死去的朋友的。以我的前岳父马瑞·汉德斯曼为原型的莱奥·波伦把腌牛肉和黑麦带到了火星，我很喜欢这个细节。当然了，这个人物每到一个地方，也会全神贯注地寻找房地产，斟酌各种投资的机会。我们的朋友艾丽斯·格雷夫森和书中的安妮·埃斯特哈齐如出一辙，菲尔在书中完美地重现了她的说话方式。

然而，这部基调忧郁的小说并没有为我们快乐的日常生活带来什么阴霾。圣诞节到来时，我们准备好了一棵巨大的圣诞树，上面挂满了彩灯和各种装饰品。我们在圣诞节前花了足足两个月购物，为了寻找最合适的礼物，几乎开车走遍了整个湾区，也花了远超预算的钱。圣诞前夜，我们熬夜到凌晨两点，只为把礼物都包装好。孩子们早上五点钟就起了床，去查看她挂在树上的袜子。在圣诞节当天，当我们围着圣诞树庆祝时，礼物堆了有一英尺高，足足占据了客厅的一半。我们有各种各样的游戏和拼图可以玩儿。菲尔给海蒂买了一套化学仪器,还买了一辆能围着圣诞树转圈的古董电动火车。晚上,我们吃了一顿丰盛的圣诞大餐——烤火鸡里一半填满栗子,另一半填满牡蛎。我累坏了,但是菲尔却开心极了。他说这一天的每一分钟都令他享受。

"我们就像鲍勃·克拉契[1]一家一样。"他兴高采烈地说。

---

[1] 查尔斯·狄更斯小说《圣诞颂歌》中守财奴主人公手下一个穷困潦倒的雇员。圣诞节那天,想要变成善人的守财奴给鲍勃一家送了一只火鸡。

4

雷斯岬站的灾难

第四章

有一天，当阿克特把电动爆米花机从厨房水池下搬出来时，头不小心磕在了正上方橱柜的尖角上。剧痛，头上的伤口，如此出乎意料且全然不该由他来承受。不知为何，他脑海中迷乱的蜘蛛网好像突然间一扫而空。他立刻意识到，他讨厌的并不是厨房橱柜，而是他的妻子、两个女儿、房子、后院和后院里的机动割草机、车库、辐射采暖系统、前院、篱笆，这一整个该死的地方和住在这里的所有人。他想离婚；他想和这里彻底分开。不久之后，他就真的这么做了。

——菲利普·迪克，《暗黑扫描仪》

加利福尼亚北部沿海地区，冬季往往十分潮湿，暴雨能持续数周不断。在旧金山，雨下得太大的时候，开车出行的人们根本看不清路，不得不在高速公路上停车，直到雨住才能继续前进。在西马林，暴雨有时还伴随着狂风。在海角这里，经常出现时速高达一百零五英里的飓风。刮风的时候，甚至连出门倒垃圾都很危险。垃圾桶都摆在路边，放在一排长长的柏树下，树枝很有可能会被风刮断，掉下来砸到人。

1962年到1963年的冬天就有很多这样的暴雨天。我们的牧场化作一片泥海。田野里有一片面积约一英亩的洼地，被我们命名为"迪克湖"，里面灌满了积水。间歇停雨的时候，孩子们会带着镀锌的水盆去外面蹚水抓蝌蚪。

每晚我们都会欣赏蛙鸣交响乐。几乎每一天我们都会穿上雨衣和靴子，去因弗内斯山脊采蘑菇。

我脑海中始终有一个场景，令我记忆犹新：那是一个寒冷的夜晚，天已经黑了，我开车回家，转弯进入我家的车道，然后看到菲尔打开门，大步走出来迎我，帮我把从超市买回来的东西提进屋去。我们并肩走进家门，边走边聊天，然后一起整理购物袋里的东西。房子里所有的灯都亮着，菲尔还在壁炉里生了火。他总想听我说说一天都做了些什么。那时他工作太忙，经常待在家里，没有什么时间出门转转。我便会一五一十地告诉他学校图书馆的志愿者工作、蓝鸟童子军又做了什么、本地的政治动态，当然还有最新的八卦。

我们会讨论孩子们的情况、菲尔的作品、KPFA电台的音乐、最近做的梦，以及自己对梦境的理解。我做饭的时候，菲尔会教海蒂学习英文，或者教简妮和谭迪学习数学和科学。菲尔和海蒂的关系变得日渐特别，因为她的年龄够大了，开始和他有一些共同爱好了。晚饭后，我们会摆出大富翁桌游板，靠掷骰子决定每个人的棋子。

菲尔总是拿着他最爱的旧鞋，在百老汇大街上建酒店；而我总会落在建有他的酒店的那一格，然后输掉游戏。

我们在那无数个傍晚讨论过的人和事，都被菲尔写进了《血钱博士》。书中，奥里安·斯特劳德主持的校董会会议，和现实生活中我与菲尔参加的幼儿园筹建会议如出一辙。书中提到的刊物《新闻评论》，就像《贝伍德杂刊》一样，派了一个记者去报道会议。虽然我很不愿意承认，但邦妮的原型很可能就是我。反正书中她也住在我家里。菲尔在书里向她扔了一颗氢弹。菲尔有段时间很迷恋校长的妻子简·斯特拉顿，她也是邦妮的一部分原型。小说中，西马林中学的校长是乔治·凯勒，而现实生活中的校长就是简的丈夫乔治·斯特拉顿。在乔治之前，西马林中学本来还有过另一位校长，但是那位校长的工作十分短命，上任不久就被学校董事会"盯上"了。菲尔、我和很多人都纷纷前去维护那位校长，但后来我们发现，他早在向大家求助之前，就已经秘密地写好了离职信。

奥斯图里亚斯先生的原型是科学老师鲍勃·艾伦（第二年，学校董事会也"盯上"了他）。奥斯图里亚斯先生会采摘野生鸡油菌，然后用我发明的食谱进行烹饪。菲尔这个混蛋，竟然在书中安排他和邦妮发生了性关系，然后又把他杀了。书中的斯托克斯蒂尔医生在西马林有一栋房子，在托马莱斯湾还有一艘和 A 医生一样的船。斯托克斯蒂尔这个名字则是我们当地一个项目承包商的名字。菲尔一如既往地在小说中把各种人名都混起来用了。

这位一手导致大屠杀的疯狂原子科学家（这是菲尔作品中唯一一部真的引爆了炸弹的小说）的原型，是被誉为"氢弹之父"的物理学家埃德蒙顿·泰勒[1]。菲尔很讨厌泰勒。被称作特里先生的布

---

1. 实际上此人原型是爱德华·泰勒，匈牙利裔美国核物理学家。疑作者记忆有误。

鲁兹盖德博士——也就是血钱博士——则是个偏执狂。他有一次突然感到眩晕（就像高中时期的菲尔一样），看到街道开始倾斜，滑向远处。特里先生有皮肤瘢痕，或者说是他认为自己脸上有皮肤瘢痕，因此他不愿乘坐公共汽车，也不愿去听歌剧、听音乐会、看芭蕾舞表演，因为菲尔青年时代也不能。特里先生坚信他的容貌是残缺的。愚蠢的邦妮爱上了邪恶的血钱博士。她时常滥交。最后，她离开丈夫，抛弃孩子，搬到了伯克利："她的婚姻结束了，大家都知道。"菲尔可以自如地代入笔下的任何角色，不论是男是女。

在《血钱博士》中，菲尔讨论了大规模批量生产的优势。这个观点和《高堡奇人》中表达的、对传统手工艺的赞美截然相悖。而那时的我，自然是手工珠宝制作的坚定拥护者。

菲尔也在《血钱博士》里写到了他在伯克利的一些老朋友。菲尔和马瑞·盖伊（伊斯干达）两个人都是斯图亚特·麦肯基的原型。吉姆·费格森的原型是菲尔从前在大学电台的老板赫伯·霍利斯。迪安·哈迪和艾拉·哈迪的原型是菲尔的友人文斯和弗吉尼亚·鲁斯比。霍波·哈灵顿则是由菲尔记忆中许多在大学电台工作的、古里古怪的修理工拼凑而成的。霍波修理后大屠杀社会中的重要机器时，使用的计时器和我们的RCA烘干洗衣机计时器一模一样。他身上还有一点皮特·斯蒂芬斯和托尼·莫里斯的影子——托尼是菲尔在当地的另一个朋友，职业是电器修理工。

在《血钱博士》中，沃尔特·丹泽菲尔德困在了火箭中，围着地球轨道不停绕圈，被切断了和地球的一切联系。火箭没能够在氢弹爆炸的那天抵达火星，因为第二级火箭始终没有启动。陪着丹泽菲尔德登上火箭的妻子去世了，留下他独身一人。丹泽菲尔德患上了和菲尔一样的溃疡。他像一个英雄一样尽职尽责地扮演着宇宙音乐电台主持人的角色，帮助那些在地球上苦苦求生的人。他凭一己之力，维护着全世界人类的团结，安抚他们，教育他们，也为他们带来娱乐。然而，他生病了。他是不是要死了？我很担心沃尔特/菲尔最后会变成什么样。

菲尔和小比尔也是同一个人吗？小比尔是一个畸胎瘤，寄生在双胞胎姐妹的身体里，能够听到死者的声音。当小比尔被他双胞胎姐妹"生"出来的时候，我心中充满希望；然而，他最终又进入了霍波残缺的身体里，令我忧心忡忡。幸好，霍波/菲尔并不打算通过使用心灵念力控制天上的沃尔特，继而统治世界。书里有那么一段让我以为霍波怀着统治世界的野心。我觉得这本书的结局还算正面。无论如何，它都比《火星时间穿越》乐观得多。菲尔在书中糅合了千奇百怪的情感。在某种意义上，《血钱博士》真的非常恐怖，但它同时又极其迷人。这世上是否存在"迷人的恐怖"这样一种东西？

1963年，春天临近的时候，我和菲尔之间的争吵愈演愈烈。菲尔总是不停地惹我生气。故意找碴已经成了他的新爱好之一。

我不肯认输，总是直截了当地指出他的错误。然而，多年后，大女儿海蒂告诉我，她想起了我们当年吵架时说过的一句话。其中有一次，菲尔对我喊道："是你杀了理查德，现在你又想杀了我！"然而那个时候，我并没有留意这句话。我甚至听都没有听到。我确实记得菲尔有好几次都说过："你并不爱我，你只是想给自己找一个丈夫，然后给孩子们找一个父亲而已。"他一遍遍地重复着A医生在第一次见面时对他说过的话。不管我说什么，他都听不进去。有好多次，我都愤怒地辩解道："我是真心爱你的。"然而，当他连这句话都不肯承认的时候，我终于充满讽刺地说道："对啊，说得没错，我就是想给自己找一个丈夫，然后给孩子们找一个父亲而已。不然我为什么要嫁给你？"我的本意是想用讽刺来让他明白自己的想法有多么荒唐，然而却起到了反面作用——我说了这句话之后，他就当了真。

有一天下午，我们把一些木材运到了谷仓。离开的时候，菲尔下了车，去打开谷仓大门。他一边开门，我一边松开离合器，踩下油门，一点点向前挪动，想要把车开到大路上去。突然间，菲尔猛地推开大门，拔腿跑进了田野里。我嫌恶地想："他又要做什么？"我开车上路之后，他又走了回来，重新坐回到车里，我甚至都懒得问他刚刚到底在做什么。一切都太令人沮丧了，我保护自己的唯一方式，就是对发生在身边的一切都视而不见。（然而，另一方面，我依然对我们的婚姻感到十分放心，对我们两人之间的爱坚信不疑。但不管怎样，我常被菲尔惹恼。）

如今回首，我不禁开始思考当时的菲尔究竟是怎样理解我的烦躁情绪的。或许他打心眼儿里认为，我之所以当时那么愤怒，是因为没能当场开车撞死他吧。

再后来，菲尔开始无缘无故地把孩子们关在卧室里。有一天，一个孩子忘了关冰箱门，结果菲尔把三个女儿一起惩罚了。她们觉得他不公平，我也这么觉得。我召开了一次家庭会议讨论这件事。"这是个好主意，"我想，"我们可以靠家庭会议解决问题。"然而，说到某一件事的时候，所有的女儿都同意我的观点，并一致表示菲尔是错误的。菲尔愤怒地站起身来，离开了客厅。自那之后，我们就再也没有开过家庭会议了。

菲尔开始吸鼻烟，不再抽埃及香烟了。据我所知，他好像还开始嚼烟草了，并把嚼过的烟草吐在地板上。他的胡子里经常满是一股鼻烟的味道。然而，当他兴高采烈地谈论起有关鼻烟的种种话题——比如不同品牌的鼻烟、鼻烟的历史等等——他却又变得风趣幽默。

我们向 A 医生求助，每周轮流去他的办公室接受心理咨询，希望这样可以缓解我们之间的紧张关系，改善婚姻状况。然而菲尔并不是真心为了咨询才去的，他只不过是在玩游戏、收集写作素材、获得更多的处方药，然后准备发动一场"政变"。

后来有一次，马瑞·盖伊来拜访我们的时候，和菲尔闹翻了。马瑞当时正在研究苏布教义和《易经》。菲尔告诉他："《易经》就是一堆废话罢了。我准备写一本小说，揭露它的垃圾本质。"可是与此同时，菲尔每天至少要用《易经》占卜一次。马瑞听到菲尔对《易经》的评价后，感觉很受冒犯。他也厌倦了菲尔喋喋不休地说我的事情——"'安妮很棒，她很糟糕，她很棒，她越来越糟糕了，'"马瑞说，"他说的话颠三倒四，毫无逻辑，我甚至觉得他可能是嗑了药吧。"

朱恩·克里希，菲尔从前的邻居，记得菲尔去过她家几次，说他对我"充满巨大的恐惧"。菲尔对朱恩说，他觉得自己在财务方面没有对我们的婚姻做出任何贡献。朱恩认为，菲尔的这份担忧逐渐演化成了针对我的某种强烈怨恨，但她也无法理解他为何对我如此恐惧。

这些话都是朱恩很多年后告诉我的。在此之前，我从不知道菲尔居然是这么想的。

有一次，我和菲尔吵得太激烈了，摔了许多家具，最后菲尔打了我。孩子们惊恐不安，难过极了。我打电话喊比尔·克里斯滕森来从中调解。比尔开着警车来到了我家，菲尔走出门，和他攀谈起来。

我本以为比尔会明确地警告菲尔不应该动手打自己的妻子——

然而,许多年后,比尔才告诉我说:"菲尔实在是太善于言辞了。根据我之前的观察,他对你温柔又体贴,总是充满爱意;而且他身上有种独特的气质,让你情不自禁地想要帮助他。安妮,我知道我本应该也和你谈一谈的,但是那个时候,我所看到的菲尔是那么冷静、理智、镇定,而你却把双臂抱在胸前,气冲冲地站在门前,双眼仿佛在喷火。菲尔就说:'你看,她又要对我发火了,可我还是如此爱她。是不是很不幸?'"比尔被菲尔说服了,就开车离开了。我当时还以为他已经"警告"过菲尔了,但事实上,是菲尔反过来说服了比尔,让他以为我是个热衷暴力的疯女人。这并不是一朝一夕之功——菲尔一直以来都在向比尔明里暗里地表示我就是这样的人。或许在他自己心里,也对此坚信不疑。确实,我坚定自信、直来直去,偶尔会大喊大叫,不过那个时候,我已经没有再砸过盘子了。

我依然从不在家里掩饰我对财务问题的担忧。我不是有意要给菲尔施加压力的——在我心里,我一直相信我们俩可以把日子过下去,但是如今回首,我觉得菲尔当时并没有察觉到我对他的信心。或许也和我的表达方式有关,我在他面前只表达过负面情绪。

我继续拓展我的珠宝生意,还通过邮件在南加州也开设了账户。我告诉菲尔:"也许我的珠宝生意可以蒸蒸日上,足以维持我们一家的生计。"但当时我从来没想过,菲尔或许会因为我去赚钱这件事而伤到自尊。毕竟,他可是一位著名作家啊。像他一样才华横溢又成就卓著的人,怎么会感到自尊受伤呢?

菲尔告诉我,他准备卖掉乔和多萝茜送给他的因弗内斯度假小屋。这个决定令我感到颇为遗憾。我很喜欢那个地方,我们在度假小屋里度过了许多美好的时光。然而,门廊上有几块木板已经烂了,而菲尔说他不想把任何时间花在做木工活和修整房子上面。这听起来也确实很合乎逻辑。最后，他把度假小屋卖了。我不知道他曾经答应过乔和多萝茜，倘若有一天他不想再要度假小屋了，要以购买时候的价格把度假小屋重新转让给他们；我更不知道，他在乔和多萝茜面前说，卖掉度假小屋是我出的主意。

然后，菲尔告诉我："我不想再当作家了。我想出版的小说总是没人买，我写的东西一分钱也赚不到。我想重归唱片行业。"我们就写作还是卖唱片这个问题讨论了很久，他一直表示他更想开一家唱片店，那才是他真正想要的职业。我说："那我们就抵押房子，买一家唱片店吧。"我们谈完之后不久，菲尔的母亲就打来了一个电话。她冷冷地对我说，靠抵押房子来创业，是极不缺乏远见的想法。

再一次见到A医生时，他对我大发雷霆，并说我"充满自大的幻想"，因为我竟然想抵押房子，从事唱片行业。"但是，"我辩解道，"这是菲尔的主意，我只是按照他说的去做罢了。"可A医生就好像没听见我说话一样。A医生和多萝茜，他们话里话外仿佛都在指责我，像是我试图让菲尔放弃写作一样。现在回首再看，我当时可能没能理解自己应该扮演的角色：当菲尔谈到放弃写作、要改而从事唱片行业的时候，我正确的做法应该是央求他继续写作，千万不要放弃。我完全可以这么做啊，没有任何问题，因为我很喜欢身为作家的菲尔。他最吸引我的地方之一就是他的创作力。至于开不开唱片店，我根本就不在乎。

那年夏天，我筹备了一次旅行，一家人一起去优胜美地国家公园[1]露营一周。我告诉菲尔："去露营对一家人有好处，我们可以重归于好。"可菲尔对此并不热衷。他不想去，但我坚持要去。我当时想尽办法，只希望能够改善我们之间的关系。"明年，我们去墨

---

1. 美国最早的国家公园之一，位于加利福尼亚州东部。

西哥或加拿大吧。"我说。为了露营,我准备了食物、装备、衣服,但是就在出发前一刻,菲尔突然改了主意,坚决不肯去。孩子们和我都很失望。最后,我们去了离家只有二十英里的俄罗斯河,在河边扎起帐篷住了一夜。

后来,菲尔就做出了第一个失控行为,让我感到恐慌、不知所措,也怒火中烧。就在我和家人一起愉快地享用晚餐时,比尔·克里斯滕森警官敲响了我家的门。比尔手里拿着一大堆文件,文件上面说,他必须带我去精神病医院,让那里的人对我进行足足七十二小时的密切观察。这些文件是由A医生签署批准的。

1963年的加利福尼亚,女权主义尚未兴起,强迫女性接受精神病治疗是很容易做到的。像我一样遭遇这种事的女人还有很多。只需要一个医生签名,就算正式通过了批准。后来,为了保护公民权益,有关的法律条款终于被修改了。

在比尔面前,菲尔风度翩翩、镇定自若。比尔出现的时候,看上去就像是来喝杯咖啡、聊聊八卦一样。海蒂还记得比尔当时说:"你们长大之后就会理解了。"

但是,即使她当时只有十三岁,就已经坚定地在心里对自己说:"我不需要长大就能理解发生了什么事。我知道他错了,我比他更清楚什么才是对的。"

菲尔对A医生说,我挥金如土的习惯已经快要把全家人逼到绝路了,说我有一个"宏伟"的计划,要抵押房子,用得到的五万美元去开一家唱片店;我还在计划去墨西哥和加拿大旅行;我不仅用刀指着威胁他,还想要开车撞他。在A医生也被这些故事蛊惑了之后,菲尔还故意让比尔·克里斯滕森去向A医生了解情况。菲尔曾经对我说过一句话："如果一件事我对你连说三遍，那件事就会变成真的。"他当时不过是在发表对人性的评论，但现在，这句话就成了他颠倒黑白的手段。最先发明这种话术的人是希特勒。

在此之前，他还联系了我几个最好的朋友，想说服他们在听证会上指证我精神有问题。但那几个朋友并没有同意，因为他们都觉得我精神一点问题都没有。然而菲尔巧舌如簧，高超的撒谎技巧把他们全都震惊了。在那个年代，大家都很忌讳卷入夫妻之间的家庭矛盾。多年后，我的朋友米西·帕特森告诉我："安妮，你被诬陷了。"

我简直不敢相信身边发生的一切。这就像噩梦一样。前一刻我还和菲尔、孩子们一起坐在餐桌旁有说有笑，后一刻我就被警官塞进车里送往精神病医院。在车里，我对比尔讲述了我的心情，故意表现出极致的平静。我知道那个时候自己必须尽最大努力保持冷静，但我真的很想用随身包狠狠地击打他的头部。

海蒂对菲尔的所作所为愤怒至极，这倒是他始料未及的。从那之后，她就疏远了菲尔，再也不会把他当作朋友了。在我住院期间，米西·帕特森告诉我，菲尔曾多次要求她带孩子们去海滩玩儿，但她拒绝了。她不想为他做任何事。有一次，海蒂甚至痛骂Ａ医生，但那时她不过只有十三岁，根本没有能力去阻止或者改变任何事情。

抵达罗斯医院之后，我就把事情原原本本地告诉了那里的首席精神病医生，Ｓ医生。我是这样开头的："我和我丈夫一开始就像正常人一样吵架，我偶尔会摔一两个盘子，来发泄情绪……"当时，Ｓ医生诱导了我，让我以为他完全相信了我的话。和我谈过话之后，Ｓ医生又去找了Ａ医生。他对Ａ医生大发雷霆，甚至不愿和菲尔说一句话（那时菲尔也到了医院）。那天晚上，菲尔想和他说话时，他甚至轻蔑地抿紧了嘴唇。菲尔灰溜溜地离开了。

Ｓ医生告诉我，我可以选择有法官、律师和证人参加的法律听证会，也可以选择去兰利·波特心理诊所接受为期两周的评估。他认为，评估结束的时候，那里的人自然就会看出我并没有患上那种必须住院治疗的重度精神疾病，从而释放我。我感到既崩溃又耻辱。那时，我已经没有任何精力再去挺身战斗，熬过复杂的法律听证会。因此，我别无选择，只能采纳他的建议，去兰利·波特接受评估。

写这本书的时候，基于《信息自由法》，我得以从罗斯医院和兰利·波特心理诊所获取我的医疗记录。不过，在1963年的时候，还没有这样的法案。读到医疗记录的时候，我大吃一惊。我一直以为S医生对我是抱有同情的，然而我却看到他在医疗记录里面如此写道："丈夫是夫妻双方中情绪更稳定的一方……他肯定不会撒谎的。"他后来一定是跟菲尔谈过话了。菲尔正如一个生活在二十世纪的萨满，精通魔法，不仅迷惑住了我和A医生，也迷惑住了S医生。或许比尔·克里斯滕森也插手了这件事。我从小就相信男性是拥有骑士精神的，但是后来我渐渐发现，在很多情况下，男人们都会联合起来对付女人。随着年岁渐长，我终于惊讶地意识到，原来许多男人内心都非常惧怕女人。

沉重的金属门在我身后关住了，然后上了锁。当我走进兰利·波特诊所五楼的病房时，我内心充满恐惧，但我也学到了非常重要的经验。如今，我开始同情二十世纪那些被抓走和囚禁起来（往往是终身囚禁）的政治犯了。我和他们的处境一模一样，不过幸运的是，我最终还是回到了家。

兰利·波特诊所的医生给我开了药，是三氟拉嗪[1]。我试着吃了一片，但之后就感觉昏昏沉沉、抑郁低落。过了一会儿，护士让我

---

1. 一种口服类药物，主要用于治疗急、慢性精神分裂症。

吃第二片药的时候，我就把它含在舌头下面，然后偷偷吐到了马桶里。服下这种可怕的药物是强制性的，但一个正常人不可能会吃这种东西。每天护士给我送药，我都会暗中把药吐出来。

当我开始观察周围环境时，我发现，在某种程度上，这次经历也很有趣。和我一同被关在病房里的人根本不像我以为的那样，都是疯子；他们只是深受种种问题困扰的可怜人罢了。我想帮助他们。我听他们一个个讲述自己的故事，然后尽量鼓励他们，提供一些恰当的人生建议。

总体来说，住院很无聊。我之前的生活是那么忙碌，如今在这里，我便感到与世隔绝。于是，我坚持要求菲尔和女儿们来陪我。在我住院期间，他们每天都开车穿过三十五英里长的山路，在医院和雷斯岬站之间往返。

海蒂取得了年级第一的好成绩，要在八年级毕业典礼上致辞，但我却无法参加毕业典礼。她一向在同学间人气很高，但突然之间，大家都不愿邀请她去参加派对了。有一次，在开车去医院的路上，菲尔告诉她："我今天要和医生谈谈。我敢肯定医生会对我说，我才是那个应该被关在那里的人，而不是你妈妈。"之后，在回家的路上，他又说："没错，他们就是那么说的。"

海蒂回忆道："其实我早就这么认为了。他说话就是那个样子，虚虚实实的，根本无从判断真假。"医院记录上面写着，迪克先生"很不高兴。他说自己从来没有见过妻子的状态如此糟糕。迪克先生认为他自己才是夫妻双方中患有精神病的那一个，应该住院治疗。他觉得自己可能患有精神分裂症"。负责记录的医生之后又接着写道，他认为问题在于迪克先生"控制不了他的妻子"。当然不是了。婚姻并不是这样经营的。

几天后，我和菲尔一同在医院参加了小组心理治疗。我们之间精炼而火花四溅的对话和深入的互动，让负责治疗的医生感到既惊讶又有趣。所有一起参加治疗的、病恹恹的抑郁症患者在听见我们的对话之后，好像都在一瞬间惊醒了。

当时菲尔正在写《复制人》。故事有一部分发生在詹纳镇，一个和雷斯岬站相似的小镇。那里阴沉多雨，遍布沼泽丛林，居住着以尼安德特人为原型的素食"查普人"。理查德·孔格罗斯，享誉全球的心灵致动[1]钢琴家，正在面临崩溃。美丽的女总统妮可·希波多其实是个冒牌货，她是一个复制人，而真正的妮可很多年前就已经死了。秘密特警的领袖控制了全国。为了拯救妮可，理查德·孔格罗斯用心灵致动的能力把她送到了詹纳镇，和富有母性却性格寡淡的孔格罗斯夫人以及她的五个"查普人"孩子住在一起。从这个时期往后，警察就在菲尔的作品中扮演起了重要的角色。

兰利·波特诊所过了两周就把我放了出来。菲尔坚持要我在从医院回家的路上去看看A医生。在我眼中，A医生根本就不配继续存在于我的世界里了。那天下午，我还记得A医生是这样对我说的："你骗过了罗斯医院，骗过了S医生，骗过了兰利·波特诊所，但你可骗不了我。我知道你就是个躁狂抑郁病患者。"我以最冷漠的方式回应了他。然后，他生气地说："所有的躁狂抑郁病患者都会开除他们的精神病医生。"

他建议我改而向J医生——一位兼任婚姻顾问的女性心理医生——求助。我和她在A医生的办公室碰了面。她身材瘦削，有一头漂金的头发，戴着花框眼镜，穿着名牌西装和高跟鞋。我不得不答应下来。反正我是肯定再也不会和A医生接触了。况且，J医生看上去像是个温暖善良的人。我和菲尔决定一起去她那里进行心理

---

1. 个体不通过直接接触而对另一物质实体施加影响的心灵现象。

治疗。

我给我的前心理医生 J 医生打了电话，我们在她位于磨坊谷的家中完成了采访。一开始她显得紧张极了，仿佛感到良心不安。她告诉我，她从见到菲尔起就不喜欢他；菲尔那种"魅力"在她身上不起作用，就像是和她哪里不兼容一样。她还说，A 医生会从我支付给她的看诊费里得到回扣。在菲尔离开后，足足有两年，我每周都去她那里接受一次治疗。通常，我的二女儿简妮会搭我的车一起过来，把家里的衣服送到旁边的洗衣店，趁着等衣服洗好的空档一起去超市买东西。我们最后一次见面的时候，J 医生说非常感谢我来找她看诊，而且她没有收取那次治疗的费用。这些年来，我和她一直保持着联系。

那天下午，在 A 医生的办公室里，原本总是高高兴兴的菲尔，脸上浮现出了震惊、迷惘的神色。他用手臂搂住我，像是在保护我一样。但是已经太晚了，伤害我的人，就是他自己。

我以为我之前所经历的一切已经很可怕了，但后面的事情更是始料未及。我们回到家的第二天，早上，菲尔告诉我，A 医生说我必须继续服用那种我在医院里吐掉的药（当然，那件事我也已经和菲尔说过了），因为我确实病了，如果不吃药，他就会离开我。我只好听他的话，开始吃药。我希望全家人都能好好地生活在一起。而且，不管之前发生过什么，我都依然深爱着这个男人，不想失去他。

当时十分流行用三氟拉嗪作为安定药，这种药物的副作用也很多。它甚至有"化学束缚衣"或"化学脑叶白质切除术"之名。部分服用这种药物的人会变得极度嗜睡，最终陷入昏迷，甚至死亡。不过，它对大约百分之四十的精神分裂症患者很有效，有些人会在服药之后变得思维更加清晰。菲尔很幸运，因为他服药后的反应就非常正面。

这些药一定比我在兰利·波特诊所吐掉的药效力强多了，因为我服药之后，仿佛变成了一具行尸走肉。我没有精力，无法思考，只能躺在沙发上。一旦我开始吃药，就会彻底丧失神智，从而继续吃下去。足足有两三个月的时间，我都在服用这些会麻痹大脑的可怕药物。后来，菲尔和雷伊·尼尔森合著的《木卫三占领》中描写了一个正在接受遗忘疗法的年轻女子。她失去了自己的个性，只能一直盯着建造蚁丘的蚂蚁，浑浑噩噩度日。她不再感到忧郁——然而，她那颗空空如也的心里，也什么都没剩下了。

1982年，我的朋友、当地法官的妻子苏·巴蒂对我说："在开始吃药之前，你并没有生病，是那些药让你生了病。我当时吓坏了，但我不知道要怎么帮助你才好。我极度怀疑菲尔的动机，而且我也觉得A医生的做法完全有违职业道德。"那年九月，我什么都做不了，甚至连家务都无能为力。我白天几乎都待在苏的家里。我读完了她所有的藏书，却完全记不起自己都读了些什么。我不知道，那时候菲尔自己也在服用三氟拉嗪。他向朱恩·克里希描述过服用三氟拉嗪的时候感觉有多好。我采访她的时候，她告诉我，她记得菲尔曾说过："这种药对我的影响和对安妮的影响完全不同。"

在《帕莫·艾德里奇的三处圣痕》中，理查德和艾米莉·赫纳特通过贩卖艾米莉制作的陶罐赚了很多钱，于是两个人决定，一起在德国著名的丹克麦医生那里接受昂贵的进化疗法（又称E疗法）。理查德开始不断进化：他的思维变得更清晰、更细致入微，也更富有创造力；而艾米莉却成了疗法罕见的失败者之一：她退化了，性情愈发多变，思维也逐渐变得简单，她反而失去了创造力，开始重复之前做过的陶罐设计。

当最终停止服用那些可怕的药丸时,我已怒不可遏。足足几个月里,我什么都没有做,因此获得了充分的休息,也更有力气了。但我还是咽下了怒火,我不想处理这份情绪,甚至希望能把它直接忘掉。我只想让我支离破碎的生活与家庭重新回到以前的状态,变得快乐、正常起来。然而,在我的脑海中,我的过去全部成了一连串的模糊虚影:我的小学同学,我最喜欢的哥哥,初中时期的乳脂软糖俱乐部,以及我那只名为"斑点"的小狗。在我的脑海里,它们就像被毁坏的壁画一样,褪色斑驳,轮廓残缺不全,而中间的部分干脆全部消失了。我已经遗忘了上大学时最喜欢的关于文艺复兴和无脊椎古生物的课。我遗忘了孩子们幼年时期的模样。我甚至遗忘了和菲尔在一起时大部分的美好时光。

我和菲尔一起去J医生那里接受心理治疗。有一次,在治疗的时候,她对菲尔说,他的目的就是要控制我——通过把我写进小说、关进医院,甚至强行喂药来达成这一点。她还向菲尔指出,他这样的心理问题可能已经在他的家族中遗传了好几代。

菲尔十分温驯地回答道:"也许你是对的。"

我告诉菲尔:"你希望你的妻子既顺从你,又能与你在智力上势均力敌,做个有趣的伙伴,这就好像希望汤水是干的或者冰是热的一样。我不可能顺从任何人。我的性格从来就不是这样。在我心目中,伴侣双方应该是完全平等的。"我开始责备他,从他把我送进医院开始,说到他强迫我服用三氟拉嗪。

他斩钉截铁地回答说:"这一切都是错误。"然而,他这句话并不会改变我的感受,更不会改变早已发生的事情。我想,接下来很长一段时间,我都不会原谅他,或许永远都不会再原谅他了。

在J医生面前,菲尔还因为自己之前做的一个决定反过来责怪我。就在几个月前,我们曾讨论过海蒂应该去哪里读高中比较好,是去当地的托马莱斯高中,还是选择南马林郊区规模较大却更远的高中?菲尔决定让她去托马莱斯高中读书。治疗的时候,菲尔突然提到这件事,表达了对我的不满。我告诉他:"菲尔,这个决定是你做的。"

他猛然惊醒:"对,确实是我做的决定。那是我习惯性地责怪你。"

J医生说:"那你就收起你那些生锈的旧武器。"菲尔很喜欢这个比喻,并将这一画面融入了《激光枪》这部极具幽默气质的作品之中。小说里的人物拉尔斯·波德里为西方联盟做武器外观设计,他设计了一套足有六十个阶段的制导系统,"接入"在一个只要点起火就可以谱写新的莫扎特弦乐四重奏的雪茄打火机上面。拉尔斯在东方集团的同行,莉萝·托普切夫,也设计了类似的假武器。两大巨头之所以能互相制衡,完全是因为大家普遍认为敌方在军事上更占优势,相信这些花哨的假武器都是真的。后来,为了抵御太空入侵者,拉尔斯不得不前往中立国冰岛与莉萝合作研发真正可用的武器。拉尔斯非常害怕自己会失败。去冰岛的路上,他在机场杂志摊上买了一本《泰坦来的蓝色头足类人》漫画,结果发现,他那些所谓"原创"的设计早就出现在那本漫画里了。

在菲尔最幽默的作品之中,也掺杂着一些个人看法、神学诠释,还有精准到不可思议的政治预言。《激光枪》里写到了一颗"叛教者尤里安号[1]"卫星。拉尔斯吃了莉萝给他的药,险些嗑药过量而死。与此同时,他还大量服用自己配制的"飘飘欲仙"和"致动连接"这两种药的混合物,其剂量足以杀死一个普通人,但他却幸免于难,仅仅患上了鼻后滴漏综合征。小说中的皮特·弗里德和皮特·斯蒂

---

1. 这颗卫星的名字来源于公元三世纪的一位罗马帝国皇帝,他即位后立刻废除了基督教的国教地位,要求罗马回到过去的多神教传统中。

芬斯酷似。现实生活中的皮特是沃尔特·兰多的雇员；小说中，皮特·弗里德则为杰克·兰弗曼工作。菲尔有一个高中同学，名字就叫沃尔特·兰弗曼。

在拉尔斯设计出武器之后，就由皮特·弗里德来制造。叱咤风云的 G. 菲布斯幻想出一种真正的武器：一个能把敌人都变成熊皮地毯的针孔转换器。后来，这位法西斯主义者终于制造出了多年以来第一件真正的武器。他暗中筹谋，想夺取政权，但最终却败在具有催眠性质的迷宫游戏之下。菲尔笔下著名的共情盒正是以这个迷宫游戏为原型的。小说中还充斥着秘密警察。菲尔是在 1965 年左右写完这部小说的，那时候他已经搬到了奥克兰。他在书中加入了许多关于毒品的内容，我认为，他还住在西马林的时候，是不太可能对毒品有这么多了解的。他塑造莉萝·托普切夫的时候，应该参考了当时的新同居对象，南希·哈克特。

同一时间，菲尔还在写另一部小说，《等待去年来临》，主角是一个染上毒瘾的女人——凯茜·斯威特森特。她可能是菲尔笔下最可怕、最畸形的女性角色，她的内心宛如塞满了剧毒的蛆虫，有着施虐和自我毁灭的双重倾向。而且，她比自己的丈夫——可爱而真诚的埃里克·斯威特森特医生——收入还要高。她突发奇想，开始服用一种致命的致幻药，从而染上了无法治愈的毒瘾。她还偷偷把药放进斯威特森特医生的咖啡里。老实厚道的医生选择穿越到未来，找到了可以治愈他们两个人的解药。埃里克到了未来之后，发现凯茜的身体状况和精神状况都已然极度恶化，十年后，她将会彻底失控，且具有严重的暴力倾向，不得不被关押起来。埃里克想要自杀，但是他与一辆蒂华纳的自动驾驶出租车对话之后，深受感动，决定回去照顾凯茜。

这两部小说，菲尔都没有给我看。我是在他死后才读到的。他也没有把出版这两本书的稿费打进我们的联名银行账户。

坏事纷至,不过至少还发生了一件令人高兴的事:菲尔的《高堡奇人》获得了雨果奖。《贝伍德杂刊》派了摄影师到我家,拍了一张劳拉举着雨果奖奖杯的照片,刊登在了下一期非常显眼的位置。我们做了一顿大餐以示庆祝。然而,到了秋天,又有更多的坏事接踵而至。我们的边境牧羊犬死了。我们又买了一只白色猎狼犬,它长得俊美极了,就像行走的雕塑一样。菲尔参考知名家庭木偶剧《库克拉、弗兰和奥利》,给猎狼犬取名"奥利"。我逐渐爱上了这只华贵而又聪明的狗,甚至爱它胜过我之前养过的任何宠物。然而,如今回首,我觉得那只狗和"无产阶级作家"的身份实在有些不相匹配。

然后,肯尼迪总统就遭遇了枪击。听到收音机里播放的新闻时,菲尔由于震惊和悲痛,直接摔倒在地。接下来的几天,他密切地关注着那件事的进展。他整个秋天都在为那件事而难过。

菲尔的爱猫塔姆佩也不见了。菲尔开始喃喃自语,说命运之神要来抓他了。"菲尔,那我们再去买几只小猫吧,"我建议道,"可以买可爱的暹罗猫。"我们开车去了蒂布龙,买了两只同胎出生的暹罗猫,一公一母。

然而,我们把它们带回家后不久,它们就患上了猫瘟。两只猫完全不肯吃饭,生命日渐流逝。兽医来我家看诊的时候说:"它们估计没有救了。"菲尔决心要挽救它们的生命,兽医便告诉他该如何给小奶猫强制喂食,这样的话它们可能还有百分之一的机会能活下来。菲尔每天都熬夜,用滴管喂猫,足足喂了两个星期,但它们还是变得愈发衰弱。我告诉菲尔,或许让它们自然死去是更人道的选择,但他还是不肯放弃。他想尽了办法,只是想让小猫活下去。当小猫最终离世的时候,他抑郁极了——其实,当菲尔再也不想养猫的时候，我就该意识到，他的内心真的出了很大的问题。

此后不久，我们为了一件鸡毛蒜皮的事情大吵一架。菲尔立刻打包行李，搬去伯克利和母亲住了。我简直不敢相信。他竟然搬回母亲家里住了！以我的标准来看，就算和妻子吵翻了天，一个成年男性也绝不该直接跑回母亲家住。我带上女儿们，一起开车去伯克利接菲尔回家。到了他母亲家附近的时候，我瞅见他就在街上散步。他最终还是上了我们的车。

"你竟然会专门开车过来把我接回雷斯岬站？"他惊呆了。

"当然了，笨蛋。"我说。

为了拯救我们的婚姻和整个人生，我开始带着全家人去圣科伦巴教堂固定参加礼拜。谭迪一直在主日学校[1]上课，她非常喜欢主日学校，因此一直想说服我们陪她一起去教堂。圣科伦巴教堂位于因弗内斯，是一座小型圣公会教堂，由一座美轮美奂的老式工匠风格的避暑别墅改建而来，俯瞰着整个塔玛莉湾。这座别墅曾是弗里克家族[2]的度假屋。别墅被高大的橡树簇拥，屋墙由红木树心建成，遍铺柚木地板。

菲尔说："如果让我去建一座教堂，那我建的教堂肯定跟它一模一样。"当他发现有一首赞美诗竟然写于公元496年时，他兴奋极了。他对大弥撒[3]仪式着了迷，并且还和里德牧师成了好朋友。菲尔偶尔会去拜访他，聊上几个小时的神学。

我们决定加入教会，参加坚信礼课程，并且接受洗礼。每周日，菲尔都会好好打扮一番，穿上西装或运动外套，然后全家人一起盛

---

1. 英美诸国在星期日为贫民子女开办的接受基督教和识字教育的免费学校。
2. 曾经的美国富豪家族，依靠煤炭发家。
3. 天主教中以诵唱的方式举行的完整弥撒仪式。

装出席教堂活动——"虔诚地"[1]出席,菲尔开玩笑道。

某个周日,我们在教堂做礼拜的时候遇到了一个有趣的女人,玛伦·哈克特。我们三个很快就成了亲密无间的友人。有时她来拜访我们,有时换成我们去她位于圣拉斐尔的家中吃晚饭。她是一个堪称无所不知的知识分子,门萨协会[2]的成员,曾经做过女警,还会操作打桩机。我的天!我们一起讨论神学、教会史,还有许多其他话题。她信仰虔诚,对神学见地颇深,也十分博学。

有一次,玛伦带着她十九岁的继女南希来我们家做客。南希长得很漂亮,留着长长的黑发,有一道刘海,是个很有魅力的姑娘,但是性格非常沉静内向。她在我家的时候,全程几乎一句话都没说过,只是坐在沙发上,安静得就好像不存在一样。我从未见过这么沉默的青春期少女。当时,我并没有怎么注意她——更是绝不可能猜到,不久以后,她就成了菲尔的下一任妻子,还生下了他的第二个孩子。

那年秋天,某个周末的晚上,我们参加了杰克和帕蒂·莱特夫妇在家举办的派对。他们家在因弗内斯的维森山顶。那天,平常很少喝酒的菲尔喝了好几杯马提尼鸡尾酒,然而,那天应该是他负责开车的。他把车开出莱特家车道的时候,打方向盘打得不够快,车就窜出了山路,前车轮半悬在空中。

邻居们开着卡车来了,想把我们的车拴在绳子上,用卡车把它拖回到山道上。在我们等候救援的时候,菲尔突然抓住我的手臂,想把我强行拉到驾驶座来。他说:"你上车,我来推车。"如果他当时推了车,那我们的车可能就会直接掉下山去。当然,山坡上还有

---

1. 原文"religiously"是一语双关,既有"虔诚"的意思,也有"刻苦坚持"的意思。
2. 成立于1946年的国际性组织,号称世界顶级智商俱乐部。

树,所以我猜——车应该不会直接摔落到山崖下面。我感到十分烦躁,一把推开了他。不过,像往常一样,我还是立刻把这件事抛到脑后了。大概我是真的很擅长自我欺骗、否定事实?还是说我过于相信婚姻了?抑或我被中产阶级的家庭观绑架了?又或者说,我对菲尔怀着一种近乎愚蠢的忠诚?具体是怎么回事,我也不知道。

还有一件令人高兴的事情:莱特夫妇邀请菲尔和我一起去佩特卢马的一个旧仓库听作曲家哈里·帕奇[1]首次表演自己创作的一部交响曲。仓库巨大的空间里有足足三十件帕奇手雕的木制乐器,还有通体玻璃的"云室"。每件乐器都像真正的雕刻艺术一样精致。帕奇和他的助理们在屋里跑来跑去,穿梭在不同乐器之间,演奏整场交响乐。帕奇使用的是四十九音音阶。他的音乐风格独特而富含魅力。菲尔在《空间裂缝》这部作品中提到了帕奇。

那年圣诞节,在圣科伦巴教堂排演的圣诞剧中,谭迪扮演了圣母玛利亚,海蒂则扮演了大天使加百列。海蒂的蓝眼睛闪闪发光,对玛利亚说:"你将怀上一个孩子。"

菲尔对孩子们兴奋地说,他为我选好了一个合适的礼物——一个垃圾处理器。当我在圣诞节的早晨打开包裹时,简直怒不可遏。我根本就不想要这样的礼物,这和他以往送给我的礼物大相径庭。我不礼貌地告诉菲尔,请他把礼物原封不动地拿回去。他给孩子们都送了芭比娃娃和衣服,甚至还有一个男性的肯娃娃[2]。海蒂记得菲尔在那里测量芭比娃娃的尺寸,想要计算它们的身体比例。"这些娃娃不可能存在于现实世界中,"他说,"它们的头与身体相比起来,实在是太小了。"同时,菲尔开始创作新作品了。"我要写一部关于

---

1. 哈里·帕奇(1901—1974),美国著名作曲家,音乐理论家。
2. 美泰公司于1961年推出的玩具娃娃,作为芭比娃娃的男朋友。

芭比娃娃的作品，"他说，"我将把这本书命名为《帕莫·艾德里奇的三处圣痕》。"

菲尔对我们在坚信礼课堂上学习的神学理论很感兴趣。然而，即便是宗教，也没能阻止我们再次大吵一架。他又擅自跑回了母亲家。我给他打了个电话。在一通长聊之后，他终于回家了。

几天后，在 J 医生那里接受心理辅导的时候，菲尔抱怨道："安妮给我的关注不够多。她爱狗胜过爱我。"

J 医生告诉他："你觉得是安妮正在情感上疏远你，但实际上，是你自己在情感上疏远了安妮。"菲尔听到这句话，便陷入了沉思。

晚上，我们依然相拥入眠，像两把勺子一样紧紧贴在一起，性生活也十分和谐美好。我尽量在平日里也更多地向他表示爱意，但是每次我拥抱他，他都会把我推开，愤怒地说："你不过是在完成任务罢了。"后来，他告诉 J 医生，他的母亲对待他就像在"完成任务"，令他感到十分厌恶。

J 医生给菲尔介绍了一位新医生，P 医生。她认为菲尔需要跟一个同性谈谈自己的问题。和两个异性在一起，心理咨询对他的作用便大打折扣。见过菲尔几次之后，P 医生对 J 医生说，他很害怕菲尔有一天会杀了我。

1982 年，当 J 医生把这件事对我和盘托出的时候，我感到既惊讶又不安。

然而，在 1963 年的时候，尽管我感到既愤怒又困惑，我依然坚定不移地认为，菲尔是一个优秀而才华横溢的人。我相信，作为我的丈夫，菲尔对我就像我对他一样忠诚；即便夫妻之间出了些问题，我们终究能找到某种解决方法。我们争吵不断，他也总是往返于家和伯克利之间——但与此同时,我们也依然享受着美好的家庭生活,一起在花园里劳作,进行愉快的交谈,性生活也很融洽,就像还有另一个平行世界一样。

菲尔、女儿们和我,我们全家人就像基督教尚未壮大之前兴盛于北欧的那些异教部落一样,一起接受了洗礼。我虔诚地希望,洗礼之后,我们一家就可以重修旧好,不要总恨不得把对方活埋在泥沼里。在开车回家的路上,菲尔兴高采烈地告诉我:"接受洗礼的那一刻,我看见一只红色的小魔鬼从洗礼池里偷偷溜出来。它长得就像最经典的那种魔鬼,通体红色,长着角,尖尖的尾巴夹在两腿中间。"或许是同一天吧,在从教堂回家的路上,菲尔看到一只横死在路上的猫,他把车停在路边,抱起了猫,轻轻地——几乎是虔诚地——把那具小小的尸体放在了青草茵茵的路边。

1964年2月初,受洗一个月后,我们举行了坚信礼[1]。我们并排跪在圣科伦巴教堂圣坛的栏杆之前。牧师说,当一对夫妇同时举行坚信礼的时候,他们的婚姻将受到教会的祝福。这就像是第二次结婚典礼一样。菲尔在他的坚信礼和夫妇仪式中表现得非常积极。我真的相信这场仪式对他而言具有更深刻的意义,不仅仅是走个过场而已——但话又说回来了,他又是一个如此复杂的人,真相如何,我也无从得知。

与此同时,他正在创作或许是他一生中最伟大的一部小说,《帕莫·艾德里奇的三处圣痕》。多年后,他告诉朋友们,他那时在天空中看到了一张可怕的脸:长着不锈钢牙齿、金属眼睛,还有一只钢铸的手臂。那是"帕莫·艾德里奇"的脸——但他并没有告诉我。如果他当时告诉我了,我可能会直接对他说:"你是不是吃错什么

---

[1]. 根据基督教教义,只有被施坚信礼之后,才能成为教会的正式教徒。

东西了?"

菲尔开始收拾衣服,决意要"永远"搬回母亲家居住,一周只到访雷斯岬站两次。我们的生活就像坐过山车一样,上上下下,时好时坏,情绪跌宕起伏。在某种程度上,我几乎已经习惯了这份动荡。我想:"菲尔会一直这样下去的。事实就是如此。我就当作自己嫁给了一个水手,或者一个总在出差的推销员好了。"但是海蒂却对此颇为不满。她一直记得,菲尔在管教她和几个妹妹的时候,表现得专横独断,粗暴不公。

菲尔住在雷斯岬站那几天,他会在临近傍晚的时候结束工作回家,然后一屁股坐在大扶手椅上,表情沉郁,看上去半死不活的。

"菲尔,你怎么了?"我便会问。

"我又得了流感。"他会带着浓浓的鼻音回答。每天下午他都会"得流感"。不仅如此,菲尔还开始喋喋不休地提起我们的邻居,洛琳·海因斯,就好像他突然和她坠入了爱河似的。在我看来,这就是对我们婚姻的背叛。这件事也令我们争吵不休。事实上,只要菲尔依然让我坚信我是他生命中最特别的女人,他爱和谁调情就和谁调情,我完全不会在意。然而现在的我非常缺乏安全感,因此对他的行为难以忍受,不可能放任他胡作非为。他把大概一百本藏书都送给了洛琳,然后,又把我珍藏的未删节版大辞典、一只我亲手修复的古董鸭子摆件和一本签过名的一版一印E.E.卡明斯[1]诗集都随手送给了来访的客人。

有一天,我们吵过架之后,他又准备收拾行李离开家了。他只穿着内衣,在卧室里走来走去。突然,他重重地坐在了床上,说:"你是我一生的挚爱。"

---

1. E.E.卡明斯(1894—1962),美国诗人、画家、作家,毕生创作了大约两千九百首诗歌。

"但是，菲尔，如果你爱我，我也爱你，你为什么还要离开呢？"我问道。他没有回答，只是沉默地坐了一会儿，然后起身继续收拾行李。

我跟在他后面，在房间里跑来跑去，一遍又一遍地追问："你为什么还要离开？"但是他没有回答我。

然后，每次他从母亲家回到雷斯岬站的时候，他都会说："我担心总有一天我会用多萝茜柜子里的药物自杀。她总是把药随处乱扔，这样会杀了我的。"

当我采访菲尔的继妹琳时，她告诉我："多萝茜的药柜就像一个五脏俱全的小型药房。她什么都有！菲尔来到我家，径直打开柜子，开始吃药。他不管找到什么药都会一股脑儿全都吃下去。他居然没把自己的身体搞垮，真让我惊讶。"

比尔·克里斯滕森记得，有一天晚上，他和菲尔在"陋室"认真地谈了一个半小时。菲尔在屋里踱来踱去。"安妮是我一生的挚爱。"他告诉比尔。"这种事情发生在作家身上是最糟糕的。说真的，我也已经黔驴技穷了。"比尔说。过了一会儿，菲尔似乎开始否认他自己之前描述过的在我强制住院期间我俩之间的状况。比尔说："我那时候已经意识到，我面前这个人好像脑子有点问题，但后来他的状态马上又恢复了……他就是有能力显得那么酷，那么聪明而富有魅力。"

我早在多年之前就和比尔·克里斯滕森达成和解了。如今他已经退休了，仍然是我的邻居。他非常健谈，对 1960 年左右的那些往事有着细致而清晰的记忆。

几年后,他死于阿尔茨海默症。悲伤的是,在他去世之前,没人来得及采访他,因此许多关于他的故事都没能留存下来。他在国际纵队[1]打仗时的英勇经历,还有多年前我们这一片跟过去的西部一样荒凉时,他身为唯一执法人员的种种精彩故事……他自己记录了大量的笔记,但他的妻子却认为,那些糟糕的陈年往事最好还是不要重见天日了。

到后来,有一次争吵的时候,菲尔突然对我动手了。我们只是像平时一样在吵架,然后他突然就开始打我,完全出乎我的意料。同样的事情后来又发生了一次。我想要就此和他谈谈。他面色凝重,看起来好像根本没听见我在说什么似的。在他看来,我当时根本就不存在——我只是个出气筒罢了。紧接着,他抓住我,紧紧拥抱了我,然后哭了起来。我实在承受不住了。我觉得自己仿佛已经九十五岁了,一只脚都迈进了坟墓。当菲尔第三次动手打我的时候,我紧攥拳头,猛地站起身,向他跨了一步,准备还击。他露出一种几乎可以称得上是高兴的神色,然后掉头跑了,离开了房间。

更令我沮丧的是,房子里的一切都在分崩离析。洗碗机坏了,烤箱坏了,灶上的一个炉子坏了,烘干洗衣机坏了(不过它经常坏),甚至连沙发弹簧都突然坍塌了——整栋房子都在散架。

然后,有一天,就在去教堂之前,菲尔说,他必须告诉我一件非常严肃的事情——我知道这件事情之后,就能理解为什么他如今不能像个正常人一样生活了。在他开口之前,我就知道,我宁可不要听。他明明可以像正常人一样生活,为什么非要弄得仿佛自己哪里坏掉了似的?我匆忙穿好衣服,喊了孩子们几句,催她们动作快

---

1. 指1936年至1939年西班牙内战期间,许多国家的工人、农民等为支援西班牙人民反对独裁者弗朗西斯科·佛朗哥反动军队和德、意法西斯武装干涉所组成的志愿军。

一点儿。

这时,菲尔开口道:"我年纪很小的时候,被一个同性恋猥亵过。"

一瞬间,我的脑海中闪过了无数念头。"估计不是真的""可能是发生在邻居身上的事情""这种事情根本不可能发生""他为什么要告诉我?我什么都做不了啊,而且这种事太可怕了"……

可我说出口的却只是这样一句话:"关于这件事,你应该去跟心理医生谈谈。"或许,在那一刻,我本可以帮助菲尔的,但我彻底搞砸了。我的大脑在听到这件事的时候彻底停转了。我甚至不知道该做何反应才对。在那个年代,即便"同性恋"本身都是一个十分新奇的概念,更别提恋童癖了,人们几乎不相信世界上有恋童癖的存在。我也从未听说过这样的事情。我只不过是在维护这一场中产阶级婚姻,完全没有任何经验和能力去处理这样的事情。而且他挑的时机也不对。他的坦白最终没有得到足够的回应。

菲尔离开之后,我给多萝茜家打电话找他,他不肯接电话。偶尔几次他同意和我通话的时候,说出的也是一些极度冷酷残忍的话。残忍至极。他以前从来不会这样的。多萝茜和我讲话的时候也非常冷漠绝情。在我看来,伯克利那边对我的态度仿佛只有浓浓的恨意。我曾经在书中读到过这种恨意,但我从未在现实生活中感受过。这种情感奇怪极了。恨别人究竟有什么好处呢?

有一次,菲尔在电话里对J医生大发雷霆。他足足发泄了半个小时,她一直听着,然后挂断了电话,从此再也没有和他说过一句话。

J医生以一种无可置辩的态度告诉我,她当时很难控制自己的怒火,完全无法处理这种情绪。我感觉很奇怪。处理各种复杂的情绪,不该是心理医生的本职工作吗?

菲尔再一次回到家的时候,我们试着做爱,他却完全不在状态。我劝慰他:"没关系,下周就会好了。"在《等待去年来临》一书中,他写道:"他做不到。连这件事也做不到。他痛苦地从她身边挪开,坐在床沿上……他抚摸着她的头发……'太糟糕了,'他心想,'我甚至无法和她做爱了。'"

然后菲尔让我读《帕莫·艾德里奇的三处圣痕》。我完全无法理解这部小说——可能又要让菲尔失望了。是因为我们的生活充满了纷扰吗?还是因为我的智力真的受损了?我完全不愿意阅读那些关于艾米莉如何退化的段落。她的大脑变得昏昏沉沉。她会反复地画一样的图,做一模一样的陶罐。她彻底失去了创造力。我们俩刚刚一起加入了教会,但他却同时在小说里描述了像黑弥撒[1]一样的东西——甚至比黑弥撒还要糟。任何人,只要吃下帕莫·艾德里奇带回来的圣饼[2],就能变成帕莫·艾德里奇。这难道不是在亵渎、故意扭曲圣饼的象征意义和耶稣基督的身体吗?我感到震惊不安,难过至极。

我知道有很多种不同的角度可以诠释《帕莫·艾德里奇的三处圣痕》。一些迪克学者认为这是菲尔最好的作品之一。然而,我对这部小说的个人理解却与它的文学价值毫无关系——这部小说中有一种近乎恶魔般的存在,但是,与此同时,写下这部小说的菲尔却热爱做礼拜、参加坚信礼课程,痴迷于古老的赞美诗以及与里德牧师之间有关神学的种种讨论。

在我看来,菲尔一开始描写的是代表种种世俗快乐的圣饼"糖麻",而不是由天外来客带来的、代表精神与灵魂的圣饼"嚼麻"。那时,菲尔还没有开始接触致幻药。他的构思主要是基于他对迷幻

---

1. 指巫术术士对基督教弥撒仪式的渎神模仿。
2. 在基督徒举行"圣餐礼"的时候,要吃一种用面粉和水调和好、直接烘烤出来的饼干。教徒们吃了这种圣饼,就能和基督结合在一起。

蘑菇的了解。"嚼麻"就是由一种菌类制成的东西。在小说的开头，帕莫似乎是一个好人，甚至或许就是上帝本人。然而，越到后面，越难以判断他究竟是好人还是坏人。善与恶在他身上交织在一起。这部小说脱离了菲尔的控制，就好像他在小说创作时期的生活也彻底脱轨了一样。

可悲的是，当时我并没有意识到，在这部令人震惊的怪诞小说中，主人公巴尼·梅尔森是如何深爱着艾米莉·赫纳特的——他是多么想让她回心转意，又在他自私地抛弃她之后感到多么内疚。

我没有意识到，当巴尼的朋友兼雇主莱奥·布列罗被帕莫·艾德里奇囚禁和下药，向他求助，他却没有及时回应的时候，巴尼的心里有多么悲伤。巴尼痛恨他自己，他觉得自己罪大恶极。他总是把自己的利益放在首位。为了赎罪，他决定把自己流放到沉闷的火星上去，一趟有去无回的旅程。他准备主动感染致命的火星癫痫病，他还要服下"嚼麻"，成为被帕莫·艾德里奇控制的一员。当罗妮·福盖特，一位同在莱奥手下工作的预言家展望未来时，她看到莱奥杀死了帕莫·艾德里奇。巴尼继续留在了火星上，但他最终变得就像帕莫·艾德里奇一样。他也曾想要回到艾米莉身边。他本来有机会可以回去和她团聚的，但他亲手毁掉了这个机会，犯下了和第一次失去她时一模一样的错误。

我更是没有意识到，即便处处充满困惑与动荡——不管是在小说中还是在菲尔的现实生活中——巴尼始终都在承认自己的过错，并决意要为自己的行为负责。他并没有把责任都推给艾米莉，或是别的女人。这部小说把所有的真相都毫无遮掩地展现了出来。几年后，菲尔开始拒不承认有关《帕莫·艾德里奇的三处圣痕》的一切。他说他恨不得自己从没写过这本书，也再不想听到任何关于这本书的事情。

我现在相信，彼时的菲尔，是在试图利用这部小说竭力解决一个关键的内心冲突（然而他失败了）。正如他多年后在《瓦利斯》中所写到的那样，他想要变成一个完整的人。通过坚信礼课程和教会礼拜，他得以审视自己的内心，却发现自己的心里住着的不是基督，而是帕莫·艾德里奇。他能够准确地理解基督教的理念，却无法把它吸收到心灵之中，让它与自己融为一体。反而，在他的脑海中，教义变得扭曲而邪恶。可真相就是这样吗？在小说的结尾，即将落幕之时，菲尔针对帕莫·艾德里奇的本质提出了疑问。或许他并没有那么坏，或许他并不是恶魔，只是一个在外太空游荡了亿万年的古怪生物罢了。

菲尔继续往返于他母亲的房子和雷斯岬站之间。他不在家的时候，都是由我来检查邮箱的。当我收到西马林药房寄来的一张大额账单时，我惊讶极了，因为账单上写满了各种各样的药物：三氟拉嗪、苯甲恶啉、某种安非他命，还有其他的药。我对菲尔买药的事情一无所知。我狠狠责备了那个药剂师，为什么要把这些药卖给菲尔？

菲尔正在写一部以离婚与和解为主题的小说，《阿尔法卫星上的家族》，有时候在伯克利写作，有时候在雷斯岬站写作。那年春天，他创作了大量的作品。他还在同时写另一部小说《倒数第二个真相》，可能是脱胎自五十年代留下的某篇草稿，书里塑造了一个受到政府蒙骗后最终挺身而出的人。《空间裂缝》（我敢肯定，菲尔是在他的汽车消音器失效漏声时得到了灵感）部分脱胎于《牙齿完全一样的人》所留下的素材。系列恐怖故事《亡者之音》《小黑匣》和小说《无法被传送的人》也写于这个时期。这些小说的稿费没有任何一笔打进我们的联名账户。

同时，菲尔还写了一个十分令人触动的故事，《珍贵制品》。这篇小说中，工程师比斯克花了整整五年，想把干旱、沉闷的火星改造为一个花园。他已经筋疲力尽，即便他的妻儿马上就要乘坐下一班火箭抵达火星，他也漠不关心。不过，来火星找他的并不是他真正的妻儿，而是被称作"化身人"的敌人，伪装成他的家人来接近他。比斯克只想回家，回到地球去，然而，地球上的每个人、每样东西，包括他的猫在内，都是化身人变成的。他们早就摧毁了地球，然后用虚假的文明与伪装出来的人类掩盖所有的疮痍。

终于，菲尔一去不复返。他搬回了伯克利，并于1964年3月9日正式申请离婚。他在母亲家附近租了一个房间暂住。一个星期后，他从伯克利打电话给我，说："安妮，其实一起去教堂是个不错的主意，可惜失败了。"

琳·哈德纳告诉我："多萝茜对于这段婚姻的破裂感到很内疚。"

离婚的时候，我感觉我们就像在滑向两个截然相反的方向，各种不同的力量试图把我们分开，而我们对此完全无能为力。我猜，当菲尔状态不好的时候，他就不想回到家里；而当他恢复一些神智的时候，又会想："我太糟糕了，出现在她们身边，只会给她们添麻烦。"

写下这本书的这些年里，我逐渐意识到，那时菲尔在内心世界所经历的一切，其实和我并没有什么本质上的关系。后来他曾提到，那时他经历了一场严重的"精神崩溃"。在提出离婚后，菲尔还是会到雷斯岬站来，但是每次拜访之间间隔的时间更长了。有一次，他带来了他心爱的皇家电动打字机，送给了我。还有一次，他告诉我，他希望我和女儿们留下他珍藏的《大英百科全书》。每次他离开，我都会送给他一些家里收藏的书籍。他五月初又回来了一次，但那时的他感觉就像一个幽灵。他带来了新买的电动打字机，还带着手提箱,下定决心要永远搬回来住,可是过了几个小时,他又转身离去。或许那个时候,我也已经变成了幽灵,筋疲力尽,再也无法为他付出了。尽管我依然想要他留下来,但我早就对此不再抱有希望。

六月初,简妮中学毕业了。她不敢相信菲尔甚至不肯来参加她的毕业典礼。她不停地在房间里寻找着他的身影,依然坚信着他一定会到场。

后来,海蒂回忆道:"曾经有过一个家。第二天,家就不见了。父亲离开了,从此再也没有回来过。"

写在第一部分之后

尽管已经过了十八年,在寻找并联系A医生的时候,我依然不禁感到一丝紧张。这些年,他发福了不少,看上去就像个金发的佛陀。他来到我家,为这本书接受了采访。我们坐在外面的露台上聊天。他翘起椅腿,让椅子斜靠在房子的外墙上。在1963年发生的那一系列惨痛的事情之后,我就再也没见过他了。他用沉默向我表达了带着温暖与歉意的赞同。让他开口讲话有些困难,因为他始终都在专注地倾听着。他坐在那里,摆出倾听的动作,安静而警觉,似乎连耳朵都伸长了。然而,对我而言,那一刻也具有某种治愈的力量——我终于可以原谅他并与他面对面交谈了。

随着谈话变得更加深入,他开始用一种在我看来不甚友善的方式讨论菲尔。他擅自揣测着,给菲尔贴上各种不同的精神病标签,继而说,他永远都理解不了菲尔到底出了什么问题。我不想听他在我面前用精神病学术语夸夸其谈,诽谤菲尔。我还以为A医生是真心喜欢菲尔的。然而,毕竟是我主动邀请他到我家来做客的,也是我先请他讲讲自己的看法,所以我无法打断他。他一说起来就滔滔不绝。我不知道该如何回应他的话,甚至不知道我是否该做出回应。

我听了很长很长时间。突然间,我脱口而出:"但是我爱他。"

那一瞬,A医生看上去震惊极了。很快,他就主动起身告辞了。

Part II

第二部分：1964—1982

当我开始记录自己的回忆时，越来越多的往事又在我眼前浮现。
其中很多事情我甚至从未对任何人提起过，
但如今它们却尽数被我以白纸黑字记录了下来，历历在目。
好在那些回忆已不再被痛苦地困在我心底深处。
如今我只想知道，菲尔在和我分开之后究竟都经历了什么？
我能得知吗？我该去哪里寻找那些他后来遇见的人？
他们会愿意和我聊一聊吗？
如果我最终发现，在菲尔还活着的时候，
是我自己出于盲目而忽略了很多事情，我会做何感想？
我的长女海蒂警告我："妈妈，不要迷失在菲利普·迪克的世界里。"
有些时候我感觉自己就像是这个世界的闯入者，
有些时候我被震惊、沮丧以及深深的悲伤所包裹——
然而，我是如此倔强，开弓就无法回头。

5

奥克兰的单身汉

第五章

……黑色的物体,就像一颗巨大的心脏般搏动着,庞大,响亮,怦怦地跳着,起起伏伏。它在暴怒中燃烧着,要烧尽我身体里一切令它不满意的东西。也就是,我的绝大部分。

——菲利普·迪克,《逆时针世界》

1963年，菲尔和格拉妮娅·戴维森开始密切联系。她给他写了一封充满爱意的信，描述了她有多么喜欢《高堡奇人》这部小说。1969年，格拉妮娅和她的丈夫阿弗拉姆·戴维森一起住在墨西哥。阿弗拉姆那时是《奇幻与科幻杂志》的主编。

他们交往日益深入，她便给他写了这样的信：

> 我一想到你因为我写下的那些笔记和短评而心旌摇荡，就感到愉快极了，因此我决定再给你写一封信，来继续引诱你……如果你想要爱上我，我会非常高兴的……我喜欢你的作品……如果你不想到南边来找我，那你就在家等着吧，在那里慢慢地爱上我。我们可以在海边幽会。我们可以在地下室的中餐馆里偷偷牵手……我喜欢你，坦白地说吧，通过你的信，我被你深深地吸引住了……希望我可以填补你的空虚……而你或许也可以填补我的空虚（看，这个比喻用得怎么样？）……这几天，我一直期待你的来信，等待你的回信的我，宛如一个初坠爱河、心中小鹿乱撞的女学生。我必须停笔了，我不会在署名的时候说"爱你"……只会说"希望美梦能够成真"……又及，我用《易经》占卜过我们两人的未来，答案是：……第四十五卦，萃卦，坤下兑上，意为相聚。

我真庆幸当时的我没有读到这封信。不得不承认，她在信里展现了教科书般的调情手段。

菲尔写信告诉格拉妮娅，他和我已经分开了。在那之后，她的信就越来越露骨了。

1964 年 6 月，她在信中写道：

如果我们两个人相处融洽，那我们可以慢慢酝酿这段感情，小火慢煮，直到你做出最适合自己也最适合其他人的选择为止……我并不着急……正因如此，对我而言，住在伯克利而不是西马林很好……在伯克利，我除了你之外还有其他朋友……不会感到无聊枯燥……总有一天我会搬到海边去，过上与世隔绝的生活，不过现在暂时还不会……住在现在这个地方，我已经与世隔绝太久了，现在我必须出来找找乐子。

1964 年 6 月中旬，格拉妮娅来到伯克利和菲尔见面。她住在科幻小说作家玛丽昂·齐默尔·布拉德利[1]和沃尔特·布林[2]家，他们都是她的朋友。格拉妮娅聪明迷人、能说会道，尽管她身体超重，日常生活多有不便，但她对自己的女性魅力充满自信，不会为身材上的短板烦恼。

后来我采访格拉妮娅·戴维斯——1965 年，她还叫作格拉妮娅·戴维森——的时候，得到了更多的惊喜。格拉妮娅邀请我去她位于圣拉斐尔的家拜访，给我倒了一杯希腊葡萄酒。这时的她已经瘦了很多，出版过科幻小说，在一家旅行社工作时，去过很多地方。格拉妮娅成就卓著，魅力非凡，坚定果敢。她说话的声音也相当与众不同，总是带着一丝微微的颤抖，让她听上去显得十分敏感而富有同情心。

1.2. 二人为夫妻。玛丽昂·齐默尔·布拉德利（1930—1999），美国奇幻、科幻小说家，以作品中的女性主义视角著称，代表作有《阿瓦隆迷雾》系列。沃尔特·布林（1928—1993），美国作家，LGBT 权利活动家。

菲尔仍然住在他母亲家附近，但是他拜托格拉妮娅去帮忙物色一所新的房子。她为他找好了新居：一栋位于奥克兰市甲昂街的房子，房屋后面的院子里，还有一间小屋。格拉妮娅准备带着不久即将搬来伯克利和她团聚的小儿子住在那间小屋里。

与此同时，菲尔开着他刚买的二手白色大众汽车，去拜访了伊内兹·斯托勒位于西马林的家。伊内兹请菲尔为她的画展写一篇宣传文章。作为回报，他则要求她替自己去买一种处方药。菲尔告诉伊内兹他要自杀。他说："我无法和安妮在一起生活，但我也无法过上没有安妮的生活。"

雷伊和克里斯汀·尼尔森，在菲尔搬回奥克兰之后，成了他的亲密好友。在我为这本书收集素材的时候，他们两个人对我都很友好，也尽力帮助我。我和他们两人见了几次，也一直和雷伊保持着断断续续的联系。我惊讶地发现，原来那时克里斯汀还和菲尔谈过恋爱。

雷伊还朦胧地回忆起了最早遇见菲尔时的样子。那时候菲尔还和克丽奥在一起。尼尔森夫妇直到菲尔离世都和他保持着联系，克里斯汀也一直是菲尔的知己。就在菲尔去世前几个月，雷伊还去他位于圣安娜[1]的公寓看望过他。

雷伊认为，菲尔是因为不能靠写作维持生计而陷入绝望的——尽管他的作品已经为他带来了足够的名声。雷伊写道："了解菲尔人生的关键是……当时作为作家在美国生活的经济状态……（菲尔最终）得出了结论，明白他没办法靠全职写作活下去了……于是他认为，自己的人生被一个邪恶的上帝掌控了。"

---

1. 美国加利福尼亚州东南部城市。

就在格拉妮娅和菲尔一起开车把他们的东西都搬到里昂街的那栋房子里时，菲尔在急转弯的时候忘了减速，发生了事故，不仅车撞坏了，肩膀也严重脱臼。他打着石膏，右臂固定在胸前。在和格拉妮娅同居的大部分时间里，他都无法写作。他告诉他的新朋友雷伊·尼尔森，他曾经试图自杀，但他的人生如此失败，就连自杀都失败了。雷伊非常紧张，问他是否还有自杀的打算。菲尔告诉他："只有活着的人才能自杀。"他对雷伊解释，他曾经如此认真地想要自杀，即便最后没成功，他也相当于是死了。如今他苟活于世，就像一具"行尸走肉"。

雷伊·尼尔森和菲尔成了好朋友，很快两人就开始合著一部小说。后来，当我去菲尔在奥克兰的家拜访他的时候，雷伊对我也非常友好热情。我们相处得很融洽。

尽管菲尔对每个人描述我是怎样的一个"怪物"，雷伊却毫不买账。几年后，他给我写信说："我知道，菲尔之所以想自杀，是因为他觉得他对于你和你的孩子来说，只是一个累赘罢了。"

菲尔给我打了电话，告诉我他受伤的事情。我真希望他能回家住，这样我就能照顾他了。但是，尽管他很需要别人的关怀，却始终没有表示要搬回来。他把自己在里昂街的地址给了我，让我来探病。我立刻就去了。这一带破败不堪、杂草丛生，垃圾遍地。对我来说，这里沉闷至极。在美丽的雷斯岬站住了那么久之后，他怎么受得了这样的地方？不过，在过去的路上，我看到了最近兴起的艺术，很有意思：一座座软泥塑像矗立在路边，沿着旧金山湾东部绵延数英里。它们由漂流木和其他破碎的材料拼凑而成，非常美妙。每次我开车路过这里，都会看到一些旧的塑像倒塌了，一些新的塑像又突然凭空出现，占据了原先的位置。菲尔的新房子里只有他那台老旧的米罗华唱片机，几件从救世军救济处搬回来的家具，还有几块来自我们家养的羊的羊皮地毯。令我失落的是，他养了两只猫，这让我不禁觉得，他大概是要在这里长久地居住下去了。两只猫已经抓坏了羊皮地毯——相比猫窝而言，它们显然更喜欢地毯。我不记得当时我和菲尔都聊了些什么，大概是在聊路上看见的软泥塑像吧？那时我已经不敢跟他聊什么事情了，因为他太敏感了。而且，那时我也不知道他的房子后面还有另一间小屋，更不知道格拉妮娅就住在那里。

格拉妮娅和菲尔同居的时候，她认为他是个体贴、顾家的人。他给她买了一辆老旧的雪佛兰汽车，还有一只菲律宾产的木制沙拉碗。她发现他非常在意房子内部的布置摆设，总是遵循着某种特定的秩序。他会规律地饮食，吃营养丰富的饭菜，收拾房间，定期洗衣服，也基本注意保持身体健康；但与此同时，他的情绪总是跌宕起伏——"他反复无常，近乎疯狂，一直是这样。"她说。菲尔不停地对她描述他可怕的前妻。他说自己没日没夜地辛苦工作，写了十八本小说，全都是为了撑起支离破碎的家。后来她怀疑，菲尔之所以编造这些故事，可能只是想要给他抛妻弃子这件事找个理由，来让自己的行为合理化。菲尔还向格拉妮娅坦白，他发现自己渐渐被海蒂吸引了，他必须要"采取措施，保持距离"。菲尔向格拉妮娅求婚了。她说："菲尔认为，如果你和一个人上床了，就需要跟她结婚。他倒是奉行专一，每次只拥有一个伴侣。"

格拉妮娅还发现，菲尔的药装满了一整个抽屉。他正在服用A医生为他开的阿米替林和三氟拉嗪，以及其他许多强效镇静剂。有时候他会躁动不安，一整晚都在屋里来回走动，把唱片机调到最大音量播放歌剧。

在雷斯岬站，我面临着一个法律问题：我必须处理菲尔的离婚诉讼，如果我不回应的话，法律将自动按照他开出的条件判我们离婚。这意味着他将得到房子的一半。这样的话，我和孩子们怎么办？我感到焦虑极了，但即便如此，我也无法狠下心来同意离婚。我的律师安妮·戴蒙德找到了另一个在法律上很少用到的解决方案，让我改而申请"和解"。这件事让菲尔既惊讶，又失望。

菲尔去世后，我联系了已经退休的安妮·戴蒙德。她邀请我与她共进午餐。我在她位于罗斯[1]漂亮的家中与她会面，她家收藏了许多亚洲古董艺术品。安妮一直很喜欢我。她对我的调查很有帮助，她不仅从自己的角度提供了见解，让我对和菲尔离婚这件事情有了新的认识，还让她办公室里的人把所有的法律档案都提供给我参考。她告诉我说，"安妮和菲利普·迪克离婚案"是她处理过的最糟糕的案件，如今她都以我的故事作为事例，来教导新入行的离婚律师。

菲尔留下了很多论文和草稿，都在"陋室"存放着。我的律师需要我提供一份财务报告，那份报告碰巧就放在"陋室"。对于像我这样讲究效率和务实的人来说，去趟"陋室"，锯掉门锁，取出报告，再换一把新锁，是完全合情合理的。我还颇为这个小成就感到自豪。结果，菲尔、他的律师威廉·沃夫森（菲尔最喜欢的高中老师的丈夫）、我的律师和我的心理医生全都变得如临大敌。"怎么了？"我心想，"那份报告又不重要。"因为这件事，沃夫森甚至给我开了一张限制令，禁止我再去拜访菲尔。菲尔换了电话号码，他的新号码没有列在通讯簿上，因此我们断联了——直到几周之后，他才给我主动打了一个电话。

---

1. 马林郡富人区之一。

更糟糕的是，我的律师安妮·戴蒙德还在近期负责了威廉·沃夫森和妻子玛格丽特的离婚案。菲尔的精神病医生 A 医生和我的心理医生 J 医生因为金钱方面的问题发生了争执。这场离婚案仿佛变成了一场男人与女人之间的战斗。不幸的是，不管是 A 医生还是威廉·沃夫森，都相信了菲尔口中说出来的话，因此并没有及时帮助他解决心理问题。（安妮·戴蒙德是著名精神法医伯纳德·戴蒙德的妻子，她不住地抱怨道："真可惜，他没有得到任何像样的精神治疗。"）

菲尔在电话里对我说："我两度要求威廉·沃夫森放弃离婚诉讼，但他不同意。"我不知道他是什么意思。

威廉·沃夫森，我曾经的敌人、如今的好友，在一家拉克斯普兰亭连锁酒店餐厅与我共进了一顿 AA 制午餐。我随身带着那本红色平装的勒瓦克版《PKD 书目索引》[1]。我们刚刚就座，就有一个漂亮的黑发女人跑了过来，问我是从哪里买到的那本书。她想给她的前夫送一本，因为他很喜欢《高堡奇人》，不仅自己在创作小说剧本，还想要购买小说的电影版权。我回家之后，她的前夫就给我打了一个电话，后来我还和他吃了一顿午饭。他是杜比实验室[2]的创始人之一。他创作的剧本是《高堡奇人》的续集，他给我读了开头部分。

菲尔的老朋友、他在大学广播电台的同事文斯·鲁斯比，在菲尔搬回伯克利不久之后，就去里昂街看望了他。菲尔告诉文斯，他之所以和我离婚，是因为每出一辆新车，我都要买下来，他必须在

---

1. 《菲利普·迪克书目索引》由丹尼尔·J.H. 勒瓦克编写。
2. 创立于 1965 年，创造了杜比降噪系统、杜比环绕声系统等多项技术，对电影音响和家庭音响产生了巨大影响。

我倾家荡产之前阻止我。他还对文斯说，我手持切肉刀攻击他，还开着家里那辆白色捷豹车在院子里追着他跑，想要碾死他（可我们好几年前就把那辆车卖掉了）。不仅如此，我还谋杀了我的第一任丈夫。文斯也认识我，清楚我的为人，因此听到菲尔这么说，他惊讶极了。然后菲尔认真地对文斯说："安妮在我的米罗华唱片机里装了监听器，这样她就能掌握我的一举一动了。"

文斯是在菲尔死后才告诉我这一切的。听完他的话，我非常震惊，根本不知道该如何回应。当时，我正在他位于里士满[1]的家中采访他。采访结束后，弗吉尼亚·鲁斯比给我倒了一杯掺了苏打水的波本威士忌，然后我就一路开长途回了雷斯岬站。第二天，我思考着文斯对我说的话，依然感到不敢置信，便打电话给文斯。"文斯，"我问，"当菲尔告诉你，我在他的米格华唱片机里安装了窃听器以便监控他的时候，他是在开玩笑吗？"

文斯严肃地说："不，他是认真的。"

我问："那么，当菲尔对你说出这些话的时候，你是怎么回答的？"

"我太震惊了，就什么也没说。"

那一刻，我突然意识到，1964年发生的一切，或许与我印象中的截然不同——然而，也有可能的是，菲尔当时不过是在演戏罢了。

那年春天，菲尔写下了短篇《亡者之音》。直到他死后，我才读到这个故事。主人公约翰尼·贝尔富特听到轰鸣声从收音机里传来，看到一张模糊的脸出现在电视屏幕上，又在接电话的时候听见话筒里传来意义不明、缥缈遥远的古怪言语。已经死去的路易斯·萨

---

1. 美国加利福尼亚州西部城市，临近洛杉矶。

拉皮斯正躲在外太空的某个角落，控制着地球上所有的媒体，准备通过控制他的侄女凯茜·埃格蒙特·夏普——一个精神错乱、嗑安非他命嗑到上瘾、曾在精神病医院里待过的女人——来控制全国。当约翰尼最终发现他命中注定不得不杀死凯茜的时候，他感到心灰意冷，因为他曾经真心爱过她。夏普是我继父的名字。菲尔离开雷斯岬站之后写的多部小说，主角都有名为凯茜的前妻。在小说的开头，"凯茜"们通常被塑造得非常负面，不过随着剧情发展，"凯茜"们的人物形象都渐渐变得正面起来了。

菲尔也在同一时间写了科幻小说《死亡迷宫》。这部小说十分独特，似乎是从一个精神病患者的角度讲述了精神病发作时候的样子。

我开车去拜访了雷伊和克里斯汀·尼尔森在奥尔巴尼[1]开的科幻小说书店"大猫"。它就坐落在圣巴勃罗大街旁边。在那里，我第一次见到了克里斯汀，一个有着挪威口音的苗条金发女人。即便已经不年轻了，她也仍然很有魅力。我猜1964年的时候，她一定是个超凡脱俗的美人。那天天气寒冷，即便是在书店里也没有暖和多少。克里斯汀穿着一件浅灰蓝色的派克大衣。书店后面有一间储藏室，没有开灯，我们就坐在里面，围在一张凌乱的桌子四周。我低头解开录音机缠在一起的电线。克里斯汀挥了挥手，然后递给我一份影印件，是菲尔写给她的情书。我在惊讶之中收下了那封情书。我完全没有意识到她在菲尔的生命中竟然如此重要。

菲尔在情书中写道：

---

[1]. 美国加利福尼亚州城市，位于湾区东岸，毗邻伯克利。

我爱你，并不是像格拉妮娅所说的那样贪图你的肉体，而是怀着爱意……相信我；我爱着好几个人，但是这并不意味着我想和他们上床；我爱我的妹妹琳，还有——我知道这听起来很疯狂——我也爱艾尔·哈勒维、杰克·纽科布，还有其他几个人，包括卡罗尔·卡尔在内；但是和那么多人相比，我最想和你在一起……我只要能看着你就可以了，看着你的眼睛，你的眼睛是那么美丽通透（"离卦"的意思[1]），你还有一种独特的气质，我无法以语言概括，因为我并不是诗人，我只是知道如何写文章而已……这就是我生活中所有的性趣（抱歉，亲爱的，原谅我的措辞吧）。我觉得有点太多了，我想要的大概只是生活本身罢了。我认为我可以从一个女人那里得到我想要的生活，她就是我的真命天女。那就是你……我真希望我可以有片刻时间拥抱你……我不需要你来温暖我，我只希望给你注入生命。艾尔，即便他有那么多缺点，也想做一样的事情。我们俩都爱着你，别人也是，我们都在默默地爱着你，却一句话都说不出。莫扎特在《魔笛》中写道："回去。回去。到了这里，你必须回去。"但我不会止步于此。我只有在你明确表示请我走开、远离你的时候才会离开，或者只有在你说出宛如奥塔维奥·利努契尼[2]在1608年为蒙特威尔第[3]那首伟大的五行牧歌[4]写下的歌词——"让我死去吧。我承

---

1. "离卦"是周易中的第三十卦，有通透、光明之意。
2. 奥塔维奥·利努契尼（1562—1621），意大利文艺复兴晚期诗人。
3. 克劳迪奥·蒙特威尔第（1567—1643），意大利文艺复兴晚期作曲家。
4. 流行于十六世纪欧洲的一种无伴奏重唱曲。

受着无法得到慰藉的痛苦。啊，让我死去吧"这样的话时，我才罢休……像你这么可爱的人，怎么还会难过呢？但是也许你并不觉得难过，也许只是我罢了，我在这里想着你，幻想着你。我希望这都是我想象出来的，因为我不想要你觉得难过……如果我的人生中，有什么东西是堪称神圣的，那就是你。

我对她说："天哪，1964年的时候，我对你一无所知。"她表现得歉意十足，并对我解释道，她和菲尔之间的关系，不过是"一场闹剧"罢了。

菲尔出车祸后不久，克里斯汀在家里办了一场派对，菲尔来了，他们就是这样相遇的。他的手臂吊着绷带，身上打着石膏。"我觉得他温柔浪漫、激情四射、魅力十足。派对上其他好几位女士也是这么认为的。他具有非凡的感染力。每遇见一个女人，他都会向她求婚。他讲的笑话全都有趣极了。菲尔喜欢爱情，他爱上了陷入爱河的那种感觉。"

菲尔会跟克里斯汀通几个小时的电话。他给她寄了一根特别长的电话线，这样她就不必坐在冰冷的楼梯上给他打电话了（她家的电话放在那里）。他还给她寄了一张卡片，上面写着"长电话线纪念日快乐"。

克里斯汀发现，菲尔对于和我离婚这件事感到郁郁寡欢、心烦意乱，情绪也时常起伏。她说："菲尔自从分手之后就深陷挣扎。一场善与恶之间的天人交战一直在他心里上演。他感到极度愧疚，仿佛心都被撕裂了一样。你知道，如果你对某人抱有愧疚之意，那种愧疚就会渐渐演变成愤怒。菲尔和你住在一起的时候感到十分自卑，因为你的房子那么美丽、精致，而他一直在写小说，却一分钱都赚不到。

"此外，他需要不断地感受生活，需要很多人始终围绕着他，需要参与各种活动。他需要刺激，也在追求着刺激。身边的事情越令人兴奋，他就越高兴。他告诉我，雷斯岬站对他来说太安静了。他的情绪总在起起伏伏，令人难以置信。有时候我甚至会想，菲尔到底是谁？他什么时候是以真面目示人？什么时候在戴上面具扮演角色？没有人知道答案。然而，我可以肯定的是，他对女性的感知与了解——他与女性迅速建立亲密关系的能力——远远超过常人。他太独特了。"

在我收到限制令两周之后，菲尔给我打了电话，留下了他未列入黄页的新电话号码。我开车去伯克利看望他。那时我依然抱有希望，认为可以修复我们之间的关系。然后，周日那天，我和孩子们恰好去奥克兰的猎狼犬俱乐部参加宠物犬展会。在回家路上，我们又受到菲尔的邀请，去了他家，举行了一场颇为正式的茶会。可那时我根本没有想到，格拉妮娅居然躲在壁橱里！

1964年7月17日，格拉妮娅给她的朋友辛西娅·戈德斯通写信，在信中说道：

> 我觉得我和菲尔之间的关系不会再持续太久了……倒不是因为我们之间缺乏欲望、缺乏努力或缺乏爱，而是因为他病得太重了……很快就会发生一些事情，让我们不得不分开。他会出于自我毁灭的欲望，回到他深深憎恨的妻子身边……或者自杀……他已经开始经常提起自杀了……他的行为有明显的自杀倾向，表现出了很多象征性的自杀企图，比如用刀砍自己的手……还买了一把枪，尽管我拦住了他，没让他买弹药（但愿如此）……想要被阻止，想

要别人为他指明出路……而我已经做到了……至少目前为止我做到了……我可以拿走他的刀、把刀藏起来……安慰他、爱他……对，目前为止还可以……但我并不能总是随叫随到……他的妻子不断地对他提起诉讼，做了其他卑鄙的事情，比如私闯他的小办公室，窃取他的财务记录……他和孩子也分开了……肩膀总在疼痛……他那么无助，无法开车，无法写作，甚至无法系鞋带……你看，这些并不全是他幻想出来的东西……他之所以会产生那些想法，是有理由的，合情合理的……但与此同时，也有其他阴影……那些才是他脑子里幻想出来的，使他的情况恶化了……我能看到他的症状越来越严重了……每天都在恶化，逐渐吞噬了他、支配着他……然后，可爱、睿智、充满乐趣的菲尔，就变得面目全非……每天都在改变……这就是我害怕的……我倒不觉得他会回到妻子身边……也不觉得他会自杀……这些都是某种可能性罢了……我最害怕的还是……是他可能会崩溃，他会疯掉……可能永远不会好起来了。

他向我寻求帮助……甚至把我奉若神明……但我真的帮不上忙，做不到他要我做的事情……我只能尽力爱他、同情他，努力理解他、提供建议和安抚……只要我能做到……但是当我做不到的时候……他就会大发雷霆……我又开始安抚他，告诉他，他并没有失去我，然后我们就上床睡觉，情况也会好一阵子，因为他的注意力暂时被分走了，他开始担心"可能会失去我"，而忘记了真正的问题……否则他就会时刻生活在恐惧中……被食物噎死，构想出各种各样宏大、可能会在未来发生的糟糕场景，讲述他是如何失去面对人生的勇气、生命又是如何从他身上渐渐流逝的……就这样……已经持续几个星期了,他发脾气的时间越来越长,他的情况也越来越糟……唯一能让他暂时平静的只有睡眠……当然,只有在我能劝动他上床睡觉的时候才行……我应该永远离开……永远不再回来……但是我爱他……我真的爱他,我不知道如果我抛弃了他,他会怎么办……但是如果伊森要搬过来一起住……我不能让伊森面对这样的事情……我不能把伊森卷进来……我也不能离开菲尔……我该怎么办?

这封信写得太过歇斯底里,以至于最后格拉妮娅放弃了寄信,直接把它揉皱之后扔进了废纸篓。

菲尔死后,别人在他的文件夹中发现了这封信,信上有很多折痕,但又被压平了。他一定是从格拉妮娅的废纸篓里把信翻出来的。我在保罗·威廉姆斯位于格伦艾伦的车库里拿到了这封信的副本,它和菲利普·迪克文件集存放在一起。

几天后,我和菲尔在法庭上会面以决定他在我们分开之后应该支付多少赡养费。我哥哥亚瑟,一个英俊的金发男人,当时正是古德里奇橡胶公司的副总裁。他恰好来加州西部出差,便穿着他的三件式海军细条纹西装,和我一起出席了听证会。菲尔走进法庭的时候,穿着皱巴巴的牛仔裤和一件旧衬衫,一只袖管是空的,因为他的手臂还吊在胸前,身上的石膏也脏兮兮的。他走向我,亲吻了我的脸颊。这令我惊讶极了。我脑中有那么一刻闪过了犹大[1]的样子。

---

1. 耶稣的十二门徒之一,曾在出卖耶稣之前亲吻耶稣。

我把菲尔介绍给了我哥哥。他们握了握手，相对微笑，彼此都说了"很高兴认识你"这样的话。

我们发现，这位法官也是一个科幻小说迷，非常喜欢菲尔。我的律师对此很担心。然而，沃夫森提出的所有问题在我眼中都很可笑："在家里，谁的衣服是用洗衣机洗的？是菲尔的孩子，还是三个年纪更大的孩子？所以谁应该负责支付维护洗衣机的费用？"我轻轻松松地答出了这些问题，还在回答的时候加以反证。我哥哥都被逗乐了。最后，法官判给我每月七十五美元的临时抚养费。菲尔只付过一次钱。然而，我并不想为了这一笔微不足道的钱每月对他骚扰不休，因为我怕这样会把他推得离我更远。

格拉妮娅尽管对菲尔颇有忧虑，她最终还是决定留在他身旁，她的儿子也从墨西哥赶来和她团聚了。菲尔对孩子很好，还在后院专门给他做了一个沙盒。但是，当菲尔有一天买了一把短口手枪时，格拉妮娅更加不安了："这是因为他害怕安妮。"然后，他又开始说雷伊·尼尔森正在密谋要杀掉自己的妻子克里斯汀。格拉妮娅觉得她完全不知道要怎么办才好。菲尔整夜都不睡觉。她不敢从他那里把枪偷走——如果被他发现，真不知道他会做出什么事来。最后，她还是鼓起勇气拿走了枪，并交给雷伊偷偷保管。

我问过克里斯汀，菲尔口中雷伊的密谋究竟是怎么一回事，她笑着回答我："那只是因为菲尔在试图离间我和雷伊罢了。"

当我采访雷伊·尼尔森时，他告诉我，菲尔爱上他妻子的时候，他一点都不觉得受到了冒犯。菲尔只是在进行一场"智性上的恋爱"罢了。"菲尔太有魅力了，导致你根本无法对他生气。"他说。然后他焦虑地问我："你觉得他们是真的有一腿吗？克里斯汀都跟你说什么了？"采访结束的时候，他又问我："你愿意也和我来一场'智性上的恋爱'吗？"尽管我

157

们最终没有发展出那种关系，但多年来我们一直保持着友善的联系。

克里斯汀继续说道："然后菲尔告诉我，'我要开枪自尽'。"但是，她觉得菲尔这么说只是在朋友面前逢场作戏，闲得无聊，想要消弭抑郁而已。当菲尔在克里斯汀或其他朋友的陪同下回到家的时候，他会先搜查房子，说："联邦调查局和中央情报局在我的猫窝里装了窃听器。"他的语气非常滑稽，但没有人知道他究竟是在开玩笑还是当真的。大家都以为他在开玩笑，但他们也不敢完全确定。

到了夏末，科幻作家和科幻迷们从全国各地赶到奥克兰，参加劳动节周末举行的全国科幻大会。菲尔住的地方离大会举办地利明顿酒店不远。整个八月下旬，来自美国各地的作家和粉丝都时常来他家聚会，夜夜笙歌。当时科幻圈还有一些暗流汹涌的政治角力，菲尔也掺和在了里面。正聊得开心的时候，他就会无缘无故地把所有人都从自己家里赶走，把自己关在屋里，然后连续几个星期都像隐士一样避世而居。

有一次，当我给菲尔打电话的时候，他恰好请了一大帮人来家里玩儿。他一直在用一种残酷的、充满嘲弄的语气和我讲话。然而，我们说到一半的时候，他家的客人们都离开了。这时候，菲尔的态度立刻改变了，变得温柔可亲、文质彬彬起来。我始终不明白他为什么会这样，但至少他最后对我更友善了，而这已经足以让我感到欣慰。

就在大会开始前，菲尔打电话给我，邀请我去奥克兰和他一起参加大会。雷伊·尼尔森希望菲尔和我能够复合。他相信菲尔心里仍然爱着我，也是他建议菲尔邀请我的。我自然非常高兴，以为邀请我是菲尔一个人的主意，还在心里默默期待着能够借此机会和菲尔和解。然而大会最终却成了一场噩梦。我无事可做，只能和陌生人一起尴尬地围坐在圆桌旁，菲尔却四处走动，和其他人谈笑风生。多年来，菲尔一直叫我远离幻迷圈，而现在我终于亲眼看到它的全部荣光。我喝多了。我想和菲尔一起离开，去别的什么地方。凌晨两点的时候，他才和我一起走出了会场。我们走在奥克兰市中心的街道上，准备去找停在外面的车，这时，他突然对我露出充满嫌弃的可怕表情，然后径直走开了——深更半夜，他把我孤零零地丢在大街上，而那里是整个湾区治安最差的地方之一。

我彻底惊呆了。我完全不敢相信菲尔竟然会做出这种事。为了安全考虑，我必须尽快离开那一带。我走得那么匆忙，甚至在倒车的时候还撞上了一根电线杆。回到家的时候已经快要天亮了。我几乎一夜没有合眼。出于担忧，我准备再回奥克兰一次，看看菲尔到底是怎么了。我带上了我们四岁的女儿劳拉。当我敲响菲尔家门的时候，他穿着睡衣出来了，眼神疯狂，挥舞着一把小型左轮手枪。那一瞬间，我呆若木鸡，不知该做何反应。紧接着，我抓紧劳拉的手，迅速后撤，离开了那个地方。她竟然和我一起目睹了菲尔那奇怪又充满恶意的样子，还被他吓坏了——我感到无比难过。

我给J医生打了电话，在回家的路上去了她的办公室一趟。她告诉我："你千万不要再去找菲尔了。"事到如今，我也不得不同意，她说的话是对的。我必须放弃了。

我的生活面临着一个重大的转折点。那天晚上，我坐在家里的时候，心想："菲尔正在毁掉我在这个世界上最爱的一切——他自己，还有我们的家庭。"我甚至都不敢相信自己那一刻冒出的想法："我明天就要去皇宫集市买一把猎鹿枪，把菲尔打死。"紧接着我又想："不，我还是去买一把猎鹿枪，把自己打死好了。"又过了一会儿，我渐渐冷静下来，才觉得这两个念头都不对劲。我不能把我的孩子们置于这样的境地。要么，她们将眼睁睁地看着我被抓进监狱；要么，她们在应付眼前的一团乱麻之外，还要处理母亲的自杀。这是我一生中唯一一次认真地觉得我可能会去杀人。现在，当我在报纸上读到和婚姻、恋爱有关的谋杀案时，我觉得我有些理解那些可怕的杀人犯了。

那天晚上我做了一个梦，梦见我和四个女儿同在一条小船上。菲尔则在水里，挣扎着，快要淹死了，我拼了命地想要救他。但是，每一次我想要把他拉进船里，他都差点要反过来把我拉到水下。与此同时，小船正在慢慢漂向巨大的瀑布。梦中的我不得不做出一个可怕的选择：为了挽救女儿们，我最终划着船，抛下了菲尔。

没过几天，菲尔又给我打了电话。自然，我把我的全部想法和决定都告诉了他——我总是习惯性地对他开诚布公，从无隐瞒。

然后，十月中旬的某一天，他打电话问我："我还能回家吗？"

"可以，"我说，"你回家吧。家里还留着你的书房呢。"

当时，我和我的第一个雇员亨利娅塔·拉塞尔正一起在工作间里制作珠宝（后来她足足为我工作了四十年）。我下定决心，即便是菲尔过来的时候我也不会停止工作。我的生活必须独立起来。那时，我起码学到了关键的一课，那就是我绝不能在情感上对菲尔有任何依赖了。他出现在我家的时候，我和他打了招呼，对他说晚餐的时候再见，因为我需要工作。我觉得自己当时表现得理智而严肃。

他带着新买的打字机和行李箱，走进了书房。一个小时后，我从工作间走出来，准备去倒一杯水喝。这时候，我看见菲尔提着行李和打字机，走向他的车。当我看着我的丈夫离开这栋房子的时候，我心里涌起一股悲伤——我知道，这是他最后一次回来了。

万圣节前夕，格拉妮娅终于从里昂街那座房子后院的小屋里搬走了。她想和菲尔保持友好的关系，但菲尔却因为她选择离开而气愤不已。不久之后，她又回了里昂街一次，取她留下的东西。这时她惊讶地发现，南希·哈克特正在那里，坐在菲尔腿上。

我们在教堂认识的朋友玛伦·哈克特曾邀请菲尔去她家，本来是因为她自己看上了菲尔，结果，当菲尔最终和她十九岁的继女南希发展出一段感情的时候，她惊讶极了。

格拉妮娅离开菲尔后，杰克·纽科布和他的妻子也分开了，便搬进了空出来的后院小屋。雷伊告诉我，那段时间他家到处都是非法获取的安非他命，还有各种有关毒品交易的传言。菲尔开始出于"娱乐"服用安非他命。雷伊·尼尔森说，菲尔甚至比他们的药剂师朋友艾尔·哈勒维还要更精通药物知识。

菲尔给我写了几封奇怪的信，信里提到有一个卖安非他命的推销员被关进了监狱，还有一个以色列枪手躲在他家地下室里。我读到这些信件之后震惊极了，不过我完全不相信他说的话。几年后，雷伊·尼尔森告诉我菲尔所写的一切都是真的。菲尔把《高堡奇人》的原稿送给了杰克。他对杰克说："我爱你。你就当作这部稿子是你的保险吧。"杰克告诉菲尔："只要你还活着，我绝对不会把这部稿子卖掉。"

1983 年，杰克·纽科布从洛杉矶打电话给我，问我要不要以五千美元的价格买下《高堡奇人》的手稿。他说，雷伊告诉他我"没有问题"，因此他才选择联系我。我听到他的名字，又发现他是在公共电话亭里给我打电话的时候，我立刻给他拨了回去，这样电话费就不用他来支付了，我们也可以聊得久一点。他还记得，他用我的信用卡加过油。他对我说："菲尔一直不断地说你坏话。"他还以为我家财万贯，可以随手掏出五千块买下那部稿子。（其实现在回头看看，那会是一笔很不错的投资，但当时又有谁想得到呢？）我把杰克介绍给了加州大学河滨分校的伊顿收藏馆。（克丽奥也一直认为我很有钱。太好笑了。我确实拥有一栋非常漂亮的房子，不过这栋房子是我在 1955 年零首付买下的，月供只有一百零一美元。）

"那段时间一切都很奇怪，"格拉妮娅回忆道，"还有尿布丑闻。当时玛丽恩·齐默尔·布拉德利订购了尿布，定期送到她的前廊，有人就偷了那些尿布。有人看到一个长得很像菲尔的人出现在现场。菲尔和杰克搞到了一个电喇叭，每当他们看到不喜欢的人就鸣喇叭骚扰他们。他们给我打电话的时候，也在电话里对着我鸣喇叭。他们深夜故意开车去玛丽恩·齐默尔·布拉德利家，对着她的房子鸣喇叭。他们俩就像疯子一样胡闹。"

后来，菲尔对杰克发了一场脾气，把他赶了出去。克里斯汀意欲调解，陪着杰克一起回到菲尔家去收拾东西，结果菲尔也迁怒于她。

那年秋天，又过了一段时间，菲尔到雷斯岬站来拜访我。我们聊天的时候，他不经意提到杰克·纽科布想要杀了我。他说他已经劝住了杰克。而我却在想："杰克是怎么想到要杀了我的？"当时，我依然下意识地否认着全部的负面信息，因此没有认真思考菲尔说的话。我太倔强了，内心深处仍然抱有最后一丝希望，认为菲尔总有一天会回家的，然后一切都会好起来。

娱乐性毒品开始出现在旧金山湾区，包括迷幻药 LSD[1]。雷伊·尼尔森给了菲尔一些 LSD。他们俩一起在菲尔的房子里坐了八个小时，菲尔服药后产生了可怕的幻觉，浑身冒汗，感到孤独不已。他重温了"一把长矛刺穿身体"的感觉，满口说着拉丁语，因为在幻境中他成了一名古罗马角斗士。那次嗑药体验太糟糕了，以至于他之后再也没有碰过 LSD。

---

1. 麦角酸二乙基酰胺，是一种强烈的半人工致幻剂。

1964年的圣诞节，菲尔打了电话，问他能不能来看望我和孩子们。我很高兴。他带来了一大堆包装精美的圣诞礼物，甚至给每个人都准备了好几个包裹。但是，他只待了一会儿，就怒气冲冲地转身离开了。一开始，我都不知道他要来，所以还邀请了一些别的客人。或许他是因为看到还有别人在才生气的？或者是因为我请他帮我捣土豆泥？我不知道，恐怕也永远不会知道了。

克里斯汀告诉我："那段时间，菲尔认为每个人都想要害他。他精神亢奋，到处乱跑，做了很多奇奇怪怪的事情。他不发作的时候，却又那么迷人、幽默。我还记得他会狼吞虎咽地吃下各种各样的药。我简直不敢相信，他居然吃了那么多药。他想把所有人都送进精神病医院，包括格拉妮娅和弗朗辛，南希的姐姐的朋友。他认为南希应该开始服用氯丙嗪[1]，而且他身边很多朋友都应该去兰利·波特诊所看病。"

1965年初，菲尔仍然每月给我打一次电话，还会来探望我和孩子们。在某一个美丽的春日，他又来到了我家，对我说他如今已经是"南希的相好"。我的心顿时沉了下去。那时候，他甚至看起来都显得不一样了，就像是突然退化成了不负责任的十九岁小男孩。我知道，我的菲尔依然存在于面前这个人的身体里——可是菲尔到底去了哪里呢？我一直在阅读马丁·布伯[2]的《我与你》，想和他讨论一下书的内容。他却在跳舞，向孩子们自豪地展示他的摇摆舞舞技。最后我放下书，说："那我和你一起跳摇摆舞吧。"这时他的脸色变了，立即停止了跳舞，整个人看上去都很奇怪，然后迅速离开了。我感

---

1. 一种用于治疗急慢性精神分裂症、躁狂症既反应性精神病的药物。
2. 马丁·布伯（1878—1965），奥地利－以色列－犹太人哲学家、翻译家、教育家，《我与你》为其哲学思想代表作。

觉自己就像一只被丢弃的旧鞋。

在那之后,我实在是太痛苦了,几乎无法维持正常生活。只有躺在沙滩上晒太阳,或者起床后再躺回到床上的时候,我才能够找到片刻的安宁——在我一生中,从未有过这样的状态。我焦虑地等待着电话铃再度响起。

当我去J医生那里治疗的时候,她告诉我,菲尔只是喜欢我的房子而已,并不喜欢我和孩子们。她说他表露出来的温柔与眷恋全都是假的。我坚持说我认识的菲尔曾是一个非常美好的人。她告诉我,那个"美好的人"如今已经被埋在了菲尔的心底深处,我心中的那个菲尔早就不见了。而且,他现在已经是南希的伴侣了,他要对她负责。我难以置信,我的菲尔就这么消失了,无可挽回,无从追忆。

在他尚未跟我离婚的时候,他又怎么能给南希这样的承诺?我闷在家里,陷入沉思,心中涌起一股可怕的阴暗邪恶。我并没有针对菲尔,也没有针对任何人,只是针对某种我无法去概括和理解的东西。

我努力让自己变得积极起来,想要忘记菲尔,但他还是会时不时打电话过来,对我说:"你为什么不再来奥克兰看望我了?"他给我写了更多奇怪的信,让我觉得他的人生仿佛已经完全垮掉了。有一次他打电话给我,告诉我他的房子被人破坏了,他所有的小说稿件都被彻底毁掉了。还有一次,他打来电话,可怜巴巴地说:"我的情况很糟糕,我再也无法独立工作了。如今我能创作的唯一方式,就是和别人合著。"于是,他和罗杰·泽拉兹尼[1]一起合写了《次时代驱魔》。

---

1. 罗杰·泽拉兹尼(1937—1995),美国奇幻与科幻作家,代表作《光明王》。

1965年初夏，我开始给一群来自锡南浓村[1]戒毒康复中心的人上课，教他们如何制作珠宝。康复中心离我住的地方只有几英里，有六七个人每周来我家上一次课，其中有一个金发男子对我说他喜欢上我了。他长得高大英俊，他的家族在内华达州有一片农场。我和他约会过一段时间。我当时想，如果我告诉菲尔也有别人对我感兴趣，他或许会萌生妒意，这样我们之间的关系可能就会有所改变——确实改变了，但是和我想象的不太一样。我和菲尔说了这件事之后，他变得非常冷淡，几个星期都没有再和我说话。在我眼中，维系我俩的最后一根线，就是在这个时候猛然绷断了。

菲尔的律师威廉·沃夫森代表菲尔起诉我，想要回一半的房子。根据最新出台的无过失离婚法案，菲尔很可能会打赢这场官司。我非常担心："我和孩子们怎么办？"我的律师安妮·戴蒙德在她位于圣拉斐尔的办公室里和菲尔、沃夫森两个人开了一次会。她建议菲尔把他为我们这栋房子出过的钱都视作房租。菲尔和他的律师都感觉仿佛受到了侮辱。"为什么？"我心想，"这不是很合理吗？"沃夫森代表菲尔回绝了我的律师开出的条件。菲尔就坐在那里，一言不发，露出一副"虽然我不喜欢眼下的情况，但我也无能为力"的样子。

我那机智过人的律师起草了一份法律文件，让我放在家里，说如果菲尔再来拜访我，就把文件拿出来。果然，9月29日，菲尔又来到了雷斯岬站。我带他去见了一位公证人，让他签署文件，正式把房子全部交还给我。他照着做了。签完文件之后，他看上去仿佛快乐极了。我们回到家之后，我想要拥抱他，他奇怪地看了我一眼，然后跑出了门。

1965年10月21日，我们的离婚协议被法庭正式通过了。早上

---

1. 马林郡的戒毒康复中心，旨在让成员回归规律生活，培养集体精神。

起来，我和我的朋友伊内兹·斯托勒一起去了法庭，她是我的证人。安妮·戴蒙德建议我不要去取离婚证书。那时候她看出来我有多么爱菲尔，觉得我和他可能还会重修旧好，因此认为只要我没有走完离婚的最后一步，我们两个人之间的关系就还能继续下去。但我没有理解她的意思。我直接去了法庭，完成了最后的离婚手续。我一回家，菲尔就打电话过来，让我给他讲讲离婚手续的事。他听上去并不悲伤，也不沮丧，只是兴致勃勃地追问我那天开庭的时候都发生了什么。

我们离婚大约一个月后，我带着女儿们，在奥克兰海滨的杰克·伦敦广场又一次见了菲尔。我送给他一件美丽的手工珠饰流苏鹿皮印第安夹克，是理查德曾经穿过的。菲尔穿上了那件衣服。1982年，在他去世前几个月，我们通了一次电话，他回忆起了那一天。他说，那是他一生中最后一次看见四个孩子都在一起。那一刻他听上去仿佛要哭了。

而我没有哭。在之后的十八年里，我都没有再哭过，但我仿佛着了魔一般，除了睡觉之外，剩下的时间都在思索着我和菲尔之间的关系，竭力想弄明白当时到底发生了什么事。我开始改变自己，想努力改掉所有菲尔曾经批评过的缺点。在深深的痛苦之中，我也逐渐意识到，原来身边的普通人都是如此美丽。我们拥有的一切，心中的想法、口中的语言，乃至我们眼中看到的风景，都是他人带来的馈赠。偶尔，我会看到在田野的边缘，在山丘和桉树林背后，闪烁着一道美丽而神秘的微光。

菲尔的继妹琳后来成了一名精神治疗社工。她对我说，在菲尔离开雷斯岬站之后，病情逐渐加重，精神状况也极度不稳定。她说，之前的那个菲尔已经回不来了。

南 希

第六章

……总是甜美可人,崇拜地看着他——毕竟他比她要年长那么多——她把他当作绝对权威。这令他产生一种无上的满足感。她似乎也为此感到很是满意。

——菲利普·迪克,《逆时针世界》

我从未想过自己会和南希产生任何交集。自从六十年代初她来我家拜访之后，我就再也没见过她了，那时候她只不过十九岁。令人惊讶的是，菲尔病入膏肓的时候，我给她打了个电话，为她提供洛杉矶医院那边的消息。我们竟然因此发展出了一段友谊。那时我也和克丽奥联系上了。在菲尔的生命即将终结的时候，曾经的壁垒似乎都悄无声息地消失了。

1982年，我与南希会面的时候，发现她柔弱纯真、颇有女人味儿，很容易让身边的人不由自主地产生同情感和保护欲。她说她不太记得过去发生的事情了，但是她依然答应接受我的几次采访。我们在马林精神卫生诊所共进午餐。她曾经去那里看过一次诊，在那之后就开始在医院工作了，负责管理医院的医疗记录系统。我还去她位于诺瓦托[1]的公寓看望了她，那里非常舒适，她和两个女儿伊莎与蒂娜一起住。有一次我去拜访她的时候伊莎也在，我记得她和她妈妈都很喜欢笑，也都是性情温和的美人。南希有一种犹如孩童般的谦逊，但说起话来却十分直白、聪明睿智。然而，她的语气中似乎带着一丝忧伤。她对我坦白道："年轻的时候，我的人生一团糟。"她如今很高兴自己已经在一个地方住了十年，交到了好几个认识十年之久的好友，也终于为自己和孩子们创造了新的生活。她不希望我录音，于是我便做了笔记。

南希信仰虔诚。离开菲尔之后，她差一点就加入了吉姆·琼斯[2]位于北加州的组织。后来琼斯带着他的信徒迁到了圭亚那，她侥幸逃脱了他的魔爪，至今想起来还觉得不寒而栗。我每隔几年就和南希联系一次。我的女儿和她的女儿伊莎也成了好朋友，她们一起管理着PKD文学遗

---

1. 美国加利福尼亚州城市，位于马林郡北部。
2. 邪教人民圣殿教的创始人和领袖，引发了臭名昭著的琼斯镇集体自杀惨案。

产协会。

南希出身上层中产阶级家庭，是三个孩子中最小的一个。她高中之前一直就读于公立学校，保持着去圣公会教堂的习惯。她告诉我，她的家族中流传着一种遗传性精神疾病，因此她的青春期过得十分艰难。她十二岁那年，母亲因脑瘤而变成了植物人，在她十八岁那年就去世了。一般在父母缺位的家庭中，兄弟姐妹之间的关系都会异常紧密，南希家也是一样。在南希父亲的第二次婚姻破裂后，她说动了祖母，资助她去寄宿学校。玛伦·哈克特是南希的第二位继母，她把南希缺失的母爱全都补偿给了她，两人的关系十分亲密。

南希十几岁的时候，被送到心理医生那里进行了一套完整的弗洛伊德式分析。回想起来，她觉得那件事很奇怪。她得了一种病，先是过度亢奋、失眠，然后又是长久的抑郁，两者交替出现。这些症状发作的时候无比糟糕，南希告诉我，她当时甚至"期待死亡"。她年轻的时候，这种疾病被大众普遍认为是心理原因造成的，是病人自身的问题。她只能强迫自己"赶快康复"，也由此背负了极为沉重的心理负担。如今，这种疾病被称作双向情感障碍[1]，人们也已经得知它是由于大脑内分泌失调引起的，就像糖尿病一样，可以通过药物控制。在承受了多年痛苦之后，南希终于发现她也可以像正常人一样享受工作、好好生活。

菲尔把杰克赶出家门后，就立刻邀请南希带着姐姐安妮一起搬进他后院的小屋居住。他对克里斯汀·尼尔森说他爱上了安妮，但是安妮并没有回应他的感情。菲尔一直坚持说他家的猫窝里被人装了窃听器。这件事吓坏了安妮，她以为他是认真的。紧接着，菲尔

---

[1] 又称"躁郁症"，属于心境障碍的一种类型，指既有躁狂发作又有抑郁发作的一类疾病。

就移情别恋，开始对南希展开猛烈的攻势。他被她楚楚可怜的样子吸引了。菲尔告诉克里斯汀："我扮演的是耶稣基督的角色。如果我不拯救南希，就再也没人能拯救她了。"克里斯汀认为菲尔想扮演医生的角色，照顾南希，但是菲尔和南希的性格从根本上并不合适。"当时他们两个人精神状态都很不稳定。"她告诉我。

南希刚从西班牙回来，她在那里接受了一段时间的住院治疗。她很抑郁，一直在服用强效药物。菲尔会带她去看心理医生。

1964年12月20日，菲尔给玛伦·哈克特写了一封信：

> 我想在这里补充一些我今晚没有来得及告诉你的事情……首先，在你看来，我对南希的态度可能是不负责任的。如果是这样，那什么样的态度才算得上是对她负责？爱她当然不是不负责任的……你自己在这个问题上已经有结论了——至少大体上你是明白的——之前一直都是这样。你像对待成年人一样对待她，也就是说，你相信她有足够的理智，能够替自己做出决定吗？其实，这里我们面对着和"没犯过罪的人才有权扔第一块石头"[1]如出一辙的问题。这世上没有人是彻底全能的，也没有人是全然无法自理的……明人不说暗话，我爱上南希了……我已经三十六岁了，可能是个老得不可思议的年纪了……我经历过许多的苦痛……我最终还是熬过来了，因此我理应能够处理那种艰难甚至是令人心碎的关系。我可以承受一切痛苦，却

---

1. 出自《新约·约翰福音》第八章：文士和法利赛人抓获了一个行淫的妇人，带到耶稣面前，请求他以摩西律法治罪于她，用石头将她打死。耶稣却说："你们中间谁是没有罪的，谁就可以先用石头打她。"所有人便都散了，仅留下耶稣和妇人，耶稣请她离开，并没有定她的罪。

依旧露出笑容,继续向前——而不是充满阴暗的报复心,变得尖酸刻薄,或是对别人萌生伤害之意。难道南希的生活与我无关吗?这个问题真是愚蠢,她的生活当然与我有关……我很高兴在这里开诚布公地道出我心中和南希有关的一切追求……我无需对任何事情感到羞耻。你又有什么可说的?我爱她,如果可能的话,我想一直和她在一起。这会毁了她吗?上帝啊。玛伦,你未免太没有信心了。如果换成是我对你产生这份情意、我需要的人是你,你还会觉得这会毁了你吗?我表示怀疑。

《逆时针世界》也创作于这个时期。里面的萝塔就是以南希为原型的。菲尔在伯克利的老朋友马瑞·盖伊一直住在加拿大,这几天刚回来。他顺道去拜访了菲尔的父母,多萝茜和乔·哈德纳。他需要找个地方暂时借住几天,便从哈德纳家给菲尔打了个电话。菲尔很热情。马瑞说:"就像以前一样,菲尔一听到我的声音就很高兴。"菲尔邀请马瑞和他的新婚妻子一起搬到奥克兰和他同居,但马瑞感到有些不安。他说:"毒品泛滥实在是太严重了,就连我自己也曾沉迷于安非他命。我不想再接触它们了。菲尔还告诉我,他要娶一个刚刚从西班牙精神病院回国的年轻女孩。这一切对我来说都太难以承受了。"

马瑞向多萝茜表达了对菲尔的关心,她悲伤地回答道:"菲尔已经是个无可救药的安非他命瘾君子了。"

在与南希的关系中,菲尔是比较保守的那一个。爱的盛夏即将来临,毒品也随之而至。南希和菲尔一起到西马林来拜访他的老朋友们,两人还想一起租一栋房子。菲尔见过了一大堆人之后,他们就开始和我划清距离了,因为菲尔依然在孜孜不倦地向他们描述我

"怪物"般的行径,而且把故事讲得颇有感染力——但他还是想搬到离我和孩子们近一点的地方。西马林的租金对菲尔和南希的预算来说太高了,于是他们只能在圣拉斐尔先租一套公寓。然后,他们又在圣维尼夏找到了一座独栋房子。圣维尼夏是圣拉斐尔一个总体价格偏低但环境还不错的地区,靠近弗兰克·劳埃德·赖特文娱中心,距离旧金山湾只有四分之一英里远。

爱丽丝·格雷夫森回忆道:"那座房子很漂亮,紧挨海岸,但是对于一个作家来说实在是太小了,尤其是在孩子出生后。菲尔根本没有地方工作。"

"婴儿用品四下散乱,"南希说,"菲利普和我结婚之后,除了急用钱的时候,他完全不会写小说。然后他又会靠着嗑安非他命在六天之内写完一部小说。"

1966年6月中旬,我的朋友苏·巴蒂打电话给我,向我通风报信,说菲尔给她的丈夫大卫·巴蒂法官打了电话,要求在巴蒂夫妇家(法官一般都在家里替别人主持婚礼)和南希举行民事婚礼。苏对此感到颇为不安,她对我说,婚礼那天她不想在家里待着。

菲尔和南希的婚礼在7月6日举行。恰好,同一天下午,因弗内斯要举行音乐节,排演了海顿[1]的清唱剧《创世纪》,我和谭迪都加入了合唱队。

苏告诉我,婚礼只来了这么几个宾客:菲尔、南希、南希的姐姐安妮和哥哥迈克尔、玛伦·哈克特,还有一位穿着灰色西装和怪异紫红色衬衫的男士,没有人在法官面前替他做介绍。仪式结束后,这位男士走上前来祝福了菲尔的第四段婚姻。这个神秘人物原来是

---

1. 弗朗茨·约瑟夫·海顿(1732—1809),奥地利作曲家,被誉为"交响乐之父",与莫扎特和贝多芬同为维也纳古典乐派的代表。

詹姆斯·A.派克主教，北加州一位颇具争议的圣公会主教，也是玛伦·哈克特现在的情人。

派克会祝福这段婚姻，实在令我感到奇怪，因为当时美国圣公会的教规与罗马天主教的类似——菲尔和我的婚姻即便已经通过了法律上的离婚程序，在宗教意义上却没有被废除。然而派克自己也从来没有遵守过身为主教的种种规章。甚至于，他还利用自己在教会的影响力推广个人独创的"神学"品牌。

圣科伦巴教堂的里德神父也听说了这场婚礼，之后他在教堂的记录中写道，菲尔已经把自己逐出了教会。里德牧师研习教规，他非常不喜欢派克，觉得自己写下这样的记录是个正确的决定。我也不确定他的所作所为是否合法，因为后来又有一位牧师告诉我，现任主教必须先进行批准，可派克自然永远都不会获得批准。这一天真是发生了不少事情。下午，几乎就在婚礼的同一刻，我最爱的那只白色猎狼犬奥利在兽医那里突然倒地身亡。兽医院离巴蒂夫妇家、婚礼的举行地只有一个街区的距离。而狗在此之前一直非常健康。

多年以后，我问南希为什么她和菲尔非要选在我朋友家里结婚。她无辜地回答道："那是菲尔唯一肯去的地方。他那个时候太焦虑了，不能去陌生人家。"

克里斯汀·尼尔森和菲尔之间的关系也在他娶了南希之后改变了。她说："菲尔不再给我写信了——在某种意义上，他是个得体而传统的人，因此内心觉得，自己在结婚之后还和我保持着这样亲密的通信关系是不道德的。他必须循规蹈矩。"

在菲尔和南希维持婚姻的期间，他再也没有来雷斯岬站拜访过我和孩子们。他偶尔还是会打电话来，但是也越来越不频繁了。

在接下来的几年里，我和孩子们过着拮据的生活。我们的收入只有过去的一半那么多。我们进入了"蔬菜汤时期"——用九美分一磅的羊腿做一大桶汤，就着用阿黛尔·戴维斯的配方烤制的全麦面包来吃。我不再担忧会变穷，因为我们当时已经很穷了，而且我发现，迎接贫穷的挑战还挺有趣的。我们甚至经常招待客人，为他们提供美味的汤和面包。尽管我有时仍然会感到抑郁，但我还是积极参加各种社区活动。我最小的两个女儿，谭迪和劳拉，和我一起参加了合唱队，在因弗内斯音乐节推出的好几部歌剧中表演。我成了理事会的一员。我和谭迪一起攒出了首付，用分期付款的方式买了两匹骏马，然后去野外道路上骑了几次马。幸好，我们牧场的草地已经足以养活这两匹马。同时，我还迷上了难度颇高的盛装舞步运动。在我的整个马术生涯之中，我都在努力学习它。我的好友们担心我们的家庭情况，就凑在一起帮我重新装饰了我的房子。我靠自己的努力，在全无启动资金和经商经验的情况下，把珠宝生意变成了一门正经的收入来源。女儿们负责完成所有的家务，洗衣、做饭、购物，还通过去帮别人照顾孩子来赚买新衣服的零花钱，我则有时间制作和售卖手工珠宝了。我的隔壁邻居亨利娅塔·拉塞尔会到我家来帮助我，她渐渐成了我的密友之一，而且在"安妮·迪克珠宝"干了接下来的四十年。当我们在我的小工作间里一起工作时，我会向她倾诉我的悲伤，她则充满同情地听着。上次菲尔回家的时候，她正在里面给珠宝抛光。

每隔一段时间，菲尔就会打电话说他要来拜访。女儿们都热切地盼望着他的到来，但是到了半路，他又会打电话来，说一些诸如"开车带着狗一起过来的时候，狗突然生病了，所以我必须掉头回家"或者"轮胎漏气了，我过不来了"这样的话。这种情况足足发生了六七次。圣维尼夏距离雷斯岬站只有二十英里，但感觉好像有一百万光年那么远。接下来，菲尔会直接打电话，说他已经在过来的路上了，但他根本一次都没有到过我家，甚至没有再打来电话为自己的爽约找个借口。他又这样做了四五次之后，孩子们终于对他失望了。但我依然没法彻底放弃菲尔，或是把我们之前的关系抛到脑后。你要如何才能放弃一段真正存在过的爱情呢？我无法理解当下的情况，一切都不合常理。我决定要给我和菲尔的感情留一扇门，不完全锁死，但同时我也要继续过好自己的人生。我很害怕会偶遇菲尔，甚至不敢开车去圣维尼夏一带。

1967年3月17日，菲尔和南希的女儿诞生了。菲尔给我寄来一张新生儿的照片。他给她取名叫伊索尔德，不过他和南希都叫她伊莎。伊莎最终出落成一个可爱的年轻女孩，我很喜欢她。不过，伊莎的诞生，也标志着一个转折点的到来。我依然对菲尔保持着感情上的依恋——但是依恋程度已经减少了很多。

南希和菲尔经常拜访詹姆斯·派克主教和南希的继母玛伦·哈克特。这对老夫妇住在旧金山的公寓里。后来，派克的大儿子自杀了，悲痛欲绝的派克开始求助于灵媒。由于派克是圣公会的主教，于是这件事就登上了全国的头条新闻。南希和菲尔也参加了一些灵媒活动。许多年后，菲尔在他创作的最后一部小说《主教的轮回》中写到了这些事情。

詹姆斯·派克后来受到异端审判的威胁，不得不辞去了主教的职务。此后，他开始在民主研究所——一个位于圣芭芭拉[1]的智库——就职。1967年6月，菲尔和南希又去拜访派克和玛伦·哈克特。南希回忆起，菲利普和派克曾经拿派克的"叛教"行为开玩笑。派克毫不避讳地表示他并不相信处女生子、三位一体和耶稣基督的神性，并对菲尔和南希说，他的立场已经得到了教会内外各种组织的大力支持。

---

1. 美国加利福尼亚州城市，位于太平洋沿岸。

但是，他这么聪明的人难道就不知道，即便一个人无法从字面上去相信这些古代事件，也依然可以从隐喻的角度去理解它们吗？

那是他们最后一次拜访这两个人，自此以后南希再也没有见过玛伦。几个星期后，玛伦就自杀了。她多年前患的癌症复发了。此外，她和派克的关系也岌岌可危，因为派克移情别恋了。派克部分损毁了她留下的遗书。这个故事也登上了旧金山报纸的头版。

两年后，也就是1969年，派克死在了以色列的犹甸沙漠里。当时他开车走了岔道，没有随身携带多余的水和汽油，而那里的地表温度足足可以达到一百四十华氏度[1]。他和他的新婚妻子一起去了以色列，为了证明耶稣在基督教传统中的地位并非那么重要。与此同时，我的长女海蒂正在耶路撒冷攻读阿拉伯语和语言学博士学位。巧合的是，她的朋友斯科特恰好是派克的新妹夫，他那时也在以色列。他们是在加州大学圣克鲁兹分校认识的。

当菲尔和南希住在圣维尼夏的时候，琳·哈德纳和南希成了非常要好的朋友。琳后来成了一名精神治疗社工，她观察道："在菲尔和南希的婚姻中，并不是两个成年人在相处。菲尔没有在那段婚姻中扮演任何典型的男性角色。他们之间没有多少牵绊，也没有互相满足。菲尔只在意南希的精神疾病。他在她面前扮演着'无所不知的精神病医生'，不停地从治病的角度分析她的行为、梦境和语言，给她下各种诊断。南希感到很不舒服。她不喜欢被这样对待。"

南希则这样描述她的婚姻："刚开始的时候，有过一段短暂的快乐时光。但这不是真正意义上的婚姻，更像是两个人合住在一起

---

1. 约合六十摄氏度。

罢了。"

虽然菲尔没有去雷斯岬站看望过孩子们,但他仍然坚持每隔一个月给我打一次电话。他说他对快速眼动睡眠[1]非常感兴趣。他还对我说了他和国税局之间的问题,以及他的写作。但他从未提到过家庭生活。小说《尤比克》中,格伦·朗西特和死去的妻子艾拉通话的那一段,是不是就是以和我打的这些电话为原型创作的?我猜应该是的。

然后,突然间,菲尔开始指责我,说是我在阻拦孩子们去拜访他,尽管在此之前他从未邀请过孩子们到他家去。他给我写了一封信,信中充满令人难以置信的恨意。然而在此之前,我们之间的交流一直都彬彬有礼。我们之间的关系没有改变一分一毫,完全无法解释他突兀的恨意从何而来。

1967年,我在书架上随手拿起一本《逆时针世界》,读了一半。我不知道,菲尔写下这本书的时候,是否曾有一刻想过如果时光倒流就好了?我读书的时候突然意识到,我并不想再了解菲尔的新人生,也不想关注菲尔和南希、她姐姐安妮之间的关系。我把那本书扔进了废纸篓,在那之后再也没读过他的任何一部作品,直到他去世为止。

爱丽丝·格雷夫森来到我位于雷斯岬站的家中接受了采访。她仍然住在因弗内斯,在托马莱斯湾的另外一边。

菲尔在《火星时间穿越》中淋漓尽致地刻画了爱丽丝的样子。

---

1. 又称快波睡眠,指在睡眠过程中有一段时间,脑电波频率变快,振幅变低,同时还表现出心率加快、血压升高、肌肉松弛、眼球不停地左右转动。

她去圣维尼夏拜访了他。她告诉我,菲尔"靠吃药醒来,靠吃药入睡。他同时服用右旋安非他命、苯丙胺[1]和抗抑郁药。他找了三个不同的医生为他开药,又去了六个不同的药房取药。其中有一名医生是圣拉斐尔著名的耳鼻喉科医生,后来因滥用职权向吸毒者提供毒品而被起诉判刑"。

南希说:"菲利普会服用三氟拉嗪、肌肉松弛药、胃松弛药、安定剂、镇静剂和兴奋剂。他定期拜访三个医生和六家药房。他每天要吃七十片药。而他充满个人魅力,知道要说什么话、描述什么症状,才能让医生给他开那些他想要的药。一个给他开药的医生进了监狱。当菲利普搬离这一带的时候,他还有大笔未支付的医药费。"

菲尔从一个街头毒贩那里买了一些被污染的安非他命,结果严重中毒。他患上了急性胰脏炎,不得不去马林综合医院看病。很长一段时间,他都病得极其严重,一直生活在剧痛之中,只能吃白干酪和水果。

1968年,菲尔和南希在圣维尼夏的哈仙达大道买了一套房子,乔和多萝茜·哈德纳为他们付了首付,房子也登记在哈德纳夫妇的名下。这栋房子被维护得很好,拥有美丽的草坪与花园,内部装潢精致。哈德纳夫妇花了一万九千美元,菲尔每个月支付月供一百六十七美元。

当克里斯汀和雷伊·尼尔森拜访菲尔和南希时,雷伊以为一切都很美好,以为大家彼此之间都是相爱的。他穿着穆穆袍[2](后来又戴上了一顶带螺旋桨的帽子),和南希并肩沿着海湾散步。他希望能像菲尔和克里斯汀那样,和南希也发展一段"智力恋爱"。

---

1. 一种中枢神经兴奋剂。
2. 一种夏威夷风格的印花长袍。

菲尔告诉克里斯汀,《仿生人会梦见电子羊吗?》中的伊姆加德和普利斯,两个女性仿生人,都是以她为原型的,而仿生人罗伊则是以雷伊为原型的。

"事实上,"1983年,雷伊边抚平自己的头发边对我说,"《银翼杀手》中扮演罗伊的演员长得和我一模一样。"

克里斯汀告诉菲尔,她的兔子被一只狗袭击了。他把这一幕写进了《流吧!我的眼泪》里面。他告诉克里斯汀,她就是书中酒吧里那个抚养兔子的女角色艾米莉。

和之前在奥克兰的时候一样,菲尔的情绪依然极其不稳定。他和南希经常吵架。有时他说,他希望这附近所有游手好闲的年轻人都被抓进监狱。他经常报警。

1967年7月7日,菲尔给他的老朋友卡罗尔·卡尔——科幻小说编辑泰瑞·卡尔的妻子——写信,在信中说道:

> 我要正式向你和泰瑞为我近来在信中说过的一些话道歉。是这样的,我(终于)精神崩溃了……好几个星期,我都处在一种偏执、充满敌意的状态中……然后在星期三……我的"边缘型障碍症状"发作了。好在只发作了大约半天的样子,因为我服下了大剂量的吩噻嗪,然后及时去看了医生。那是一次非常奇妙的经历。我离开医生那里的时候,感觉充满活力、精神满满,甚至有些亢奋——因为我觉得我终于面对了疾病,并战胜了它……想听听是怎么一回事吗?好……我发作的时候记了不少笔记,摘录一部分给你看看……

"把婴儿看作一种可怕的蔬菜——浓稠湿滑，像逐渐长大又缩小的蘑菇一样，重复着一次又一次。鲜明的可怕味道，三叉神经痛。无法拼写单词或是打字。失忆——不知为何，发现鼻烟壶神秘地出现在厨房橱柜里。之前仔细整理过国税局的重要文件，不小心丢了（到现在还没找到）。让南希把我的枪藏起来。脑子里像是有蜜蜂在嗡嗡叫。无助。我甚至不能横穿房间，感觉就像我喝得酩酊大醉一样……但我明明什么都没喝，会出现这种感觉，就很令人感到担忧了。

"我好好享受了一盘冰激凌。我的预叙感（时间感）彻底消失了。我在做事情，却不知道究竟做了多久（感觉就像服用了 LSD 一样）。

"我妄想有一股陌生的外部力量正在控制我的思想，指引我自杀。正因如此我才绝不会自杀，实际上我想抵抗所有自杀冲动……现在的我可能比之前自杀性抑郁症发作的时候更疯狂，但从实际的角度考虑，我至少不求死了。这也是一种进步。

"不知道从哪个方向传来声音，也不知道声音有多响。感觉也像服用 LSD 一样。喂婴儿时感到极度恐惧。一天之中，恐惧、愤怒和（深深的）性欲来回交替，波动不断。当我回想起那天的时候，最有趣的一点，是我那天做了多少事情。上午九点，一个 T 长官[1]（也就是财政部的一个警员）出现了，叫我把拖欠的税都交上。我和他达成了和解。后来，西尔斯百货的人把新空调送到了家里。我和南希的哥哥一

---

1. 在英文中，财政部叫 Department of Treasury。

起拆开空调进行组装。我给派克主教写了信。我去看了医生。我突然间感到一阵躁狂，可以在一两秒钟内读完整篇报纸文章。那一天大多数时候我都保持快乐的心情，尽管我也同时意识到我的精神病症状愈发明显了，这令我十分沮丧——我不知道病情还会持续多久，也不知道最后会演变得多么糟糕。医生认为我处在这样的境地中还能应付得了 T 长官，真是很了不起，因为在这世界上我最害怕的就是警察，超过我害怕的所有一切物种，不管是人类还是其他生物……"

当菲尔描述这些严重的精神疾病症状时，他是在开玩笑吗？还是认真的？还是真假参半？同年，几个月后，菲尔威胁要起诉泰瑞·卡尔，要求对方赔偿七万五千美元，因为卡尔在他的粉丝杂志《灯塔》上刊登了一封信，菲尔认为信件的内容是诽谤。

琳·哈德纳注意到，菲尔大部分时间都很抑郁。尽管起初是菲尔在照顾南希，但后来南希已经克服了戒断症状，也从抑郁之中走了出来，开始反过来照顾菲尔。南希给他起了"毛毛"这样一个昵称。他们的关系就像母亲和儿子一样。

雷斯岬站的好几个老朋友都分别去圣维尼夏拜访过菲尔。杰里·克里希去过一次；他对南希的性格很是无感。皮特·斯蒂芬斯则悲伤地说："他已经不再是我们的菲尔了。"然后他就再也没去过圣维尼夏。

菲尔结婚后，也继续去 A 医生那里看病。南希回忆道："A 医生总是对菲利普强调，他根本没有什么问题。"

菲尔在电话里告诉我，他参加了 A 医生安排的小组心理治疗。他曾想要在治疗的时候公开表达他的敌意和愤怒，结果他一开始说就停不下来，足足讲了四十五分钟。当他终于闭嘴的时候，房间里一片死寂，谁都没有说话。菲尔认为所有人都是因为被他的恶意吓呆了才会说不出话的。于是他起身离开了房间，再也没有回去过。爱丽丝·格雷夫森当时也在心理治疗小组里，她说："本来也没有人讲话啊，这个小组就是很无聊。"

有一天，菲尔突然打电话来，说我离婚时没有把那架鲍德温小型立式钢琴给他，是因为我为人残忍、对他报复心太强。

"但是你从来没有开口要过那架钢琴啊。"我说。尽管我说的是事实，他还是滔滔不绝地讲述着我是如何夺走了他的钢琴。我一直听着，最后终于抓到了插嘴的机会："把你的地址给我，我现在把钢琴寄给你。"他很惊讶，立刻就让步了："不，不用了。"他说。

南希告诉我："他一直不断地谈论你和孩子们。他真的很爱孩子们。我一直以为你和菲利普总有一天会复合的。有一天，我生气地对他说：'你为什么不干脆和安妮复合呢？'"南希很明显意识到，我一直都希望菲尔能回家来看看孩子们，但他却坚持说是我拦着不让他回去。"但他当时病得太严重了，情绪极不稳定，根本不能离开家。"她回忆道。

在南希看来，菲尔的抑郁症，再加上她自己的种种问题，都给她带来了无法承受的负疚感和忧愁。菲尔不肯离开家，如果她想出门，菲尔就会非常焦虑。如果她想去姐姐安妮家吃晚饭，她一抵达姐姐家，就必须给他立刻打电话，问："毛毛，你还好吗？"他如果说"不好"，她就得立刻赶回家。她想在邮局找一份工作，但菲尔即便是白天也不肯一个人待着。

1969 年，南希经历了一次精神崩溃。她明白自己必须去医院治疗。她一直要求菲尔带她去看医生，但他拖了又拖，"几乎为时已晚"。住院的时候，她不想让菲尔去探望她。她感觉到了一种邪恶的存在——不是菲尔的邪恶，而是潜伏在四周的某种邪恶。

直到那时为止，我都还暗暗抱着希望，觉得菲尔终有一天会回来的。我仍然时时想着他，也不停地想搞清楚到底发生了什么事。对于他的生活方式，我已经不得而知，更没有想到他竟然变了这么多。但我总算意识到自己不能再这样下去了。虽然我是那种典型的会去教堂的不可知论者，但每当我脑海中又开始一遍遍回忆有关菲尔的一切的时候，我就在心中呼唤上帝的名字。当我在夜间想要入睡的时候，只要关于菲尔的念头出现，我就会在心里不间断地默念"上帝"。我没有意识到的是，那时候我已然为自己创造了一个咒语。足足有三个月，我都是这样度过的。突然有一天，上帝回应了我。那种感觉太奇妙了。我感受到了上帝的存在，比任何东西都更加真实。我的小宇宙里的一切都改变了。我的整个人生都改变了。尽管我对菲尔的爱并没有终止，但那份感情却被收纳到了我心灵深处某个小储藏间里，不再是个令人痛苦的累赘，也不再是我日常生活的一部分。下一次菲尔打来电话的时候，我自然把这一切都告诉了他。他在一部小说里特地取笑了我的这段经历。

不久以后的1970年初秋，菲尔给我打了一个电话，说："南希和住在马路对面的黑人私奔了。"

"哦？"我只是这样回答。如果他早几个星期打来这个电话，或许我还会有的没的说很多，暗示他我们俩可以复合。然而，到了现在，我只能把主动权全都交到他手里了。

就这样，菲尔的第四任妻子也离开了他。他迈入了一段更为糟糕的新人生。

菲利普·迪克,坐在露台长椅上,1963年

安妮·R.迪克,坐在栏杆上,后院,雷斯岬站,1959年

海蒂、简妮和谭迪,一起阅读立体书,1960 年

谭迪和海蒂,露台,雷斯岬站,1961 年

菲尔和简妮,1959 年

劳拉,1963 年

菲尔和羊,1960 年

菲尔和猫,1961 年

7

暗黑扫描仪时代

第七章

……我很期待听到你对《暗黑扫描仪》的评价。这部小说是自传性质的,因此我认为你大概会感兴趣,毕竟书中描写了你父亲一个极为糟糕抑郁的人生阶段……但小说确实写得很精彩。

——菲利普·迪克,写给我们女儿劳拉的信,1977 年

在我逐渐了解菲尔人生中这一时期的时候，我曾认真考虑过要放弃这个传记项目，但那时，菲尔已经在自己所谓的"虚构作品"《暗黑扫描仪》中详细地从毒瘾者的角度描述了毒品的世界。《暗黑扫描仪》的世界观里出现了许多真实的人物，我在本章中为他们使用了化名。写完这本书后，我偶尔会在佩特卢马见到辛迪，她丈夫在那里开了一家快餐店，后来他们离婚了，我也随之和她断了联系。希拉带着她性情温和的丈夫和新生的孩子到雷斯岬站来拜访过我一次，我很高兴看到她过上了幸福美满的人生。

在《暗黑扫描仪》中，警官鲍勃·阿克特伪装成了一个硬核瘾君子，参与了卧底调查行动，和一群吸毒者一起住在一栋房子里。有时候他会回到警察局，通过一架与房子相连的警用扫描仪观察房子里面的情况。他发现自己逐渐成了毒品世界的一分子，并且身体机能也由于服用大量的强效毒品而退化了。最后，他的大脑完全烧坏了，他变成了植物人，被送到了纽帕斯康复中心——那里专门接收有前科的罪犯和瘾君子。

南希离开后，菲尔孤身一人住在圣维尼夏。他的家彻底变得杂乱无章。他已经完全不在意自己的心理或身体健康，只有在急用钱的时候才会被迫思考财务问题。他无法忍受孤独，拼命邀请别人来和他同住，任何人都可以。一些不太正经的、成天吸毒的人就到了他家里。菲尔给他的继妹琳打了电话，请她过来为他购物和做饭。他对她说："我不能出门，中情局在跟踪我。"

有一段时间，琳都为菲尔采购食物，制作一日三餐。"尽管我很想帮助他，但我真的受不了了。他那边的状况无比糟糕，我再也不想过去了，不管他有多需要我都不行。菲尔性情大变，荒诞不经。这次他已经跌至谷底。我分辨不出什么是真的、什么是假的。他给母亲写了好几封恶声恶气的信，坏到什么程度呢，多萝茜和乔把他直接从遗嘱里去掉了。"

在这段时间里,克里斯汀和雷伊·尼尔森也没怎么见过菲尔。克里斯汀不太喜欢和菲尔来往的那些"摩托车一族"混在一起,她说:"1964 年到 1965 年是非常混乱的一段时间,那些人也是科幻迷,他们狂热地追星,做了很多荒唐的事情,但那帮人也经常翻脸不认人。菲尔有一群住在附近的朋友专门给小偷销赃:摩托车、电视、收音机什么的。如果我和雷伊去拜访菲尔的时候恰好看到他那帮朋友,我们就会立刻离开。"

克里斯汀记得菲尔一天要给警察"打三次电话"。菲尔对克里斯汀夸张地描述着他家的那些常客,克里斯汀完全不知道菲尔说的话是不是真的。菲尔给尼尔森夫妇打电话,雷伊就会开车到圣维尼夏,接上菲尔,把他带到尼尔森夫妇位于奥尔巴尼的家中,之后再把他送回去。雷伊相信菲尔嗑的药并没有对他产生太大影响,菲尔在嗑药的时候一直保有着自控力。

菲尔依然会偶尔打电话给我,但他给我描述的人生和尼尔森夫妇的说法完全不一样。我对其中一次通话印象极为深刻。那是我举办圣诞派对的时候,菲尔打来了电话。我把客人们冷落在一边,和他足足聊了近一个小时。他显得温和而友善。那时我完全没想到要请他过来。我以为,如果他想见我的话,他会自己跟我说的。菲尔在《星际补陶匠》中写了一段主角和他难以相处的前妻凯茜的对话,主角对于凯茜没有请他到自己家里共度圣诞这件事感到非常不满。

格拉妮娅·戴维斯,曾经的格拉妮娅·戴维森,在南希离开菲尔之后依然和他保持着联系。格拉妮娅嫁给了一名医生,史蒂夫·戴维斯,住在旁边的索萨利托。格拉妮娅回忆道:"菲尔喜欢史蒂夫,史蒂夫是医生,菲尔又是个疑病患者,总觉得自己在生病。"

菲尔经常在奇奇怪怪的时间给他们打电话,或是直接去他们家里：要么是因为某个紧急情况，要么是焦虑症发作，要么是糟糕的心理或身体问题。但他总是用滑稽的语气描述着自己的问题——滑稽，和乐观不一样。"他看上去糟透了，脸庞浮肿，眼神恍惚。"

当菲尔开始和"那些年纪轻轻、穿皮夹克的流氓混在一起"时，格拉妮娅和史蒂夫仍然继续支持、关爱着他。但是，戴维斯夫妇完全不想去拜访菲尔在圣维尼夏的家。最让格拉妮娅感到不安的，是所有那些"一看就令人觉得害怕的人只是无所事事地坐在那里。他们甚至没有在开派对，只是各自坐在不同的房间里"。菲尔告诉格拉妮娅，他的音响被人偷了，所有个人物品都被洗劫一空，欧米茄手表也不见了。他还说，他觉得中情局在敲诈他的钱。

在寻找了一整年之后，我终于找到了辛迪·D.（这不是她的真名）。她在电话里听上去热情可亲，对我的项目也很感兴趣。我们约定了碰面的时间。那是一个平静美好、阳光明媚的下午，我来到了佩特卢马一个舒适宜人的新住宅区。一丛丛的杜鹃花在人行道两侧怒放。我路过一辆停在车道上的庞蒂亚克火鸟跑车。按下门铃的时候，我还注意到她家的邮箱上有手绘的花朵图样。

一个高挑健康、留着黑色长卷发的女人打开了门。辛迪现年三十一岁，她穿着紧身牛仔裤，嗓音浑厚大方，说起话来极具感染力。她敢于坦白任何事情。她把我介绍给了她的拉丁裔丈夫乔治和七岁的儿子。辛迪和乔治在离家约一英里远的地方开了一家711便利店，辛迪还会在西夫韦连锁超市上夜班以补贴家用。辛迪给我讲了她的故事，并帮助我联系上了好几个其他的"孩子"（如今已经是成年人了），他们都是菲尔《暗黑扫描仪》世界中的一分子。

有一天晚上，我和辛迪、乔治、希拉、克雷格、唐一起聚在辛迪家，喝着伏特加兑橙汁，直到凌晨两点才结束。他们一致认为菲尔的小说《暗黑扫描仪》切切实实地描绘了他们当时经历的事情，只是现实要比小说描述得还要糟糕许多。下面的故事并不是完全纪实的。我梳理了有关素材，让故事不至于显得过于复杂和黑暗。

辛迪的故事

1970年，仅有十七岁的女高中生辛迪骑着男友约翰的摩托车，去了菲尔家。约翰是地狱天使摩托车俱乐部的成员，也是卖冰毒给菲尔的人。辛迪给我看了一张她男朋友骑着哈雷摩托的照片：他穿着黑色皮质背心和牛仔裤，留着浓密的大胡子，露出健硕赤裸的肩膀，上臂肌肉发达，二头肌上箍着一个臂环，脚踩摩托车靴。辛迪和菲尔成了朋友，也越来越频繁地拜访他。每次她觉得被父母误解的时候，菲尔都会带着一种父亲般的同情听她讲心事。她在十一年级堕胎的时候，是菲尔开车送她去做流产手术。她说，她自己从来没有从菲尔那里拿过一分钱，但她注意到那些经常出入菲尔家的人总会"敲诈他"。辛迪在当地一家炸鱼薯条餐厅工作。有个住在菲尔家的人偷了她的钥匙，深夜闯入餐厅，偷走了收银机里所有的钱。当辛迪遇到菲尔的时候，他刚刚写完《流吧！我的眼泪》。

菲尔在信中把辛迪形容成了海洛因上瘾的吸毒者，但她告诉我她"只会抽一点大麻"。辛迪和希拉——她们后来都搬进了菲尔家——成了《暗黑扫描仪》里两位女性角色的原型。有一天，辛迪从一辆运货卡车后面偷了几箱玻璃瓶装的可口可乐，后来又用空瓶子去把瓶子押金换到了手。菲尔对此很感兴趣，把这件事也写进了小说里。

辛迪对我说:"他嗑快速丸[1]嗑得太多了。他会吃一百颗'糖豆',一个小时之后再吃一百颗。为了写作,他能一周吃下一千颗'糖豆',然后又因精力体力透支而睡上一个星期。他脾气暴躁,抑郁,只要不是嗑药嗑到上头的时候,他都烦闷易怒。他买不到安非他命的时候,医生就给他直接开药。菲尔很讨厌大麻,碰都不肯碰。他更喜欢快速丸带给他的感觉——强而有力——他觉得自己无所不能。有一次,菲尔看到一辆警车从窗外驶过,他就把一千颗'糖豆'从马桶里冲了下去。我震惊极了,因为这些东西一罐要花一百美元呢。"辛迪还记得菲尔把自己的"存货"埋在屋外的植物下面,因为他害怕警察找上门来。后来,当他最终判断警察不会来抓他的时候,为了找他的药,他会掘地三尺,几乎要把半个院子的土地都翻起来。

圣维尼夏小屋对于那些郁郁不乐、离家出走的叛逆少年而言,就像是"乐园"一样。那里有"很多大麻、免费毒品、啤酒、葡萄酒、进口的约翰·普列尔香烟、滤水器,还有一小罐一小罐不同气味的鼻烟"。屋里没日没夜地播放着摇滚乐:詹尼斯·乔普林[2]、查普林之子[3]、水银使者服务[4]、格蕾丝·斯利克[5]、汉克·威廉姆斯[6]、披头士;还有菲尔的古典乐,他总是把音响开到最大声,连墙壁都在震动。菲尔买了一个陶坯旋盘,有时做做陶艺。辛迪和十五岁的克雷格也会偶尔用用旋盘。屋里还养了不少猫猫狗狗。菲尔会给西姆斯先生——

---

1. 冰毒的一种。
2. 詹尼斯·乔普林(1943—1970),美国摇滚歌手,因服用过量海洛因而送命。
3. 美国摇滚乐队,成立于二十世纪六十年代晚期,发迹于湾区的马林郡。
4. 美国迷幻摇滚乐队,1965年成立于旧金山。
5. 格蕾丝·斯利克(1939—)美国迷幻乐女歌手,曾担任著名乐队杰弗逊飞机的主唱。
6. 汉克·威廉姆斯(1923—1953),美国乡村音乐传奇歌手。

一只南希带来的约克犬——喂浇上巧克力酱的爱宝狗粮。还有一只黑色的拉布拉多，以及一只叫玛丽·露的黑白小狗。有一天，菲尔给一只猫喂了"糖豆"，猫缩在咖啡桌下哀号了好几个小时。

菲尔交了几个女朋友，她们也偶尔去他家过夜。其中一个叫卡拉，菲尔在马林大学演讲的时候认识了她。詹姆斯是菲尔的亲戚，也来和菲尔住了一段时间。有一次，他差点死于嗑药后的反应，就像《暗黑扫描仪》中的杰里一样。詹姆斯搬走之后，克林特和刚刚从州立精神病院出院的肖恩又搬了进来。如今这两个人都死了。当时他们都带着女朋友住在菲尔家。克林特的第一个女朋友是凯伦，后来又变成了希拉。

一个名叫吉姆的低音吉他手和他从圣拉斐尔高中毕业的女朋友玛丽·露一起住在菲尔家。吉姆会骑摩托车，还会注射海洛因。有时，他和玛丽·露会动手打架，十分暴力。吉姆和菲尔都有枪，时时刻刻拿在手里把玩。有一次菲尔在窗户上打穿了一个洞。有好几次菲尔都受不了玛丽·露，把她赶出家门，丢掉她的所有东西。第二天，他又会打电话给她，哀求她回来。

几年后，菲尔告诉他在洛杉矶的朋友，有一个日裔女孩突然拿出一把折叠刀，跳到一个躺在沙发上的男人身上，用刀刺穿了他的胸部。刀子一直没入到刀柄那么深，但是没有刺中任何危及生命的部位。

其他常驻人员包括十一岁的山姆（耗子），克雷格的弟弟；一个名叫克林特的人，瘾君子，曾经做过小偷，狂热的耶稣崇拜者；雪莉和吉米，他们两个人就住在一辆停在房子前面的车里；维克，一个来自旧金山著名的嬉皮士街区"海特区"的家伙，有着一头野性的金色卷发，不穿鞋，偶尔会睡在海滩上，会嗑迷幻药或者随手抓起的任何药，然后对其他孩子说自己见到了上帝。

唐

已经是凌晨时分了,我们差不多吃完了所有薯片、喝完了所有伏特加。这时候,唐到场了。他大约三十岁,金发,长相俊美。他的眼睛闪闪发光。他对我说,他现在是一名木匠了。我们互相自我介绍之后,他就掀起上衣,给我看他的文身——一个精美的巨鹰文身,几乎覆盖了他后背的整个上半部分。就像与他同龄、同样金发而富有魅力的希拉一样,他身上也有那种从过往创伤劫难中艰难走出来的"幸存者"气质。

1971年,唐被称作"那个小孩"。他当时十五岁,离家出走,留着长长的头发,刚从少管所放出来。"当菲尔那些写科幻和严肃文学的朋友打着领带上门拜访的时候,我觉得自己就像个小叫花子一样。我会躲起来。"

菲尔告诉唐:"身边的人越多,我就觉得越安全。"最令唐惊讶的事情是,每当科幻作家们来拜访时,菲尔就会摇身一变——"他表现得像正常人一样。"

唐记得菲尔在家经常进行冗长沉重的政治讨论。他告诉孩子们,这个国家发生的大多数事情他都不喜欢——"他解释了正在发生的事情,以便我们这些孩子都能理解。有些时候他会说外语。当《狼狈慌张》[1]

---

1. 讲述了犯下连环血案的杀手查尔斯·曼森和他一手组建的邪教组织"曼森家族"的故事。"曼森家族"由嬉皮士组成,信奉公社式的生活方式。作者是文森特·巴格鲁斯和柯特·金特里。

这本书出版的时候,我们聚在一起讨论了杀人狂曼森和他的'家庭'。菲尔也希望拥有类似的一种关系,当然是除去犯罪的部分。"

唐刚搬进去时,菲尔的书房一尘不染。菲尔会锁起门来写作。后来唐目睹了菲尔大发雷霆的样子,他会把书从书架上拿下来,四处乱扔,捡起植物,打翻音响。唐藏在沙发或椅子后面。他听不懂菲尔发脾气的时候在说什么,因为菲尔的语速实在是太快了。他好端端地说着一个话题,之后又陡然转到另一个话题。唐认为菲尔总会先让情绪在心里闷着,酝酿一段时间,然后突然爆发。

唐很喜欢克林特,甚至有些仰慕他。克林特非常英俊,有一头蓝黑色的头发,眼睛和皮肤都是黑色的。他是一个优秀的机械师,会帮菲尔修车。但是后来,他开始胡乱修补,对汽车"做一些奇怪的改装"。有一次,去塔姆山之前,他修理了刹车。结果车开下山的时候刹车失灵了,车里的人差点丧命。克林特在电子设备方面也是天赋异禀。他会弹吉他、吹口琴、打鼓,还会"唱歌"。他嗑了很多快速丸,以至于产生了错觉,认为有蜘蛛正在自己身上爬行,叫唐对着他喷洒杀虫剂。有时,克林特会在地毯上抓到他想象出来的虫子。他以为大厅壁橱里的鞋盒里长满了虫子。菲尔和克林特关系很好,但是有一天菲尔在地毯上洒了沙子,然后用发胶猛喷克林特。沙子粘在发胶上,克林特以为是虫子爬到他身上了,吓得要命。唐不明白菲尔为什么这样做——菲尔明明是知道克林特害怕昆虫的。还有一次,克林特嗑了一百颗药丸,他赤裸上身,光着脚,开车驶上了高速公路。由于嗑药过量,他的嘴唇都干裂流血了。菲尔和克林特两个人都"服用了太多的冰毒,以至于产生了幻觉"。

唐注意到,菲尔有时候是正常的,有时候像在做梦,有时候则在发疯。唐从菲尔那里买了一百颗冰毒。"我应该付你多少钱?"他问。菲尔告诉唐:"两美元。"唐给了他四美元。第二天,菲尔把钱烧了。

克林特搬回了自己家，和父母住在一起。几天后，他的兄弟理查德发现他在浴室里割腕了，他躺在血泊里，但呼吸尚存。他与一个名叫劳拉·梅的女孩产生了感情纠葛，闹得不太愉快，这个女孩后来被送到了戒毒所。发生了这件可怕的事情之后，克林特依然时常出没于菲尔家，但是不再住在那里了。几年后，唐从报纸上读到，克林特在旁边文娱中心的停车场自杀了。那时是凌晨三点，他在排气管上接了一根软管，然后把软管连到自己的车里。

肖　恩

肖恩有一双可怕、疯狂的眼睛，鹰钩鼻，大约五英尺九英寸高，瘦骨嶙峋。他狂嗑快速丸。肖恩会对克林特一直投掷实际上并不存在的虫子，克林特则抓住那些虫子，把它们放在盒子里。辛迪认为肖恩是个疯子，但好在没有暴力倾向。他开始吸毒之后，父母就把他赶出了家门。肖恩三十五六岁左右，从未结过婚。他总是显得坐立不安，小动作很多。菲尔会把他赶走几天，然后再让他回来。他的父母在伊格纳西奥[1]拥有大量地产，每次他去拜访父母家，都会带回一大笔钱。

当肖恩搬进菲尔家的时候，他带了十五支步枪，都上了膛，藏在床下。菲尔和唐偷偷地把枪里的弹药都取了出来。结果肖恩又买了一堆，于是菲尔和唐干脆把枪里的撞针都拆了。肖恩和菲尔在一

---

1. 位于美国加利福尼亚州马林郡。

件事情上达成了一致：他们都认为联邦调查局和中央情报局在监视菲尔的房子。

希 拉

希拉是那天晚上最后一个讲故事的人。那时候她离家出走了，圣拉斐尔高中的另一个学生告诉她："这样，你可以去菲尔家住。"那时候克林特正好和凯伦分手了。希拉爱上了克林特，很快就搬进了他在菲尔家的房间，和他同住。希拉发现，菲尔家里的每个人情绪都很不稳定。菲尔和克林特经常会生气，然后散发出一种"生人勿近"的气场。

希拉每天早上都会看着菲尔查阅《易经》。菲尔不停地抒发对国税局的痛恨，因为它监管着他的银行账户。"菲尔会说很多话——不少时候都是语无伦次的——很多时候我根本都没有在听。"有一天，一位来自芬兰的科幻小说作家来看菲尔，菲尔便振作了起来，和来客进行了一场睿智而清醒的谈话。

菲尔一直为了钱而忧心忡忡。他会苦苦等待经纪人寄来的支票，支票拿到手之后，又会在一个星期内把所有钱都挥霍一空。他会随手捐钱，然后又为了交不上房子的月供而焦虑不已，接着他就会对所有室友大发雷霆，打电话叫警察来把他们都赶走。有时候，他又会给所有人买食物和衣服。他给辛迪、山姆和克林特都买了皮夹克。他去诺斯盖特——马林郡一个宜人的购物区——给希拉和玛丽·露买了衣服，而自己却几乎没有什么衣服穿。他大部分时间都穿着一件佩斯利花纹的印度尼赫鲁式上衣。有一天，当他在圣拉斐尔开车沿着第四大道前进时，突然在一个二手车停车场看到了一辆淡蓝色的庞蒂亚克卡特琳娜敞篷车，车况也相当不错，他便当场用现金买下了车。

希拉发现菲尔仿佛很害怕自己的室友。他总觉得有人要偷走他挂在墙上展示的雨果奖奖杯，于是他就把它从墙上取下来，然后藏了起来。

某个周五，南希把伊莎送来菲尔家过周末。第二天，南希和菲尔在电话里吵了一架，南希就提前到菲尔家接走了伊莎。她们离开后，菲尔哭了一场。菲尔告诉希拉，他仍然爱着南希，希望她能回到他身边。菲尔很担心伊莎。她会不会忘记他？然后菲尔告诉南希，他要起诉她，要夺回伊莎的监护权。他威胁完南希之后，又开始担心南希的男朋友会杀了他。菲尔给三个人分别打了电话——据他说那些人都是职业杀手。然后，那三个人都带着猎枪来到了菲尔家，坐在那里，准备随时对任何会动的物体开枪。

职业杀手们在菲尔家待命的同时，希拉从收容所接回了一只黑色的拉布拉多小狗。接下来的三天，希拉和菲尔都没有睡觉，然后希拉筋疲力尽，连睡了十八个小时。菲尔还醒着，他想把希拉叫醒，让她去喂狗，可她太困了，他叫不醒她。紧接着，菲尔告诉希拉，他要用斧头把狗砍死。于是她开始大哭起来，哭个不停。她实在是太难过了，菲尔不得不带她去看他的心理医生。在她讲述了自己的故事之后，医生说："我认识菲尔很久了。我建议你尽快离开他家。"但她已无处可去了。

菲尔的继弟尼尔·哈德纳拜访了菲尔。菲尔向尼尔展示了一摊灰泥——那是乔·哈德纳手工雕塑仅存的部分了。尼尔一向很爱他的父亲，也为父亲的手工感到骄傲。菲尔对尼尔解释道，毒贩突然袭击了他的房子，想要向菲尔和室友们讨要他们买毒品赊下的账，他们不得不用石膏雕塑堵住门。毒贩在外面开枪，子弹穿透了玻璃。菲尔给尼尔看了弹孔。菲尔和室友们用石膏雕塑堵住门之后，就报了警。警察到达时，他们以为罪犯在房子里面，便破门而入，因此毁坏了雕塑。菲尔告诉尼尔，他花了很大的力气，巧舌如簧地为自己开脱，才终于脱了罪，没有坐牢。而他的朋友们却都被抓进了监狱，因为警察在他家里发现了毒品。尼尔离开之前，菲尔还给他看了一封五角大楼工作人员寄给他的信，感谢他提供了关于某个"自动化战场"的点子。从尼尔讲述这个故事时的样子来看，我觉得他完全相信了菲尔的话。

希拉在克林特搬走后依然留在菲尔家。她没有钱，无处可去，也不能再回到父母身边。菲尔告诉她，他想和她结婚，以后和她都开开心心地生活在一起，和她生孩子，但是希拉觉得不行。菲尔的年龄足以做她的父亲了。她找来一个她认识的人将她从菲尔家"救出来"，但是菲尔不肯让她把自己的衣服带走。没办法，最后她还是回到了圣维尼夏的那座房子里。

菲尔在家的时候通常都吃巧克力、饼干和各种垃圾食品，但是他和希拉经常去附近的一家高级餐厅"巴斯克小屋"吃饭。他们还会去一家叫作"里昂"的餐厅吃早饭，那是一家连锁餐厅，开在高速公路边。有一天晚上，希拉、菲尔和另一个名叫里克的年轻男孩去"巴斯克小屋"吃了晚饭。饭后，他们带了一瓶博若莱葡萄酒回家。晚上，里克邀请希拉和他一起回家。然后，菲尔把酒瓶、剩下的葡萄酒、两个酒杯和咖啡桌都扔到了墙上，然后抄起一把金属椅子威胁希拉。

1971年夏天的一个下午，菲尔突然出现在我家门口。他带着一个只有十几岁的女孩,介绍说她的名字叫希拉。(那天晚上,我的二女儿简妮告诉我,那个女孩是她在圣拉斐尔高中的同学。)我已经五年没见过菲尔了。他和那个女孩看起来都糟透了。他的皮肤黯淡松弛,衣服仿佛好几个星期都没洗过了,两个人都衣衫褴褛。我当时以为那个女孩是菲尔的女朋友——他会和这样年幼的女孩混在一起,令我感到非常不适。菲尔的态度却一如既往地温柔可亲。我泡了一壶茶,给他们两个各倒了一杯,然后我们几个人坐下来聊了聊天。他们没待多久就走了。那时,我心中对菲尔的生活的印象变得更糟糕了,但我依然没有真正地意识到究竟发生了什么事。我心中还留存着我曾经爱过的那个人的幻影。菲尔的状态令我很困惑,但那时我已经离开他很久了,便没有多想。我忙于参加各种活动,精力投入在当时的新爱好上面:一个学习小组每个月都有三天来我家,听一个著名的盛装舞步大师上课。

菲尔家里开始发生各种各样奇怪的事情。有人把扬声器里面的所有电线都剪断了。是谁干的?是克林特吗?还是菲尔本人?菲尔告诉大家是邮递员干的。克林特最后把扬声器修好了。接下来,所有的门把手都被偷走了。这些事情使希拉感到非常紧张,她心想:"老天,我必须离开这里。"

1971年8月,菲尔去拜访了A医生。A医生发现菲尔的状况很糟糕。菲尔告诉A医生,他觉得联邦调查局和中央情报局正在窃听他的电话,偷闯他的房子,拿走他的文件。他告诉A医生,他想去医院寻求保护。A医生对菲尔说,他应该首先把那些出入他家、情绪极为不稳定的年轻人都赶走。菲尔回答说:"我知道,但是他们需要我。"

A医生安排菲尔去马林精神卫生诊所就医。虽然菲尔一直对A医生强调他是个吸毒者,A医生却认为菲尔只是患了疑病症。他在医院里观察菲尔的时候，发现他并没有表现出吸毒上瘾者一贯的戒断症状，因此他觉得自己的判断是正确的。当我对辛迪说起这件事时，她斩钉截铁地说："菲尔不管去哪里都随身带着'糖豆'。"

菲尔用人格魅力蛊惑了医院的工作人员，他给他们提建议，教他们如何管理医院，还试图帮助其他病人。威廉·沃夫森，菲尔的老朋友兼律师，来医院探望了菲尔，和他亲切握手。那时在他眼中，菲尔是非常理性清醒的，然而同时，菲尔也在信誓旦旦地说有人要杀他。菲尔新交了一位女性好友，也是医院的病人，她有一头金发，长得很漂亮。她住在罗斯，马林郡一个富人云集的地方，家里的游泳池被她漆成了太浩湖[1]的颜色。他们俩出院后，她每天都去菲尔家拜访。希拉以为她爱上了菲尔——但同时，她在他身边表现得也极为拘束紧张。

菲尔出院回家后不久，他还会接电话，但电话里只有沉默，然后"咔哒"挂了电话。 肖恩搬走了。菲尔告诉希拉："肖恩今晚就会杀了我。"他拿出一把斧头和一把锤了，对她说："肖恩也会杀了你的。"他们俩都躲在房子后面的卧室里，一听到声音就吓得不行，靠吃"糖豆"来振奋精神。菲尔说："我必须找几个帮手。"他便给名叫卢克和马修的两个黑人打了电话。他们都是准军事组织的成员，就住在附近。卢克和马修要求菲尔每天支付六百美元的保镖费用。菲尔便请他那位女性朋友施以援手。她带着"一堆"金币来到了菲尔家。菲尔给了希拉一枚金币。后来，她用那枚金币兑换了现金，发现一枚就值二十美元。菲尔把剩下的金币都给了卢克和马修。他们收下钱，回到了自己家，对菲尔说："如果你惹上任何麻烦，给我们打电话就行。"

---

1. 北美最大的高山湖，位于加利福尼亚州和内华达州交界处。

希拉继续抗拒着菲尔的各种要求。有一次，菲尔又扔了一把椅子。希拉对他说："你直接杀了我吧。"菲尔就回到自己的房间哭了一场。然后菲尔告诉希拉，他觉得她对海洛因上瘾了。"没错，"希拉回答，"我就是对海洛因上瘾。我要去接受治疗。"她去了马林开放之家，一个治疗机构，对那里的人说她是海洛因的上瘾者，希望被接纳入院。

菲尔打电话给威廉·沃夫森，请他到家里来。威廉到达菲尔家的时候，甚至一步都不想踏进房子里："窗帘拉了下来，草坪变成了泥地，整栋房子弥漫着霉味。我在那里待着的时候觉得很不舒服。"菲尔把《流吧！我的眼泪》的手稿交给了威廉，请他代为保管。他害怕手稿放在家里会被偷走或者毁掉。

当格拉妮娅和史蒂夫·戴维斯来拜访菲尔时，菲尔带他们参观了房子。他说："这是我死去的草坪。你想看看我的花园吗？"他带着他们穿过草坪，指点着说："这是我死去的树。"然后又带着他们走到院子里另一个地方："这是我死去的灌木丛。恐怕死神的马车下一个就要来接我走了。"

菲尔没有继续支付月供。信用合作社给乔·哈德纳打了电话，声称要取消房屋赎回权。乔听说之后，心脏病突发去世了。全家人都觉得是菲尔害死了乔。多萝茜不让尼尔把这件事告诉菲尔。她觉得以菲尔现在这样糟糕的状态，再听到这样的指责，可能会直接导致他崩溃寻死。

菲尔去了旧金山南部的一家诊所治疗毒瘾。他出院后，冰毒的服用量减少了很多。

那年秋天，菲尔来雷斯岬站看望我们。他一进门，就径直去了我的工作间，想看看他当年为我亲手做的工作台还在不在。看到工作台还在，他似乎松了一口气。我以为他是来看劳拉的，但劳拉只待了几分钟就跑出门找朋友玩儿了。菲尔坐在沙发上，突然间开始号啕大哭。像以往一样，我根本不知道要说什么才好。我只能站在厨房和客厅之间那道门的前面，说："你这么难过，我真的很抱歉。"

菲尔回答说："你还关心着我，这对我来说已经比世界上任何东西都重要了。"而我只能站在那里，看着他。除了再重复一遍"你这么难过，我真的很抱歉"之外，我不知道还能再说什么、做什么。这时，菲尔忽然笑了。他擦干净泪水，站起身来，然后走出了房子。我站在窗前，看着他上了车，然后离开了。

我仍然爱着他，但是我不知道该怎么才能对他表达这一点——"听着，菲尔，我希望你可以重新振作起来，改变自己的人生。这样的话，或许我们还可以……"然而同时，我也感到十分恐惧，害怕让他接近孩子们，害怕他如今的生活方式，也害怕他的不稳定与疯狂。

1月，菲尔收到一封信，邀请他去加拿大温哥华参加1972年2月举行的科幻大会，并做一场专题演讲。他请辛迪和他一起去，还给她买了一张飞机票。在辛迪和菲尔出发的几个星期前，辛迪来菲尔家拜访，发现"整个书房都乱七八糟，所有的文件都从文件夹里拿了出来，四处散落在地上。菲尔拿着一把上了膛的猎枪，大步流星地踱来踱去，就好像有外人闯进来毁了他的书房似的。窗户破了，墙上有一个洞"。辛迪说："克林特跟我说'是菲尔自己干的'，但也有可能是克林特干的。"

雷伊·尼尔森坚信是菲尔欠了毒贩一大笔钱，然后毒贩闯进他家，把保险箱炸了。后来《滚石》杂志上还登了一篇很著名的文章，讲的就是这件事。

一周后，科幻小说学者、加州州立大学富勒顿分校英语系主任威利斯·麦克内利教授来拜访菲尔。根本没有人修缮清理房子，窗户还是破的，纸屑和毛巾的碎片散落一地。菲尔告诉麦克内利教授有人炸了他的房子，他说他在文件上缠了一条湿毛巾，来缓冲塑料炸弹的冲击力。菲尔认为是联邦调查局干的，他们之所以这样做，是因为他在自己的一部小说中无意中泄露了他们的秘密武器——而他是通过心电感应才知道这个武器的。

辛迪的父母听说她要跟一个年纪足以做她父亲的男人出远门，感到非常不安，于是辛迪决定不去了。她把机票退了，然后用机票钱买了几件衣服。她对菲尔说："总有一天，我会搬到北方的俄勒冈州[1]，住在雪地里，每天早上都铲净前门步道上的雪。我会拥有一栋小房子和一个菜园。我的白马王子终有一日会降临，然后赐予我这一切。"

菲尔去了加拿大之后，圣维尼夏的房子就被没收了。菲尔的母亲去了那里，打包了菲尔留下的所有文件和剩余的个人物品，替他保存起来。

---

1. 位于美国西北部，与加拿大交界。

8

温哥华科幻大会

第八章

突然间,我抬起头,透过房子侧面的玻璃,看到一匹马朝着我跑了过来,马上坐着一名骑手。马就是冲着我来的,下一刻就要撞碎玻璃了。我从来没见过,也没梦到过这样一匹马:它身体纤长,四肢强壮有力,双目圆睁——就像赛马一样,迅捷、狂暴,无声无息地冲着我狂奔而来,紧接着它高高跃起,要跨过整座房子。

——菲利普·迪克,写给多萝茜·哈德纳的信,1972 年

菲尔只身一人去了温哥华。1972年2月，科幻大会开始的两天，菲尔先去英属哥伦比亚大学做了一次演讲。前来听他演讲的人兴奋不已，纷纷欢呼雀跃，起立鼓掌。菲尔告诉他新交的朋友麦克·贝利，这里的听众给他的支持和鼓励让他的精神状态有了极大的好转。他决定留在英属哥伦比亚。

1972年1月到3月，菲尔都住在温哥华。我很难联系上他在那个时期认识的人。菲尔从加拿大给我写信的时候，他的语气总是友善而乐观，让我觉得他在加拿大过得很好。他甚至还在信中提到了好几个新交的女朋友，令我有些懊恼。我没有回应。我完全不知道他自杀未遂的事情，也不知道他被送进了X-加雷，温哥华一个类似锡南浓村的戒毒中心。

我打了很多电话才联系上菲尔在加拿大认识的人。加州州立大学富勒顿分校的威利斯·麦克内利教授给了我一份复印件，是菲尔从X-加雷给他写的信。我给温哥华信息中心打了电话，想联系信头上提到的人。结果，没有任何一个人的信息在电话公司留过档，X-加雷戒毒中心也早就不复存在。似乎所有涉及此事的人都彻底消失了。我又打了电话给科幻小说作家波尔·安德森，询问一些线索，因为我知道他参加过许多科幻大会。他给我提供了一个住在西雅图的科幻迷的名字，F.M.巴斯比，说这个人"可能参加了第二届温哥华科幻大会"。我又给F.M.巴斯比打了电话。虽然他本人没去参会，但他记得有一位朋友参加过，是一个名叫弗朗辛的科幻迷。弗朗辛也没有参加第二届科幻大会，但她却听说过菲尔到访温哥华的传奇故事，也知道一位名叫麦克·贝利的温哥华新闻记者曾带着菲尔在城里游览过。最终我找到了麦克。我们谈得很愉快。他给我提供了迈克尔和苏珊·威尔士夫妇的姓名和电话号码。威尔士夫妇真是信息的宝藏。

根据麦克观察:"菲尔回答问题的时候总是不假思索,对答如流。很多人都不太喜欢他,但考虑到他当时一直在服用含有安非他命的薄荷脑滴鼻剂,他已经做得很不错了。"菲尔告诉过麦克:"我要死了。"那时他四十四岁。有一个名叫杰米斯的女孩,让麦克很在意。她"不停地纠缠菲尔,榨取他的钱",而且当时她还有另外一个男朋友。菲尔的新朋友们,包括麦克在内,联合起来"把她弄走了"——至少他们是这样以为的。

菲尔在写给母亲的信中描述了他对杰米斯"疯狂的爱意":

……黑发嬉皮士小女孩……她只吃花生酱三明治,想离开自己的身体,飞往火星……几个小时,她都在喋喋不休地对我讲哲学、上帝、飞碟,还有古埃及的奥秘……你懂的,我(在温哥华)一开始很开心,之后却变得越来越不开心……大家所做的一切……并不能填补我心里的空洞……我决定放弃,回到美国。我太想念辛迪了,她让我魂牵梦萦……每一天,我的内心都在挣扎,不想服输。但现在,突然,杰米斯……回来了……我只是想把她带到某个地方去,和她坐下来好好谈谈……我终其一生所追求的幻象,就是杰米斯的模样……星期五晚上,我做了一个美丽的梦,杰米斯和我都给对方带来了顿悟和启迪,这是我有生之年第一次看透了万物的本质。但梦境即使美丽,我也希望它会消逝……尽管如此,当我星期五晚上把杰米斯送回家,自己回到家之后,我知道,我终于首次领悟了浮士德的发现:有一样事物是如此特殊宝贵,他不希望它消逝、被其他东西取代。但是上帝啊,这真是一场悲剧。我的痛苦结束了。我内心的空洞——那道伤口——消失了。但是——代价又是什么？我不得不付出这样的代价，因为这会杀死年纪轻轻的杰米斯。对她而言，这一切都是错误的。

星期五晚上，大约凌晨五点左右，我做了一个前所未有的梦。我回到了西马林，就在那间有着高大玻璃墙的客厅里，和友人、宠物，还有孩子们在一起。突然间，我抬起头，透过房子侧面的玻璃，看到一匹马当头朝着我跑了过来，马上坐着一名骑手。马就是冲着我来的，下一刻就要撞碎玻璃了。我从来没见过，也没梦到过这样一匹马：它身体纤长，四肢强壮有力，双目圆睁——就像赛马一样，迅捷、狂暴，无声无息地冲着我狂奔而来，紧接着它高高跃起，要跨过整座房子。我仓促闪避。太晚了，逃不开了。我蹲了下来，等着那匹马轰然撞上屋顶，撞塌整栋房子。它不可能跃过房子的，但它还是做到了。没有撞击，没有坍塌。马已经到了房子的另一边。我从前门跑了出去，知道它肯定会狠狠地栽进泥地里。是的，它就在那里，在泥浆和烂叶中踢打挣扎，遍体鳞伤、残缺不全、糟糕至极……必须毁灭它……我没事。完好无损。安然无恙。而它，充满那股一飞冲天、不停搏动的巨大生命力，在最后的凌空一跃中耗尽了所有的力量，毁灭在了混沌、废墟与残片之中……这个梦仿佛在对我说：你穷尽一生等待的真理时刻到来了，那伟大的终极考验、最后的决赛、启示之日，刚刚降临。你熬过来了，你活下来了。其余的一切都湮灭了。真相确实如此，那匹马并不是为了避开我才要跃过房子的，它甚至没有注意到我的存在。我只是恰好出现在那里而已。

房子，而不是我——才是马试图跃过的障碍，它也取得了成功……我就是那匹支离破碎的赛马啊。

菲尔就是那匹巨大的、充满毁灭之力的马，狂奔而来，即刻就要撞上那面玻璃墙壁，毁掉墙内站着的人。而最终，那匹马还是跃过了房子，没有破坏它一分一毫。它拯救了房子，却摧毁了自己。

第二届温哥华科幻大会在比特摩尔酒店举行。大会期间，菲尔遇到了迈克尔和苏珊·威尔士夫妇。他们邀请他暂住在自己家的公寓里。苏珊"不禁立刻注意到菲尔极端的情绪起伏——会陷入可怕的低谷——他告诉我，他的身体会生产化学物质，像安非他命一样影响着他的大脑"。

苏珊的丈夫迈克尔则认为菲尔只是在装模作样，想看看人们到底有多好骗。迈克尔生性冷淡，"菲尔很重视个人隐私，也很在意维护他人的隐私。我没有打听他的私事。当菲尔说他在圣拉斐尔的生活令他感到恐惧的时候，我甚至都没有追问。"菲尔也没有成功攻破迈克尔。迈克尔发现，菲尔的很多行为仿佛都是在故意试探他。菲尔害怕暴露太多的私人信息——他感到危机四伏，处处都是阴谋。

苏珊发现菲尔精神紧绷，他迫切需要成为别人注意力的中心。他让身边的人感到筋疲力尽："我印象中，他宛如一只大熊，蜷缩在破旧的风衣里，就像侦探山姆·史培德[1]那样。他经常吸薄荷脑鼻烟。他说的话总是真假难辨——即便我知道他在说真话，他的叙述里也掺杂了太多乱七八糟的东西，让人感觉云里雾里。通常他和别人聊

---

1. 美国著名虚构侦探形象，是硬汉侦探小说开山鼻祖达希尔·哈米特代表作《马耳他黑鹰》中的主角。

天都是为了找到别人的弱点。他可以只花十分钟就把别人逼得暴怒大吼起来。他会收集每个人的弱点,记在心里,以便日后利用。我们的一个朋友,玛丽,和菲尔同乘了一辆面包车。无缘无故地,菲尔开始对她说我们的坏话。后来,玛丽问我们菲尔说的话是不是真的,可他说的那些事情根本就是子虚乌有。他对某件事情的描述往往都会与别人的描述截然不同。"

苏珊还记得杰米斯。菲尔把苏珊保留的那本《帕莫·艾德里奇的三处圣痕》送给了杰米斯。苏珊又开始讲菲尔和柯比吸尘器推销员的故事,边讲边笑。那位工作人员提前约好了要到她的公寓来演示吸尘器的作用。"你不会想要一个生活压力很大的销售人员来给你做演示的。"菲尔说。"是的,他会足足演示三个小时。"苏珊说。"那好吧,"菲尔告诉威尔士夫妇,"让我们找点乐子。迈克尔,从现在起我是你的姐夫,一个作家,靠你和苏珊两个人养活。而你,迈克尔,简称米奇,是一个抠门到连吸尘器都不肯买的丈夫。好了,场景搭建完毕。待会儿我会挑衅你,引发一场家庭内部争论,因为我觉得你必须要给我姐姐买下吸尘器。我们要把那个演示员卷进争论中来。"

于是,真空吸尘器推销员弗兰克·诺斯沃西上门了,开始演示真空吸尘器的作用。菲尔开始与弗兰克聊天:"南帕萨迪纳[1]是我最喜欢的城市。"他说话的同时,弗兰克把沾满灰尘的小纸片扔得满屋都是,然后用吸尘器把它们一一清理干净。菲尔继续说道:"我还有另一个哥哥,比尔。他是开公交车的。我希望他能开车把我从芝加哥带出来,但那些城市公交车都不肯跑这么远。"他又拾起了吸尘器,细细打量,说道,"我前妻也有这么一个东西。我们离婚

---

1. 美国加利福尼亚州城市,也是著名的富人聚居区。

的时候,她坚持法院把这个东西判给她。"

此时,威尔士夫妇为了忍住不笑,差点都要发病了,几乎不能在房间里继续待下去。与此同时,弗兰克·诺斯沃西还在用吸尘器清理床垫,展示吸尘器上附带的磨具和抛光器,还给苏珊的结婚戒指抛光。

"这个吸尘器多少钱?"菲尔问道。"八百美元。"弗兰克·诺斯沃西回答道。尽管菲尔不停地劝迈克尔给他"姐姐"买下吸尘器,弗兰克却始终不肯加入他们的争论。紧接着他说:"想想看,几百年之后我们都会化作尘土,但是这台柯比吸尘器依然坚固如新。多奇妙啊!"然后他又开始说一些诸如用吸尘器清理出一整罐八腿怪虫的事情。

弗兰克·诺斯沃西越来越不耐烦了。最后,当迈克尔说他不想买吸尘器的时候,弗兰克收拾好所有的设备,怒气冲冲地离开了,说:"好吧,如果你愿意继续在这样的环境下生活,随你便……"

迈克尔有一张马歇尔·麦克卢汉的唱片,《媒介即信息[1]》,有好几个声道。麦克卢汉用各种媒介展示了他的理论:音乐、性、小女孩的声音等等,组成一种詹姆斯·乔伊斯式的毫无章法的杂音。当迈克尔为菲尔播放唱片的时候,菲尔用手捂住耳朵,尖叫:"关掉它,快关掉它!我因为发疯而不得不去医院的时候,脑子里响起的就是这样的声音。"

菲尔在威尔士夫妇家住了两个星期后,他便开始戳迈克尔的痛点,故意找他的茬了。他指责迈克尔是个十分糟糕的丈夫,而他,菲尔,要把苏珊带走,带给她快乐。忍受了几天后,迈克尔终于爆发了,把菲尔赶出了他们的公寓。

---

[1] 加拿大学者马歇尔·麦克卢汉提出的理论,意指媒介本身才是真正有意义的信息。

菲尔找到了另一个住处。然后他打电话给苏珊，说："我准备把灯关了。"苏珊根本不知道菲尔在说什么，因此她听了一小会儿就挂断了电话。那时，菲尔已经服下了致命剂量的药物。但是，他也提前把防自杀小组的电话号码写在一张小纸条上，放在电话机前，防止自己突然改变主意。最终他确实改变了主意，临时给他们打了电话。他们派人来了，把他送到医院，救了他一命。当迈克尔和苏珊·威尔士来探视他时，他告诉他们："我刚刚是在自杀。你们根本不在乎我，你们没有赶过来救我，你们什么都没有做。"

菲尔自愿加入了 X- 加雷，这是一个受到锡南浓村启发而成立的自助组织，参与者都是有前科的罪犯和吸毒者。迈克尔·威尔士后来冷嘲热讽地说："他搞了自杀这一出，是不是仅仅为了被 X- 加雷收容，以获得更多的小说素材？"

苏珊和迈克尔一起去 X- 加雷拜访了菲尔。菲尔穿着一件滑雪夹克，和他之前的风衣扮相大相径庭，看上去很怪异。在整个访问过程中房门都是锁着的，一些 X- 加雷的成员一直和他们一起待在房间里。菲尔仍然认为威尔士夫妇伤害了他，因此表现得很冷淡。

迈克尔·威尔士为我联系到了 X- 加雷的前负责人戴维·伯纳。戴维正在位于迈克尔·威尔士工作的《省报》报社对面的 CJOR 电台做访谈节目。我在电话里采访了戴维·伯纳。作为交换，第二天，他也采访了我，做了即时直播，成了他的节目的一部分。

戴维·伯纳对我说："X- 加雷的意思是'未知的道路'。菲尔突然出现，又突然消失。我第一次见到他时，他看上去就像个走投无路的中年醉汉，瑟瑟发抖，骨瘦如柴，皮肤上满是痘瘢。他告诉我他是个作家。'你不再是作家了，'我告诉他，'不管你以前做了什么才导致你来到这里,你都要马上停止。你现在的任务是洗碗拖地。'菲尔的想象力非常丰富。在返场游戏里,他也总是被很久之前想象出来的怪物所监视和纠缠。他在这里住了三十天之后,又来到我面前说:'我真的是个作家。'然后他自愿申请为X-加雷写小说。他一共在X-加雷待了三个月。后来,我在一个书摊上看到了他的小说。'真的是那个疯子写的吗?'我心想。"

1972年3月,菲尔写了一封信给富勒顿的麦克内利教授:

> 最坏的事情发生了。我疯了。我悲伤、孤独、绝望,在一个奇怪的国家、陌生的城市,谁都不认识,同时却……极度依赖我在这里遇见的少数几个人……无论如何,X-加雷的人介入了,他们帮我振作起来。他们拾起了我的碎片,准备把我拼凑成别的一个什么东西。一个能够在这世上生存下来的东西。如果没有他们,我早就死了。进入X-加雷很难,但是离开却很容易。我不知道发生了什么事。几个月前,在圣拉斐尔的时候就是这样了,可能还要追溯到更久之前。我可以通过努力记住一些东西,但或许我什么都记不住更好,记忆没有任何意义。"我们的过去已经被写下了,无法抹去。"这是X-加雷的哲学之道。"因此,我们必须注重当下,放眼未来。"这就是我现在正在做的事情。

后来他又给麦克内利写了一封信:

> 我想回(圣拉斐尔),但我回不去了。我的房子已经

不在了,而且,上帝啊,我所有的东西都被运走了,没有跟我说,更没有征求我的同意。我现在拥有的全部身家,只有我带到温哥华的小手提箱,里面不过装了几件衣服而已。我的书、米罗华唱片机、打字机——所有的东西,要么被房产经纪人扔掉了,要么就被运到某个地方了。我不在的时候,我那老母亲便允许房产经纪人乱动我的东西……我一跟我母亲说我去了加拿大,她就立刻动手了,这一切都是在我毫不知情的情况下发生的。所有人的母亲都应该被装到船上,运到大海中间,丢进水里。她们简直对健康有害,就像大气里的铅一样。

科幻作家们究竟做了什么让当权派和底层罪犯都如此反感呢?全世界都不信任我们这样的人。辛迪有一次跟我说:"这是因为他们搞不懂你,你是个非同寻常的人。"我问她自己对我是什么看法。"你是个伟大的人,"她说,"而且你很善良。对了,你能不能借我两块钱?我想去买瓶伏特加,带着它去汽车影院看《猩球崛起》,边看边喝。"……失去辛迪之后,我最恐惧的死亡似乎即将到来——她一直挡在我和死神中间。但我很担心她。在我看来,辛迪才是更重要的。

菲尔给位于圣拉斐尔的辛迪写信说:"我恐怕再也见不到你了,辛迪。祝你度过幸福美满的一生。我永远都不会忘记你的,辛迪。你是最棒的,最可爱的,最美丽的。"

菲尔在 X-加雷的时候,一定也和那个名叫杰米斯的女孩保持着联系。他在给一位未知人士的信中写道:

杰米斯是我们两个人之中比较理性的那个，而我才是白痴……或许，我所感觉到的横亘在我们两人之间的那道鸿沟之所以存在，完全是因为我脑子里太空虚了。"你真是喜欢没事找事啊。"她昨晚对我说。说得太对了……不知为何，杰米斯代表了我所失去的一切，代表了我已经结束的过去，只要我紧紧抓住她——并同时感觉她在一点一点从我身边溜走——我就能抓住已经消逝的东西，那些本该消逝的东西，也是我放不下的东西。只要她还在我的生活里，我就不会被锁死在眼前的世界里。现在，她不在我身边。她离开了，她留在了过去，留在那里，没有和我在一起，永远地消失了，再也找不到、看不见了。她是摇滚、毒品、嬉皮士、孩子，代表着加利福尼亚文化，是我必须摆脱的那些东西，我需要让它们死亡，把它们从我身上剥离。那些未解决的冲突、问题、情感和与过去的纠葛，依然在我和她的关系中时时浮现。正如每个人都认为的那样，这段关系应该结束，但是或许我需要先把它看透，从根上解决问题，而不是贸然断绝，否则一样的问题只会在下一个人身上重现。

我感到一种巨大的敌意，可能是这种敌意导致了我的抑郁症，继而令我产生了自杀倾向。任何人、任何事都令我愤怒。所以 X-加雷的那套游戏起效了。据他们分析，我占有欲太强，我需要完全属于"我的"女孩，而不是独立的个体。这不是真的。

1972 年 4 月 4 日，菲尔又从 X-加雷给威利斯·麦克内利的妻子苏写了一封信：

> 我现在好多了。我内心的痛苦已经消退了。主要是因为那些在 X- 加雷和我一起生活的人。愤怒已经不再驱使着我……从某些方面来说，我在这里接受的艰苦教训不一定就真的对我有好处。我不再感到痛苦，因为我开始什么都不在乎了。这确实会让我感到更轻松，但难道这真的就是最好的解决办法吗？我感觉他们好像把我大脑的一部分都烧毁了，正是那一部分在负责倾听我的兄弟们的心跳声。
>
> "等着我在游戏里抓到你吧，"一个女人对我说，"我要揭露你的真面目。我要让大家都看看，隐藏在重重谎言之下的你真实的样子。"她在这里做了一个假设，可能是错误的假设——从形而上的角度看，在我们每个人虚伪的表面之下，都隐藏着一个"真实的"人格。
>
> 我要如何描述这里的人的面孔呢？"有着蜥蜴般的眼睛，肝脏一样颜色的嘴唇"，冷漠、愉悦、讥讽、疏离、高效。

后来，他又给一位未知人士写了信：

> 我星期四就要离开 X- 加雷了……在过去的一个星期里，人们一个接一个离开，几天后也要轮到我了。这里有很多负面的东西，让我想要离开。但总的来说，我之所以选择离开，还是因为前面的路会更好——至少我认为是这样的。如果我想错了，那我还会回到这里的。说真的，如果要我一一指出这里令我厌恶的东西，我会回答：狂热、能量、兴奋，我预先想好在 X- 加雷完成的事情，都被 X-

加雷本身扼杀了……我认为,我制订的两个基本计划还是挺好的,在近一年的时间里,我没有任何计划,也没有目标。如今,在 X- 加雷的帮助下,我终于振作了起来,开始向前看了,也萌生了一些令我想要去实现的想法——可是,X- 加雷却说:"你来这里不是为了实现你的目标。我们不会这么做的。管好你自己,服从命令,然后乖乖闭上嘴。"你但凡主动一些,表现出创造力,他们就会泼你冷水,但又不是将惯常的那种官僚主义加诸你身上。我真正厌恶的是他们利用游戏——用"寓教于乐"的方式——实施那些接触式心理治疗,在发生之前就扼杀了我和其他不符合集体标准与观念的人的行为。他们通过有效手段,摧毁每个人对于自己行为所投注的信念,继而摧毁这个人本身……但是,在我即将要去的地方,有另一个可行的替代方案。我希望,当我最终抵达那里的时候,我能够重新感受到我在这里感受过的能量和对目标的渴望。同时,我感觉很好。我很期待在其他地方和与我相似的人一同进行有效的创作。

1972 年 4 月,菲尔离开了温哥华。"他消失在了南加州的荒野之中,"麦克·贝利说,"要开始一段全新的人生。"

9

更多的黑发女孩：琳达、特莎

第九章

　　菲尔露出他一贯的美好笑容，但他看上去缺乏自信，畏畏缩缩。他随身带着一只老旧的旅行箱，箱子上缠着电线。

——提姆·鲍尔斯＊，1982年采访

---

* 提姆·鲍尔斯（1952— ），美国著名科幻与奇幻作家，代表作有《阿努比斯之门》《最后的召唤》等，曾担任电影《加勒比海盗》的编剧。

1982年末，我独自驱车五百英里，抵达了洛杉矶。我在表哥大卫位于阿卡迪亚[1]的公寓安顿下来之后，每天都会沿着可怕的洛杉矶高速公路驱车奔波很远的距离，去拜访位于奥兰治县的富勒顿[2]。菲尔的一些密友还有富勒顿州立大学图书馆都在那里。奥兰治县那些菲尔的故交口中谈论的那个菲利普·迪克，似乎已经不再是我认识的那个菲尔了。菲尔去世前的几个月乃至几年间，与我通电话的时候，听上去还像是我熟悉的样子。提姆·鲍尔斯告诉我："你描述的菲尔跟我们认识的他判若两人。"

　　我的主要目标之一是研究富勒顿的图书馆档案，菲尔的文件和手稿都保存在那里。麦克内利教授教会我如何使用图书馆，并给我提供了通信记录、文件和丰富的线索。麦克内利也是荣格心理学流派的拥趸，他告诉我："菲尔的影子非常强大。"他还问我："菲尔是一个优秀的情人吗？"我大吃一惊。他说，菲尔还在的时候，他曾经很担心自己的妻子被菲尔勾走："菲尔就是太有魅力了。"

　　在富勒顿停留的两天中，我把全部时间都花在了阅读上。1964年，菲尔给卡罗尔·卡尔写了一封措辞极其恶毒的信，描述了他疯狂的前妻——也就是我。读到那封信的时候，我震惊极了。后来，一个身在华盛顿的朋友给我写信，说《华盛顿邮报》刊登了一封信，里面严正抗议公开菲利普·迪克的信件，因为其中有好些内容都是在用污言秽语谩骂他的前妻。最终，我决定对此视而不见，无论菲尔和他的粉丝对我有怎样的负面评价，都与我无关。偶尔遇到别人当面指责我的时候，我都开玩笑地告诉他们："抱歉，你的侮辱对我没有用，我可是曾经被世界级语言大师侮辱过的人。"

---

1. 位于美国洛杉矶东北郡的富人聚居区。
2. 位于美国加利福尼亚州南部。

有一天，我开车去了圣安娜，和菲尔在南加州最好的朋友、年轻的科幻小说家提姆·鲍尔斯以及他的妻子塞蕾娜共度了一个上午。他们夫妇非常恩爱友善。提姆给我看了一本他在七十年代初写下的日记。

周日下午，我则在北好莱坞见了菲尔另一个"最好的朋友",K.W.基特[1]，还有他的妻子杰莉。他们夫妇容貌俊美，住在一套精美的公寓里。两人的打扮都很讲究，好像马上就要去高端律师事务所（或者联邦调查局）上班似的。K.W.穿着剪裁考究、熨烫平整的三件套西装。没人想得到会在"爱乐之城"洛杉矶看到这样的人。

我和琳达·勒维通过几次电话。她也是菲尔痛失的挚爱之一。后来，她搬到了旧金山湾区，我们一起吃了午饭。菲尔在医院里奄奄一息的时候，他的超级"女友兼秘书"玛丽·威尔逊和我通了第一次电话，后来我们又联系了一次。吉姆·布雷洛克和菲尔相处得很好，他和蔼可亲，采访他也很顺利。菲尔年轻的第五任前妻特莎·巴斯比拒绝接受采访。她的继母妮塔·巴斯比是在麦克内利教授的课上认识菲尔的。她答应让我通过电话对她进行一次短采访。

格温·李曾经采访过菲尔，留下了录音，菲尔在采访中大谈他的下一部小说，《白天的猫头鹰》。他去世前几个月才刚刚完成这次采访。格温在电话里把整个故事都读给我听了。再一次，菲尔的想象力令我感到震撼，心生敬慕。我不知道菲尔写下那部小说的时候，有没有想到很多年前的那一天，我们一起在前院柏树上看到的那只正在第一场冬雨中洗澡的猫头鹰。

1972年4月，提姆·鲍尔斯、乔安妮·麦克马洪、苏·霍格林

---

1. K.W.基特（1950—）美国科幻作家，曾为《星际迷航》《星球大战》撰写相关小说。

德和琳达·勒维一起在奥兰治郡机场接到了菲尔。只有在找到愿意继续资助他生活的人之后，菲尔才被 X- 加雷的人允许离开。他给加州州立大学富勒顿分校的威利斯·麦克内利教授写了一封十分动情的求助信。麦克内利同意资助菲尔，还在他的英语科幻文学课上朗读了这封信。

"有人愿意帮助菲利普·迪克吗？"他向全班同学问道。

两个科幻迷女孩，苏·霍格林德和乔安妮·麦克马洪都举起了手："我们可以给他安排住处。"于是，菲尔搬去和乔安妮、苏两个人住在了一起，睡在她们客厅的沙发上——但是这样的生活环境很不舒服，他们三个人相处得也不太融洽。菲尔来麦克内利教授的班上做演讲的时候，还拿自己尴尬的生活环境开了玩笑。另一名学生乔尔·斯坦举手道："我刚和妻子分开，现在我家有一个空出来的卧室。"菲尔当场接受乔尔的邀请，然后继续做完了演讲。

那时，乔尔·斯坦三十五岁，立志成为一名作家。1983 年，当我通过长途电话联系到他时，他正在雷诺[1]的哈拉斯俱乐部做赌场经理。

"和菲尔在一起的时候，"乔尔说，"你永远不会感到无聊。菲尔总是火花四溅。只要有菲尔在，生活就不可能有和平与安静，他总在极乐与痛苦之间起起落落。"乔尔下班回家的时候，会看到菲尔坐在椅子上，陷入忧郁，因为有四辆警车刚刚从窗外经过。次日晚上，菲尔又会兴高采烈，蹦蹦跳跳。他们合住的这段时间里，两个人在经济上都颇为拮据。他们轮流出钱解决伙食。菲尔和乔尔在一起住了将近六个月。

---

1. 位于美国内华达州，著名的赌城。

菲尔和提姆·鲍尔斯很快就成了好朋友。菲尔告诉提姆，他害怕回到马林郡，因为那里有很多人"都要害他"：警察对他穷追不舍，当地一个准军事组织也对他怀恨在心。他告诉提姆，这伙人从一个空军武备库里偷走了可以让敌人迷失方向的化学武器，带到外面当作新型娱乐毒品售卖。菲尔还说他家发生过持刀砍人事件。那时菲尔已经戒毒了，完全不允许毒品在公寓里出现。他对乔尔·斯坦说："警察会破门而入的。"

乔尔和菲尔相处得很好，尽管有时候菲尔还是会变得闷闷不乐，乔尔和他说话的时候，他只会哼哼唧唧地应答。乔尔很是同情菲尔——一把年纪了，还是如此颠三倒四，而且他能依靠的只有一帮半大的孩子。菲尔看上去一点都不强壮。"他会咳嗽不止，肩膀老是脱臼，不得不用绷带挂在脖子上，而他还要努力跟上十九、二十岁孩子的想法。"

尽管菲尔经常胡言乱语，乔尔却注意到，一旦到了写作和出版上面，他就展现出了十足的专业性和商业性。那时候他刚刚写完《暗黑扫描仪》。后来，菲尔以为乔尔想杀死他。乔尔说菲尔认为任何接近他的人都会想要杀了他。菲尔还说过一个故事，他说提姆曾经持刀威胁过他。

琳达·勒维

乔尔告诉我："我记得菲尔一直都在追求黑色头发的年轻女孩——不顾一切地追求。那时他感觉自己的生命正在悄然流逝，而他竭尽全力想要获得更多的快乐。他对女人抱有强烈的浪漫想法,甚至有些不切实际。他会把一个刚刚认识的女孩描述成光芒四射、长发飘逸的女神。我听见他这么说,也会非常兴奋,然后当我见到女孩本人的时候,发现她其实很是单调无趣。不过,琳达·勒维是真的很聪明,也很有魅力。她确实是个好女孩——敏锐、机智、能言善辩、意志坚韧。"

菲尔还在 X- 加雷的时候,琳达给他写了一封信。当时,威利斯·麦克内利教授对全班朗诵了菲尔写给他的信,她便写了封回信。不久之后,琳达就被叫到了麦克内利教授的办公室,他说菲尔很快就要抵达洛杉矶国际机场,点名要她去机场接他。她和提姆·鲍尔斯,还有苏和乔安妮——菲尔后来的两名室友——一起去了机场。"我第一次见到他的时候,他留着灰色的长胡子,穿着风衣,一只手抱着一个用棕色纸包着的盒子,另一只手捧着一本《圣经》。他长得就像一个无家可归的犹太教拉比[1]。当他看到我时,突然停下了所有动作,目不转睛地凝视着我。一整个晚上,他的眼神都没有离开过我。"

不到两个星期,菲尔就对琳达萌发了神秘而强烈的爱情。他给她写了信:

> 琳达,看在上帝的分儿上,请你永生吧。你能做到吗?为了我们所有人?因为我有一种奇怪的感觉,你可以化作永恒,决定权握在你手里……如果你出了什么大事,那将会引发一场世界灾难……那时候,我会在晚上仰望夜空,看到星星一颗颗熄灭,而我却……无动于衷。我会直接从建筑物里穿墙而过,我触碰过的地方都纷纷化作尘埃。就

---

[1]. 犹太人中担任教会精神领袖或宗教导师的人。

像在 W.C. 菲尔兹[1] 的老电影里一样，车轮都会从车上掉下来。最终，我的脚也会陷入人行道中……我只想一次次地拥抱你，用双臂裹紧你，把你抱在怀里，永远都不放开手，永远都不改变。然后我们可以打包午餐，带上煮鸡蛋和暖紫色的保温瓶，到海滩上去。我们要在那里玩个尽兴，琳达……我们要沿着海滩奔跑，海鸥为了吃到撒下的面包屑而紧紧追在我们后面……太阳悬在水面上，最顶端是一颗明亮的星星……我们会遇到一块巨大的浮木，那块浮木幻化成我们见过乃至想象过的所有美好事物，而我们就坐在它旁边，感受到的只有无尽的快乐……

又及：琳达，我非常非常爱你。所以这就是我真正想问你的话：你愿意嫁给我吗？

琳达吃惊地回忆道："菲尔才认识我两周，就写了一封信，向我求婚了。这让我感到非常不安，因为我不知道该如何回应。后来他说，那只是开个玩笑。"

她继续道："菲尔投入在我身上的那种极端的关注，让我感到很不安。而且，我注意到他的性格一直在不断变化，非常可怕。小组里其他人的经历和我截然不同——他们眼中的他和我眼中的他判若两人，这一点也令我感到不适。我开始怀疑自己是不是疯了，因为我的经历和别人太不一样了。我觉得他在耗尽我，我仿佛着了魔一样动弹不得。菲尔的赞美令我的自尊心得到了极大的满足，但我付出的代价实在是太高了。我害怕菲尔，也害怕他的情绪波动。"

---

1. W.C. 菲尔兹（1880—1946），美国喜剧大师，曾在二十世纪三十年代的好莱坞红极一时。

菲尔给温哥华的一个朋友写信的时候，在信中谈到了琳达：

我和一个时髦的、磕多了药的黑头发性感小妞（我们这里都这么说话）搞在了一起。她的名字叫琳达，她狂野、美丽，有自我毁灭倾向。我很爱她，但她正在伤害我，恐怕我也在伤害她……我们之间存在着某种永恒的、不可消除的误会……我的命中注定，穿着一件超短裙……持久的……永恒，那是我最渴望的东西……我想，我和琳达的关系就是这样的，可以长久留存下去。

我想，对我来说，和琳达相知相伴，能够把我心中那种每次站在当下回溯过去时都会出现的绝望驱除掉。我总是觉得过去比现在更为美好。

一天晚上，琳达和菲尔一起出去吃了晚饭，还去看了电影《屋顶上的小提琴手》[1]。在回家的路上，琳达在加油站停车加油，却后知后觉地想起来她跟这个加油站的工作人员约会过。她知道菲尔非常善妒，为了避免冲突，便主动下车去和那个人交谈，因为：

我不希望他把头伸进窗户，说出什么会激怒菲尔的话。但是，尽管如此，就因为我下车跟那个人讲了几句话，菲尔还是生气了。当我开出加油站，驶回到大路上时，菲尔突然倾身过来抓住了方向盘，把车直接开进了迎面而来的车流之中。我吓得要死，开始和他争夺方向盘的控制权。千钧一发之际，我扳回了方向盘，把车开回了道路右侧，当时已经快到菲尔的公寓附近了。我把车停在他家门口。我的心脏仍在狂跳，命

---

1. 1971年美国上映的一部音乐喜剧片，曾在当年获得三项奥斯卡奖。

令他立刻下车。由于几周前肩膀脱臼了,他的手臂被绷带吊在胸前。他用吊着的那只手钳住了我的喉管,用另一只手用力打我的脸。我们扭打起来,最终我挣脱了,再度命令他下车。那时候我明白,我的处境非常危险,也不想再和他有任何纠葛了——起码在他找到其他可以投注感情的人之前,我不想见到他。

后来,菲尔又给琳达写了信:

> 琳达,我非常后悔我们之间产生的纠纷,直接导致了我们关系的破裂。你是一个可爱、善良、野性十足、充满趣味的人,你特别棒……

然而之后,菲尔对一些人说,他和琳达之所以分手,是因为她袭击了他。菲尔对提姆描述的分手情形也不一样。他告诉提姆,是琳达故意跟他暧昧,结果当他真的向她求婚,她又生起气来,因为他的行为"毁掉"了他们之间本来单纯美好的关系。他告诉提姆,他因为太愤怒太伤心了,动手打过她一次。

菲尔有一本书稿,是他的信件集,题目叫《黑发女孩》,里面有一部分就是他给琳达写的信。引用完了给琳达的信之后,他又记录了一个梦:"太可怕了——一个孩子,全身赤裸的婴儿,在烧热的油锅里遭受煎熬。孩子身上着火了,火焰包围着它的身体,把它烧成了亮红色。它纵身跃进煎锅下面的火圈里,想要逃脱,但它犯了一个致命的错误。它去了下面,去了地狱,沐浴在火焰里,挣扎着想要逃出来。"

菲尔、乔尔和提姆一起认识了住在隔壁公寓的几个女人,玛丽·露·马龙、玛丽·威尔逊和辛迪·斯坦洛。他们相遇的那天晚上一起去看了《发条橙》[1]，大家很快成了亲密的朋友。

菲尔交到的另一个新朋友是K.W.基特，一位年轻的科幻作家。在遇见菲尔本人之前，他就已经研究过菲尔的作品，对菲尔崇拜不已。但是，菲尔依旧害怕联邦调查局和中央情报局在追踪他。一开始，他和K.W.非常亲密，但后来有一天他突然就不跟K.W.讲话了。几年后，他们的关系又重新升温，菲尔才对K.W.表示，那时候之所以疏远他，是因为他以为K.W.是联邦调查局派来的间谍。

特莎·巴斯比·迪克

琳达不是最后一个令菲尔一见钟情的黑发女人。七月份，菲尔开始和高挑纤瘦、二十七岁的金吉尔·史密斯谈恋爱。他们相识于在长滩[2]举行的西海岸科幻大会。当时每个人都被要求佩戴名牌，菲尔就假装是某位名不见经传的早期《惊奇故事》科幻作者。一个月后，金吉尔计划举办一个海滩派对，但是起初决定要开车来海滩参加派对的几组人最后都去了别人家。金吉尔也邀请了时年十七岁的特莎·巴斯比。她之前负责开高中校车，菲尔就是在那辆车上认识了特莎。

每个人都在喝兑了可乐的杰克丹尼威士忌。提姆·鲍尔斯本来在派对上玩得很开心，结果——"我突然发现菲尔和特莎在沙发上，

---

1. 1972年美国上映的经典犯罪片，由著名导演库布里克执导。
2. 美国加利福尼亚州洛杉矶南方的海滩，度假胜地。

依偎在一起,两个人在咬耳朵说悄悄话。我心想,'我的天,这发展得也太快了,我不过转身拿瓶啤酒的工夫,就进展到这一步了?'"

金吉尔一点也不生气。提姆说,就好像她是故意下套引菲尔上钩一样。后来,关于那天晚上到底发生了什么事,又有了更多神秘的解释。那天晚上,特莎就和菲尔回到了乔尔·斯坦的公寓。不到一个星期,这对陷入热恋的新情侣就在乔尔家对面租了房子,开始了同居生活。

菲尔欣喜若狂。他认为自己将从此开始一段全新的生活。他做的第一件事就是节食。他在冰箱上挂了一块大牌子,上面写着:"天要使其灭亡,必先使其发胖。"他和特莎亲密无间。提姆说:"菲尔和特莎在身体上几乎形影不离,甚至必须总是依偎在一起。"菲尔不断地向他所有的朋友吹嘘特莎有多么聪明。他还把她任命为他的执行秘书。菲尔和特莎开始同居不久,他就疏远了他那群年轻的朋友。

菲尔在给特莎的一封未注明日期的信中写道:"黑色头发、肤如凝脂、纤纤细足,女孩没有注意到他刚刚走神了。她从不注意这些微不足道的事情……他是那么需要她,她对他而言那么重要。她填补了伴随他大半生的空白……有她在身边,他的世界就可以因为自身滋生的力量与内在的坚定现实而延续下去。他知道,如果他闭上眼睛或者转过身去,世界也仍会继续转动……"

菲尔非常依赖他人的帮助,但同时也需要被他人所依赖。他对提姆说:"特莎有癫痫病。昨天晚上,她经历了一次精神运动性发作[1],必须服用大仑丁和苯巴比妥。我带她去看了好几个医生。"这时

---

1. 癫痫发作的一种,发作时既不丧失意识,也不抽搐,主要表现为阵发性意识模糊,做一些无意识的动作。

他显得自豪极了。还有一次，他对提姆说："高兴至极。"又说："看到厨房墙上的缺口了吗，提姆？特莎朝着我扔了一把刀。"

菲尔给一位温哥华的朋友写信说：

> 我在富勒顿过得很开心……特莎是一个黑发小妞，正好是我不应该招惹的那种人（X-加雷是这么告诉我的），她十八岁，也会写作（她已经卖出一篇文章了），漂亮,聪明。她像个假小子，但又很性感，身材娇小，讲话颠三倒四，基本是个直女，没有政治倾向，会骑马，从未旅游过，想去看看加拿大……我全心全意地爱着她。她是我遇到过的最有力量的人：睿智而温柔，但是也很独立，而且情商很高……和特莎在一起，我会重新开始振作起来。

菲尔在给母亲多萝茜的信中写道：

> 好长时间了，我一直想给你写一封信，准确地描述一下特莎。我很爱她，我想和她共度余生。但我不知道要如何形容她才好，因为她总是千变万化：她非常温暖，却又令人捉摸不透……就好像她是我想象出来的一样。你看，三封信都是我写的，其中两封信假装是她写的，一封信是我自己写的，里面说了我们都在做什么……特莎就是那个我一直以来踏破铁鞋无觅处——永远都无处寻找——的女孩。不过，从另一个角度看，或许特莎是真实存在的……只是因为我的精神问题，让我以为她是我编造出来的……
>
> 特莎身上有一些本质的、无法抗拒的神秘感，我读不懂她……一次又一次，我想要构建一套理论来解释她身上

的种种怪异之处。每一次她都不情不愿地承认我说的是对的，说她一直都在对我撒谎，而如今我终于发现了真相。然后我又会构建一套更完备的理论……又过了一天，我发现那套理论也是错误的，在胁迫之下，她也承认了……我们就好像生活在一部菲利普·迪克写的小说里……我们就是这样的人，试图思考着度过这一生，可现在我们不得不依赖情感，比如暴怒、爱意、悲痛和欢笑……

1975年，菲尔专程来马林郡与南希办理离婚手续。为了证明他如今有多么贫穷，他带着特莎一起来了。菲尔的老友克里斯汀·尼尔森在机场接到了这对夫妇。她说："特莎年纪很小，但是很坚强。我很惊讶，她实在是太年轻了，甚至连酒吧都不能去。菲尔处在无比的幸福快乐中。在特莎眼中，一位年长的成名作家给了她这么多关注和爱意，令她受宠若惊。我很喜欢特莎，我觉得她说不定真的是菲尔的良伴——因为她不羞怯也不畏惧，而且菲尔的状态看上去好多了。"

南希唯一一次见到特莎，就是在她和菲尔离婚的那天。特莎穿着一件过于宽松的红色大衣，戴着一顶奇怪的帽子。听说菲尔要和特莎结婚的消息，南希如释重负，因为她终于不用再认为自己有义务对菲尔负责。对于离开他这件事，她一直感到很内疚。南希友善地向菲尔打了招呼，用她之前给他起的昵称称呼他，"毛毛"。菲尔因为这种"不分场合的亲昵感"感到被冒犯。法院判菲尔每月向南希支付七十五美元的抚养费。

特莎和菲尔回到了奥兰治郡。菲尔跟特莎求婚过"很多次"，提姆目睹了其中一次。他们一群人去了迪士尼乐园，约定好五点钟在中央大街的康乃馨咖啡馆碰头。提姆的描述如下：

我们围坐在露天的桌边，菲尔和特莎在桌子一端，我坐在另一端，大家都在吃三明治，等着其他人来会合。这时，菲尔倾身过去，问："特莎，你愿意嫁给我吗？"我当时想："老天爷，我真希望我不在场……我得赶紧躲开。"于是我伸出手，从菲尔的盘子里抓了一条腌黄瓜。我准备猛嚼黄瓜，假装自己根本没注意他们在说什么。但是，特莎还没来得及回答，菲尔就率先说："鲍尔斯，你拿着那条腌黄瓜干什么呢？"我说："你不是吃完饭了吗？"他说："我还没吃完，我准备留着腌黄瓜最后吃的。"我说："哦，对不起，那我还给你。"他说："我现在不想要了。你都咬了一口了。"我说："那就让服务员再给你拿一条。"他说："我不想打扰服务员。我只是想让你知道，你应该做个懂礼貌的人，下次拿走别人盘子里的腌黄瓜之前，先问问他们可不可以。"这时，其他人也抵达了咖啡厅。一直坐在椅子边上的特莎再也没有机会回答菲尔的问题了。很显然，菲尔肯定之后又向她求了一次婚——当然是我不在场的时候。

菲尔和特莎在富勒顿的圣伊莎贝尔街租了一栋老房子，三居室。房子谈不上豪华，但是也温馨舒适，有一间带房梁的客厅，客厅的玻璃墙正对着蔓草丛生的小庭院。每三个月，伊莎都会从马林郡过来看望菲尔一次。她和菲尔、特莎以及他们的朋友一起打棒球，玩得很开心。特莎对伊莎很好，两人相处得十分愉快。

与此同时，菲尔还在加州大学富勒顿分校给威利斯·麦克内利的学生讲课，借此获得一些零星的报酬。他对学生谈起写作和自己的生活。他常说的话题里面包括一位残忍的前妻——说她不允许他去探望自己的孩子和他心爱的几个继女。在大学任教的时候，菲尔还遇见了很多年轻的科幻迷、满腔热血的年轻作家和已经出过书的作家。他邀请了好多人到自己家里聚会。

多丽丝·索特和她的男朋友，科幻小说作家诺曼·斯宾拉德[1]一起来菲尔家看望他。在她印象中，特莎格外安静："特莎坐着自己读书，没有参与我们的谈话。"

作家吉姆·布雷洛克在雷·布拉德伯里[2]来麦克内利教授班上讲课的那天遇见了菲尔。吉姆也被菲尔邀请到家里来做客："不知菲尔从哪里搞来了一把来复枪。但是他太害怕那把枪了，把它丢到了床底下，就像丢一条蛇一样。"

自从菲尔去了温哥华，我就再也没有和他联系过。菲尔结婚的消息还是通过一个意想不到的渠道传到我这里的。那年夏天，我听雷斯岬站的当地邻居说，多萝茜和她的双胞胎继子女琳和尼尔在因弗内斯买了一栋新房子，离我家只有几英里远。我感到很惊讶。我在心里纠结了一番，当多萝茜给我打来电话的时候，我终于做好了准备，要把过去抛诸脑后。之后，多萝茜、劳拉和我就经常见面。我很高兴劳拉和她的祖母有时间相处了。多萝茜和我两个人之间也重建了友善的关系。从多萝茜和琳的口中，我得知菲尔和一个年轻的女孩再婚了。我感到很厌恶，便把菲尔写来的所有信都丢进壁炉烧掉了，然后又把他的所有小说都送人了。

多萝茜只在因弗内斯住了两年，就搬到了位于磨坊谷的红杉林养老院，离我也不远。她在那里住了一年之后，又搬到了圣罗莎[3]，

---

1. 诺曼·斯宾拉德（1940—），美国科幻作家，代表作有《铁梦》。
2. 雷·布拉德伯里（1920—2012），美国著名科幻作家，代表作有《火星纪事》《华氏451》等。
3. 加利福尼亚州城市，位于索诺马郡。

那里离琳会近一点。这样一来,我就无法和她经常见面了,但是我们依然通过电话保持着联系。

菲尔再婚后不久,就又恢复了给我和劳拉写信的习惯。7月9日,他给劳拉写了一封信:

> 可以告诉你的母亲,《高堡奇人》要在美国再版了。那本书是献给她的,尽管她并不喜欢。再版的时候,我估计可以把献词改掉吧……你可以问问她,她希不希望我更改献词。
>
> 爱你的爸爸

但是他从来没有直接跟我提过这件事,我也没有留意。我理所当然地觉得他不会更改献词的内容。后来,我的三女儿谭迪在书店买了一本《高堡奇人》,想给她的朋友看看菲尔为她母亲写下的献词。结果,她震惊地看到书上如今写着"献给特莎"。我感觉糟透了。一如既往,我还是不敢相信菲尔竟然会这么做。然而,或许在他心目中,他认为自己确实曾经问过我是否还想留着献词——是我没有理他而已。

那年夏天,菲尔患了重病。他因为严重的高血压而住进了医院。病后不久,1973年7月25日,克里斯托弗·肯尼斯·迪克出生了。菲尔很高兴,他一直想要个儿子。

那年秋天,我在奥克兰体育馆举办的一个大型教堂集会上遇到了南希·哈克特,我们俩都是参会者。我们互相打了招呼。也许因为当时的环境比较特殊,我们立刻就深谈起来。南希向我请求原谅,因为她插足了我和我丈夫之间的感情。"我原谅你,南希。"我说。她立刻开心起来,双目粲粲发光。

菲尔有几年都没给我打过电话了，然而我和南希见面的第二天，他就打来了电话，对我说："我听说你已经原谅南希了。"然后他停顿了一下，仿佛还怀着什么希望。我原谅了南希，没错，但是我没有原谅他。尽管如此，我们还是聊了很久，全程态度都非常友善。我对他描述了我们一家的近况。海蒂正在以色列攻读阿拉伯语言学的研究生课程。六月份，在我的房子被烧毁了一半之后不久，我就去以色列探望过她。谭迪正在欧洲搭便车旅行。她冬天会去瑞士滑雪，在当地的餐馆打工。简妮结婚了，也住在雷斯岬站，和我共同打理珠宝生意。她怀上了双胞胎。我当选为圣科伦巴教堂的第一位女管理员，以及西马林规划小组主席。

好几个长期工都在帮我经营珠宝生意，因此我得以腾出时间，来执教一个马术体操队——这个体育项目新近才传入美国，一匹马在慢跑，八名青少年在马背上跳上跳下进行体操舞蹈，比任何马戏团项目都精彩。二女儿简妮和四女儿劳拉也都在马术队里。菲尔听到这些消息很高兴。之后，孩子们也一一接过电话和菲尔聊天。后来我和孩子们一交流才发现，菲尔跟她们只是闲聊，和我说话的时候则表现得庄重严肃，话里话外满是宗教色彩。从这时开始，菲尔大约每月给我写一封信或者打一次电话。他还与克丽奥取得了联系，定期和她沟通。她的丈夫诺曼·米尼去世后，他还给她寄钱办葬礼用。

1973年12月，菲尔给我写了信：

很高兴收到你的来信，你能给我写信真是太好了。你告诉我的那些新闻令我很是开心……你的珠宝生意真是做得风生水起，如果我的话显得很夸张，那恰恰是因为我向来直言不讳——这没什么错——也因为我现在正生活在洛杉矶。这座城市会对人产生影响。或者用当地人的话说，会搞乱人的头脑。我会尝试像普通人一样说话的,如果我还是听上去怪怪的,那就是环境的问题,不是我的错,行吗?

空气污染给我造成了可怕的伤害,但请不要担心,因为我们打算搬走了。而且无论如何,我今年的病情远远没有去年那么严重,去年我差点死掉……事实上,我看见死神先生站在我卧室的角落里。他穿着一套现代风格的涤纶西装,拿着一个公文包,然后他打开公文包,给了我一份心理测试。我便做了心理测试。我当时的体温是一百零二华氏度[1],有点高,但我几乎无法呼吸,每夜都在几近窒息之中度过。死神先生告诉我,根据测试结果,我已经彻底疯了,他要带我去一家设施良好的精神病院,在一座树木茂密的山上。我很高兴地同意了,准备和他一同启程。那时我本来感到轻松而释然,但幸运的是,恰好有人走进了我的卧室,死神先生就消失了……

安妮,听起来你过得很不错,充满了生命力和创造力,精神生活也很充实——总之就是精神抖擞。太好了,再一次感谢你的来信,也感谢你告知我的所有消息。真不可思议啊,简妮已经长大成人,结婚了,而且马上就要生——生两个还是三个孩子?请务必记得告诉我一声。谭迪去了瑞士……不可思议。我想去当地的乔氏连锁[2]买东西,但是我过去一趟太麻烦了……还记得我们一家人一起去迪士尼乐园玩的那次吗?……

爱你的,菲尔

---

1. 约38.8摄氏度。
2. 美国大型连锁超市,以物美价廉著称。

我肯定给他回复过至少一封信，但是我更喜欢给他打电话。而且，我不太喜欢在信中看到"我们"这样的字眼。

1974年3月，菲尔有了一次神秘经历。他在小说《瓦利斯》中描述了那次经历。他称之为"粉红灯光经历"。那种醍醐灌顶的顿悟感对他来说是如此重要，以至于他开始在深夜记录自己的冥想，大部分都是速记的。截止到他去世为止，手稿已经有一百万字之多，占满了两个正常大小的文件抽屉。他称之为《注疏》。他还开始根据这段经历和他本人的神学思考写一部新的小说，名为《瓦利斯系统A》。不久之后，他又因为重度高血压住院了。他告诉提姆·鲍尔斯，高血压也与他的神秘体验产生了某种联系。

1974年4月，菲尔写信给劳拉：

> 我的人生依然一团糟，但是……和你通过电话聊天，是我人生中最有乐趣的事情之一……可是我欠着国税局几千块钱，所以金钱确实是问题（他们可能会没收我的财产）……我现在总是戴着十字架——我觉得是上帝（或者管他叫什么名字呢）救了我，虽然我的血压还是有点高。

七月份，他再给她写信的时候，怀着截然不同的心情：

> 我还是没能强迫波兰政府还清欠我的版税，尽管他们今年仍然打算出版我的小说《尤比克》……我也没能强迫和我合作了二十二年的经纪人提供书面保证，让王牌图书公司把他们欠我的版税结清，于是我炒了他鱿鱼……已经几个月了——快要三个月了——我一直在做同样的梦。有

一些很重要的东西，写在纸上，就在我眼前，但我分辨不出到底都写了什么。过去的一个月里，那张纸变成了一本大厚书，里面包含着洪荒万古以来全部的智慧。每天晚上我都试图阅读那本书，起码瞥见它的标题也好。随着时光流逝，它每天都比前一天显得更清晰。最终，我看到了它：一本巨大的精装书，蓝色封皮，不到七百页，字体很小，书名叫《布卢明格罗夫的阴影》。那是一本沃伦·甘梅利尔·哈定[1]的传记。

菲尔也给我的长女海蒂写信和打电话。她和她的以色列丈夫一起住在得克萨斯州的奥斯汀，他们俩都在得克萨斯大学攻读高等学位。他们聊了很长时间。这是菲尔离开雷斯岬站以来第一次和海蒂交流。菲尔告诉海蒂，他想带特莎一起来得克萨斯州看望她，但海蒂对这个提议感到有些排斥，便说她家里没有多余的地方住了。菲尔给海蒂寄了一本他的德语版小说，并用德语给她写了赠言。

菲尔还给特莎写了一封极其滑稽的信，信中描述了他在新一段婚姻中所遭遇的问题：

> 我现在正在阳光明媚的克利夫兰[2]，我刚刚在富勒顿臭虫鉴别大赛中获得了一等奖（一等奖是在克利夫兰待一个星期；二等奖是在克利夫兰待两个星期）……真的，不过这里还相当不错。高楼大厦，坑洼不平的地面，肥胖的警

---

1. 沃伦·甘梅利尔·哈定（1865—1923），曾在1921年到1923年期间担任美国第二十九任总统，因心脏病发作死于任上。
2. 美国俄亥俄州城市。

察。这里没有女人,只有俗艳的皮囊……当你所爱的人离你而去时,你就会悲痛欲绝。但是你——狠心的特莎——有着一头美丽的黑发,结实高耸的胸部——你不会理解的。你,特莎,一次又一次地伤害着我这样的男人。你的残忍、冷漠和高傲尤其令我伤痛不已,比如说,你每天都在看书,从来不洗碗。有关这件事,我后面再详细解释。

在我们分离前的最后一刻,在富勒顿国际机场停车场的三十分钟等候区,你直言不讳地问我,为什么我要去领大赛的一等奖(去克利夫兰待一周),把你丢下永远离开(是呀,去克利夫兰待一周就是"永远离开")?当时我没有勇气对你坦白,因为你离我太近了,随时可以打到我……我是在利用这个千载难逢的机会逃离你一次,不过在你看来我这就是永远离开了……你的爱已经成为枷锁,牢牢禁锢着我的脖颈,我想要挣脱。飞机快要起飞的时候,我跟跟跄跄地跑向它(我最后还是赶上飞机了,多半你也注意到了)。特莎,我之所以跟跟跄跄,是因为我在本质上和你遇见我时的样子别无二致:我是一只负伤的动物,被当代美国生活与文化中的仇恨与暴力所伤害,这些伤害源无处不在(克利夫兰除外)。我记得,在金吉尔举办的那个聚会上,是你注意到了我眼中的悲伤与哀愁(严谨一点说,是两只眼睛中的悲伤与哀愁)。你是那样聪敏,为了抚慰我的伤口,你悄悄地坐在了我的腿上,而我也足够聪敏,及时用双臂搂住了你,然后……不管怎样,我依然像是耶稣基督在回忆录中所描写的跛足野兽,在荒野上孑然独行,无法回头,全无收获,一无所有。也就是说,你温暖而坚实的胸脯和拥抱我的臂膀或许能消解我一时的痛苦(比如说，六个月），但你的抚慰也只能沦于表面……特莎，当我和你朝夕相处的时候，我的心就像一锅温热的胶水，在被你的炽烈激情所点燃的炉子上，不断地喧沸着、煎熬着……特莎，你已经一次又一次地伤害了我那颗沸腾的心……你已经失去了我……特莎，我知道你现在有多生气。但是你不可能抓到我的，因为在克利夫兰，所有人都爱我，你永远不可能在克利夫兰把我揪出来……就算你凭借靠着给化粪池工人写那堆俏皮话赚来的名气和金钱，也拿我没有办法。克利夫兰会像保护层一样围绕着我，隐匿我的行踪……特莎，我打算获得永久的克利夫兰市民身份。我感到很安全。我在阳光明媚的克利夫兰对你挥舞着充满愤怒与反抗的拳头，在这里，不管是你还是你的老鼠西摩（愿他在跑滚轮的时候突然冠状动脉阻塞），都没法抓到我。

好了，现在说说你不洗碗的事情。你不仅不洗碗，还不倒垃圾，不吸尘，不购物，不做晚饭。你什么都不做。日复一日，月复一月，你只是坐在那里喝着咖啡，过着不可理喻的、冗长的、乏味的生活，只有在我掸去你身上的积灰的时候，你才会偶尔抬头瞥我一眼。而我负责赚钱，收拾你的烂摊子，擦去灰尘，给你泡咖啡，诸如此类……

我要开始新的生活了，特莎，我没有伤害过任何人，我再也不用在午夜被某个永恒而又毛骨悚然的瞬间惊醒，然后陷入空虚之中了——那可怕的垃圾处理器。尤其是我从未伤害过你……事实上，特莎，我以我自己的方式为你付出了很多。我给你买了一个六点五美元的电动开罐器和一套四美元的可爱的裙子加上衣。我还请你在"三个提琴手"餐厅吃了好几次奶酪牛肉汉堡（总共花了我一美元六十八美分),你说那里的服务和食物的口味像往常一样糟糕,尤其是和"阿尔菲"餐厅相比。在你数次拳打脚踢的洗礼之后,我就再也不和那里漂亮的女服务员讲话了,我为你做出了很大的牺牲。我展现出了信用与忠诚,还有很多你无法理解的高尚品质。沉默的爱、温柔、奉献与恐惧组成的纽带,把我的心和你的心紧紧连接在一起。但现在一切都结束了。从恐惧开始,向后追溯到沉默的爱。我如今所拥有的只是强烈的恨意。你听得到吗?我的恨意正在相隔千里的地方向你咆哮,响彻你的耳道。特莎,这是我的恨意在与你的懒惰对话。但你实在是太懒了,甚至懒得聆听我的恨意,正如你懒得聆听我的爱一样。看,这就是沉默的爱的弊端:没有人听得到……

特莎,你是一个很好的小女孩,心里充满了爱,但是爱本身却不足以让一个生物继续活下去……不管怎样,你可能已经猜到了,我并不是真的去了克利夫兰。我正坐在咱们家的厨房里,坐在我们共享的打字机旁,假装自己在克利夫兰,给你写一些我口头上表达不出的东西(我知道"口头表达"这个词不太精准,但我总不能说"用嘴表达"吧,"用嘴"这个词总让人联想到口含式温度计,还有更糟糕的东西,所以见鬼去吧,只能这样了)……

当菲尔拜访特莎的父亲和继母家时,他不肯就座。他不愿意去参加他们的家庭假日聚会,但又让别人打包一盘食物送到他的公寓去。当特莎的继母妮塔·巴斯比——他也是在麦克内利的班上认识她的——对他说了一些他觉得不太中听的话时,他对她说:"如果你再对我说这种话,我就在我的下一部小说里用你的名字命名一条泥巴路。"在妮塔眼中，菲尔总是闷闷不乐、暴躁易怒、心浮气躁。

提姆·鲍尔斯说："1975年秋天，菲尔在家举办了一个大型聚会。那时候，他和特莎似乎已经分手了。菲尔整个晚上都在孜孜不倦地追求另一位女士，总在试图霸占她的注意力。"1974年到1975年间，菲尔告诉朋友们，特莎已经离开他三次了，她拿走了支票簿，给离婚律师预付了费用，自己还在外面租了一套公寓。但每一次，她最终都回到了他身旁。菲尔和特莎的关系还在加州州立大学的校园里掀起了一番讨论的热潮，大家想知道他们究竟是怎么一回事，以及究竟是谁扮演了"恶人"的角色。

尽管家庭和私生活方面问题不断，菲尔的职业生涯却愈发辉煌，声誉也在持续攀升。1975年末，菲尔寄给我一本《科幻研究》[1]。那是一本发表论文的学术期刊，里面有一整期的菲利普·迪克研究专题。我很受震动，也很为他高兴，就在他下一次打来电话的时候表扬了他。他对我说："你注意到了吗？那些人说我最好的作品都创作于六十年代初，而那时我们还在一起。"

1976年初，菲尔和特莎最后一次分手了，再也没有复合。1976年2月，菲尔和提姆·鲍尔斯一起坐在菲尔家的一张桌子旁，喝着提姆带来的葡萄酒。这时，特莎和她哥哥一起来了，准备搬走特莎的家具。"提姆，"菲尔喝了一口酒，说，"前妻们来搬东西的时候，千万不要想去监督。最好让她们把想要的东西都搬走，然后你再清点自己还剩下什么。"

就在此刻，特莎的哥哥走了过来，对他们说："喂，你们介意把桌子上的眼镜拿开吗？"然后他就把桌子搬走了。

根据提姆的叙述，接下来的事情是这样的：

---

1. 科幻文学研究期刊，1973年创办，由美国德堡大学出版。

菲尔那天的心情还很不错,但第二天晚上他就试图自杀。第三天下午,提姆去医院看望菲尔。他说:"当时下着瓢泼大雨……菲尔在重症监护室,坐在一张床上,头顶笼罩着各种监控屏幕……医生把手腕割伤附近的汗毛都剃光了……在他身上插满了管子,把他和一台机器连在一起。他旁边的床上有一个老太太,她苍老得不可思议,身上戴着一个会发出'哔哔'声的监控器。就在我们聊天的时候,老太太身上的机器就'哔哔'地叫了起来,于是一群医生跑了进来,把她病床四周的围帘拉上了,过了一会儿,就把她的监控器关掉了。菲尔说:'鲍尔斯,这个地方可真糟糕啊。'"

菲尔的态度倒是很平和,他详细地告诉了我究竟发生了什么事。他因为特莎带走了儿子克里斯托弗而变得极度沮丧,服下了四十九片洋地黄[1]。然后,他又服下了八片有镇定作用的利眠宁,躺在床上等待心脏自己停止跳动。等了一个小时,他发现自己还没有死成,便走到卫生间,割开了左手腕。他割伤了动脉,血一直喷到了天花板上,然而过了一会儿,血液凝固了,伤口也不再出血了……他便走进车库,发动菲亚特汽车,想靠一氧化碳中毒自杀……结果汽车又不停地熄火罢工。最后他只有放弃,进屋睡觉去了。

第二天早上,他感觉糟透了——洋地黄杀死了血液中所有的钾元素,令他虚弱至极。然而,送信员上午送来信的时候,他还有余力出门取信,还给猫喂了水。他给心理医生打了电话,因为他不想寻死了。心理医生告诉他:"这

---

[1] 一种治疗心衰的特效药。

太愚蠢了。快叫医护人员来。"他便给医护人员打了电话，他们及时赶到了他家。再多耽误一个小时，他就会被洋地黄毒死。他甚至在割腕的伤口上缠了绷带。尽管这一切听上去都很荒谬，但菲尔确实是想要自杀的。他在《瓦利斯》中详尽细致地描述了自杀的经过。

星期五，我给医院打了个电话。他们把我转接给了精神科病房，然后找各种理由推托，还问我是不是菲尔的家人……最后，他们终于让菲尔给我回电话了。菲尔听上去非常担忧，甚至充满恐惧。他说医院的人要把他永久关押起来，而他们这么做也是对的，因为他彻底疯了。我最后一次见到他的时候，他说一个医生联系了特莎，但她说自己太忙了，不能来看他。"我希望她腐烂在地狱里，足足待上十二亿年。"他对我说。

最后，在菲尔转到精神科病房之后，特莎还是来了，为他带了几件衣服。提姆则带了一本《圣经》和几罐迪恩斯威夫特牌鼻烟。二月中旬，菲尔出院了。他回到家后，发现特莎也回来了。提姆说："显然他同意她留下来了。我真的不能理解——但想来我也没必要理解。在我看来，菲尔还同意特莎留在他家是疯了。不过，她也没有待太久。"

从那时起，菲尔开始更频繁地给我打电话，大概每隔一周就要联系我一次。他没有在电话里对我提过他上次自杀的事情。他告诉我，他之前住院是因为他出现了严重的缺钾状况，危及到了生命。他还说他正在服用巴赫花精[1]——这种东西竟然真的存在！从他讲话

---

[1] 英国一位名叫巴赫的医生结合玄学发明的"药物"，从天然花卉中提取而来，据说能够疗愈心灵的创伤。

的语气中,我听得出他非常抑郁。显然,我对他说了不少他想听的话,因为每次我们结束通话的时候,他听上去都开心了很多。菲尔也在同一时间向提姆寻求了帮助与安慰,在提姆的帮助下振作起来。

1975年末,我的大女儿海蒂打电话给我,告诉我《一个废物艺术家的自白》已经出版了。她刚刚读完了整本书。"妈妈,你千万不要读,你会很伤心的。"她说。我笑着告诉她:"海蒂,菲尔写完这本书的时候我就已经读过了,那时我们两个人才刚刚结婚。"我很高兴菲尔终于出版了一部严肃文学作品——尽管我直到菲尔死后才重读这本书。在菲尔的所有作品里,我并不喜欢这本,尤其是书的整体基调。我当时对菲尔充满了盲目的爱意,完全没能看出书中对我的描述是多么负面、多么自相矛盾,直到很多年后我才后知后觉地意识到有多么过分。然而当时,我还是给菲尔打了电话祝贺他。我不禁有些心潮澎湃,便告诉他:"《一个废物艺术家的自白》让我想起了我们的过去,想起了我们在快乐中度过的日子。菲尔,我只想告诉你,我 点都不后悔。"而他则巧妙地转移了话题。

菲尔死后,当我重读恩特威斯尔出版社的《一个废物艺术家的自白》时,我看到菲尔的一封信被引用在了序言里。读到内容的时候,我十分震惊。菲尔在信中滔滔不绝地表示杰克·伊西多(那个背信弃义的小人)有多么美好,却从来都没有提及过费伊·休谟。在献词中,他写道:"写给特莎,那个在我最需要帮助的时候——也就是每时每刻——给予我关心的黑发女孩……"

10

多丽丝和琼

第十章

多年以来,肥特都抱持着幻想,觉得自己可以帮助他人。他的心理医生有一次对他说,如果想要好起来,就必须做到两件事:戒毒(他还没做到),以及停止试图帮助他人(也没做到)。

——菲利普·迪克,《瓦利斯》

菲尔的身边自然不会一直没有女性。很快,他就打电话给我,告诉我他正在照料一位身患癌症的圣公会修女。我没有相信他的话,不过我也没有当面质疑。然而,多丽丝·索特确实是给圣公会打杂的修女,也在1975年被确认患有癌症。菲尔给我打电话的时候,她已经通过化疗缓解了症状。

在洛杉矶时,我得到了一条线索,说多丽丝·索特住在尤巴城[1],担任主教牧师的助手。我们通过电话聊了很长时间,后来她还来到雷斯岬站和我共度周末。我们在维森山顶野餐,她讲述了自己和菲尔的交往细节,足足录了三盘磁带。多丽丝很年轻,身材矮小敦实,留有黑色短发。她十几岁的时候失去了母亲。她说,在成长过程中,她经历了许多磨难,但与其说这些磨难给她留下了心理创伤,不如说使她变得更加坚强成熟。她写诗歌,也写科幻小说,对心理学、哲学和天文学感兴趣。遇见菲尔的时候,她正计划着深入学习教义,成为圣公会的牧师。最终,她也确实成了另一个新教教派正式任命的牧师。

菲尔向多丽丝求婚时,他和特莎还在同居中。多丽丝拒绝了他。她告诉我:"特莎和菲尔最后一次分手时,两个人已经漠然相对,互不关心,而且那时候他们房子的租约已经到期了。菲尔搬进了一间位于圣安娜的公寓,那里地方很小,住不下特莎和克里斯托弗。我和他同居了三个星期。对菲尔来说,这又是一段浪漫的感情,但对我来说单纯只是图方便罢了。我喜欢菲尔,但我并没有爱上他。菲尔和我主要是出于健康方面的原因才同居的。菲尔担心他的心脏,而我有癫痫病史。"

---

1. 美国加利福尼亚州北部城市,位于萨特郡。

多丽丝的家庭非常传统。有一天早上八点，她的姑姑从纽约给她打了个电话，睡眼惺忪的菲尔接起了电话。后来，姑姑质问多丽丝："为什么有个男人在你的公寓里？"那件事让多丽丝很不舒服。

多丽丝说："我的家人都是这样，只有和某人结婚之后才同居。我也觉得和菲尔住在一起的时候缺乏隐私。菲尔从来不让我单独待着，他总是缠着我，想和我谈论神学话题、他最新的小说，或者各种热点新闻……片刻不休。我需要独处的时间，但这显然是不可能的。"多丽丝告诉菲尔她要搬到隔壁住。菲尔很不高兴，她就带他去看她看上的新房子的前门，距离他的前门只有五英尺远。"听着，菲尔，我和你之间的距离几乎像我们住在一起的时候一样近。我们每天都一起吃晚饭，白天也随时互相串门，行吗？"多丽丝和菲尔在并排的两间公寓里住了好几年。公寓大楼被出售给私人之后，多丽丝便不得不搬走，因为她付不起首付了。

多丽丝觉得她是在跟菲尔这个人相处，而不是和作家菲尔相处。她也小心翼翼地将自己和菲尔的关系始终保持在个人层面上，不想涉足他的创作。不过她确实读过《瓦利斯》。"《瓦利斯》中的雪莉的原型就是我，书中关于鱼的神学对话也跟现实中一模一样。我和菲尔之间有无穷无尽的神学争论。我们讨论过耶稣是否在谈话的时候使用暗号，不过没讨论出个结果。菲尔在《新约》中找到了一段话，似乎能证明他的观点，但我又提出了一些无法反驳的论据来支持我的观点。菲尔把我们的对话写进《瓦利斯》中的时候，并没有提到这些论据。"

这次与多丽丝争论之后，菲尔便加入了一个相信《新约》是用密码写成的组织。从那之后，他便开始频繁涉足各种各样的宗教组织。他就像是一个孩子，对某样东西产生了浓厚的兴趣，就一头扑进去，直到发现其中的一个漏洞，就立刻转身离去，再换下一个。

最后，在多丽丝心中，菲尔那些关于神学的讨论听上去越来越像胡言乱语了——但她只是默默听着，并没有和他争论。

她告诉我："菲尔有时会装疯卖傻，但他不过是在表演罢了。如果需要他去谈正事，他就能立刻停止废话，立即进入工作模式。有时他凌晨四点才上床睡觉。他的经纪人罗斯·加伦会在纽约时间上午九点给他打电话，也就是圣安娜时间上午六点[1]，菲尔也会应接无误。只要他想变得精明清醒，他就能立刻做到。"

在这段时间里，菲尔过着平静安稳的生活，只有每周四晚上会去提姆·鲍尔斯的公寓和几个哥儿们喝几杯。多丽丝认为，那时他已经戒掉了所有的毒品，完全没再服用安非他命了。"他顶多沾了一点大麻和可卡因而已。"特莎每周会带着克里斯托弗来拜访他一次。

菲尔是个绝对的夜猫子。他一般凌晨四点上床睡觉，中午十二点或者一点起床。他会吃两口早餐，然后去邮局和银行。多丽丝每天下午五点带着从旁边中餐馆打包回来的外卖出现在他的公寓时，他才刚刚睡醒。菲尔家里没有餐桌，他和多丽丝只能把盘子放在膝盖上，坐在客厅吃饭。饭后，菲尔和多丽丝会一起看电影，或者菲尔会工作："他每天晚上都坚持创作《注疏》或者做研究。当他写小说的时候，每天能写十八个小时，这样持续整整三周，直到耗尽所有精力。"

去过菲尔家的女人都提到过那里有多么破旧肮脏。他家里铺着一条十分丑陋的绿色粗毛地毯，看上去非常便宜，脏兮兮的。到处都是废纸和需要倒掉的垃圾。彩色电视机只能显示出绿色。家具都

---

[1]. 在美国，东海岸的纽约使用东部时间，西海岸的圣安娜使用太平洋时间，两者有三小时的时差。

是从二手商店买来的。菲尔的男性朋友们则把他的住所称为"典型的单身公寓"。

多丽丝告诉我:"菲尔不太会收拾,不过当时我也没怎么注意,因为我比他强不了多少。"菲尔在《神圣入侵》中描写了多丽丝有多么不会处理家务。《神圣入侵》中,赖比斯,上帝的母亲,住在一个装满垃圾的圆顶冰屋里。赖比斯的原形可能是多丽丝,以及菲尔后来的女友琼·辛普森。

这段时间,菲尔还养了两只猫,哈维·撞墙者和塔布斯太太。他还把哈维带到了多丽丝工作的当地圣公会教堂,让代理人为哈维祈福。有一次,公寓举行消防演习,多丽丝和菲尔各自从家里拿了一些东西,然后急匆匆地跑下了公寓楼梯。后来菲尔才发现他把猫都忘了。"他非常自责。"多丽丝说。

多丽丝回忆道:"菲尔对我很好,他给我买了一张床,还给了我一辆车。然而,每次有男性朋友来我家,菲尔都会吃醋,发脾气。可我没觉得我当时和菲尔是在交往。后来,菲尔也渐渐适应了。"

1976年秋天,多丽丝脱离了癌症缓解期,病情恶化了。多年来,菲尔第一次显得无比开心,连血压都下降了。他终于觉得自己被他人需要了。

1976年12月12日,菲尔写信给我,问我他能不能带多丽丝一起到我们家过圣诞节:"劳拉邀请我过来……但我告诉她,我家旁边住着一个得了癌症的女人,她甚至不能做手术……我一直在替她买生活用品。圣诞节要到了,但是她没有家人陪伴。劳拉建议我把她一起带过来。但我不知道这样是否合适,我想听听你的意见……"

我没有回复。又过了一个月左右,菲尔打电话给我,高兴地说:"我正在写一本自传,关于我的双重人格……我要给书起名《瓦利斯》。"《瓦利斯》是他之前在精神病院写下的《瓦利斯系统A》的全新修订版。编辑不肯收下《瓦利斯系统A》，因为写得太像自传了。

1977年一整年，多丽丝都在做化疗。她告诉我："菲尔一直在帮忙照顾我。他是那么善良，突发紧急状况的时候也应对如流。有一次我服下抗癌药物之后产生了不良反应，不得不紧急就医。而当时菲尔头脑十分冷静清醒，游刃有余地处理一切。"

与此同时，菲尔的小说在欧洲获得了巨大的成功。突然间他就暴富了：他的收入高达六位数，但是他却为这份财富感到非常不安。他似乎觉得，只要能摆脱这些钱就会感觉舒服起来，于是他就开始到处捐钱。他通过基督教儿童福利会资助了三个孩子，连续两年都给他们写信。然而，与此同时，他又深深恐惧自己会再次陷落到贫穷的深渊。

他甚至还把钱分给了我们。彼时我完全不知道菲尔赚了这么多钱，他也从未对我提及过。我们的女儿劳拉通过了高中学业水平测试，准备在高中的最后一年去读大学预科课程，但她需要往返于大学之间的交通工具。当她写信告诉菲尔这件事时，他主动提出给她寄钱买辆车。菲尔开了张支票给我，并写信说道："随信附上我给你的一千四百美元支票。我在电话里告诉劳拉，我要先核对一下我的支票簿，看看我有多少钱。如果钱够的话，我愿意再多给你一些。能给你寄钱我真的非常高兴。我希望劳拉可以用这笔钱买一辆她喜欢的车。"我们后来用这笔钱的一半买了一辆旧车，另一半则支付了首付，用来买一匹可爱的纯种母马。

1977年2月18日，菲尔写信给劳拉：

> 昨晚和你还有你妈妈通电话很愉快。像我跟你说的一样，我和我的朋友（多丽丝）现在手头有些紧张，所以我们暂时没法过来拜访你们了……现在我独自一人在公寓

里，和我的猫——哈维和塔布斯夫人——在一起，吃着速冻晚餐，看着庸俗的情景喜剧。这基本上就是我的日常生活了，除此之外，我几乎每天都会和朋友们聚一聚。我很喜欢我买的那辆七三年产的福特卡普里，不过那辆车需要修理了。你的车如何了？

　　我对这里的每个人都说过你在马术方面有多么厉害，大家都赞叹不已，他们理应如此……从这封信中，你也可以看出，我现在拥有的人生仅仅由事业、智力与创造力组成。这也是一种生活方式，只不过我会感到孤独。有一天早上，我都忘了自己是跟猫住在一起，问塔布斯夫人要不要来杯咖啡（真的）。就这样吧。

　　在那段与多丽丝比邻而居的时间里，K.W.基特和菲尔也重新取得了联系，两人成了亲密的朋友。K.W.告诉我："菲尔无法忍受孤独，他必须把日常生活营造得像是身处在大家庭中一样。多丽丝搬走后，他就邀请提姆和他同住。提姆说他喜欢自己现在的家。然后菲尔便转向我问道：'那你呢？'"

　　K.W.当时在少管所值夜班。菲尔会给他打电话，两个人有时会聊上一整夜。两个男人都刚刚离婚，因此找到了很多共同点。有时K.W.放假不用去上班，就会顺道去菲尔家和他一起听六点钟的晚间新闻，一起吃晚饭，然后畅谈直至次日凌晨四五点钟。K.W.告诉我："我们的谈话十分美妙，我真希望当时我录音了。某一个星期，菲尔会突然说'我信佛了'，然后下一个星期，他又有了别的想法，'我信道教了'。他必须要亲身体会一切，从内部去了解所有的事物。他像做实验般尝试着各种宗教信仰，正如他对待婚姻的态度一样。菲尔和我花了一整夜的时间把宇宙拆解开来，幸亏我们在其他人醒来之前又把宇宙重新组装回去了。"他注意到菲尔公寓的箱子里堆着厚厚的《注疏》手稿，而且越积越多。

菲尔告诉K.W.，特莎与琳达是他一生中最糟糕的经历。他曾经争取过克里斯托弗的监护权，但由于他有过自杀的经历，他的律师告诉他获得儿子的监护权是不可能的。菲尔还告诉K.W.，他所有的女性朋友无时无刻不在想着从他那里要到钱。

吉姆·布雷洛克和菲尔的关系也更亲近了，两个人经常一起谈天说地。有时候提姆·鲍尔斯也会加入。吉姆说：

> 相较其他任何人，我更愿意和菲尔·迪克共度时光。菲尔总能够看到事物背后的幽默……他遗憾地表示，他和许多女人结过婚，却无法维持任何一段婚姻。尽管如此，他依然告诉我和提姆，他很专情，坚决拥护一夫一妻……他对自己的母亲颇有微词……不管他有多少朋友，我始终觉得他是个孤独的人。他愿意为朋友两肋插刀。他的健康问题很严重，他也意识到，六十年代和七十年代初的放纵已经让他毁掉了自己的身体。他会服用很多处方药。
>
> 我们从灵魂聊到时事。菲尔会试着从各种各样的角度去思考问题。他绝对有能力说服世界上的任何人去相信任何事。有一天晚上，他让鲍尔斯和我都相信地心引力真的在减弱。还有一次，他告诉我们他掌握了一些流传两千年之久的古老信息，历史上很多名人得知这些信息后都莫名其妙地消失了。他还说，当我们三个人深夜坐在圣安娜的小公寓楼里时，其实距离死亡只差毫厘，克格勃就潜伏在外面。当他说"你想知道这信息是什么吗？"的时候，提姆一跃而起，大喊："不，千万别，别告诉我们！"菲尔是

在开玩笑吗?他说的话是真的吗?他疯了吗?还是三者兼而有之?

琼

琼·辛普森活泼聪慧,和她相处非常愉快。有时候她来雷斯岬站拜访我,有时候我则去她自己设计的位于索诺玛县的新家找她。她对我的项目充满热情,也给了我很多帮助。我以为我们能成为朋友——以为我们已经是朋友了——但是突然有一天,她又疏远我了。我不知道为什么。大概当时菲尔也有一模一样的感受吧。很多年过去了,最近我们开始互发电子邮件,在约一起吃午饭的事,但是她生了病,因此我觉得她不太可能来赴约了。

在菲尔与多丽丝·索特仍保持那段感情时,菲尔和琼·辛普森谈了他此生最后一场认真的恋爱,他称之为"绝唱"。琼身材娇小,长得很漂亮,留着一头深褐色的头发。她三十多岁,正在纳帕州立医院做精神治疗社工。1977年,她遇见菲尔的时候,她正在索诺玛州立医院维护智力障碍病人的权益。

琼上大学的时候就读过菲尔的小说。她很喜欢《一个废物艺术家的自白》。她告诉我:"那本书令我神魂颠倒。然后我又读了《尤比克》。我找到了菲利普·迪克的全部作品。他出版的每一部小说我都读了两三遍。我认为他是全美所有作家里面最接近天才的人。他不仅开拓了你的思维,还让你感受到阅读的满足。他是哲学家也是诗人,太伟大了。"

1977年春末,琼的旧情人、同为科幻小说作家的雷伊·托伦斯问她:"在这个世界上,你最想见到的人是谁?是摇滚乐经纪人比尔·格雷厄姆[1],还是菲利普·迪克?"

"菲利普·迪克。"她回答道。雷伊便告诉她:"我要实现你的梦想。"他便写信给菲尔,对他说了琼的事,并把琼的电话号码给了他。大约一个星期后,琼就接到了一个电话,话筒另一端的人说:"你好,琼,我是菲利普·迪克。"

琼以为是恶作剧,语带讥讽地回答道:"是嘛,你当然是了。"

但那确实是货真价实的菲利普·迪克本人。他邀请她去圣安娜拜访他。两周后,她趁着假期有空,便开着她那辆本田思域去了圣安娜。

琼走近了菲尔家,那是一座巨大的公寓楼,外墙涂着白色的灰泥,铸铁大门紧锁。她立刻想到了《高堡奇人》和《火星时间穿越》。她心驰神往,感觉自己仿佛正置身于菲利普·迪克的小说之中。

她按响了门铃。她走上楼梯时,看到有个男人从栏杆后面探出头来,他有一张满是胡须的脸。"你好。"他说,然后就消失了。琼继续向那扇敞开的房门前进。她看见一个留着大胡子的男人,有一点啤酒肚,像公牛一样结实,像个小孩一样用单腿跳来跳去,不断换脚。

"你可真是个尤物,尤物啊。进屋,快进屋,"他一边说着,一边抓住了她的手腕,"我得给基特打个电话。"他立刻给基特打了个电话:"她是个尤物。"

琼听了这样的话感觉很是受用,却又觉得这种行为对于一个成

---

1. 比尔·格雷厄姆(1931—1991),德国-美国著名摇滚乐推广者,摇滚音乐会的开山鼻祖。

年男子来说实在是太幼稚了，就像个青春期少年似的。他们坐下来聊天。起初她很紧张，但菲尔谦逊的态度很快就使她放松下来。菲尔邀请琼在他公寓的空卧室里住下来。琼便接受了他的邀请，足足住了三个星期。她替住在隔壁公寓的多丽丝打了一些化疗针。她还遇见了偶尔带克里斯托弗过来拜访的特莎。菲尔就像孩子一样和克里斯托弗在地板上玩耍。琼发现特莎对菲尔很是宠溺，经常开他的玩笑。她还结识了菲尔的朋友们，一群可爱的年轻人，他们都很喜欢她。她是所有人里最年长的。菲尔所有的朋友都告诉她，她的出现是菲尔生命中最幸运的一件事。

"菲尔和我一直畅谈，"琼告诉我，"我们聊到人生、想法、小说、写作、《注疏》、嗑药、南希、安妮、克丽奥，什么都聊。他对我坦率至极。他把自己的全部过去都对我讲了，还有他的作品——有些反派的原型是安妮，有些反派的原型则是南希。他在书里写到的内容都是真实存在的。"

菲尔对琼十分慷慨。"我会搞定一切的，"他说，"我们结婚吧。"

但琼拒绝了：

> 我们聊天、拥抱，偶尔亲吻，但大部分时间我似乎都像他的母亲一样。菲尔是如此犹豫不决、充满试探，就好像我必须要在他面前跳七重纱舞[1]似的。我要怎么才能引起他的性致呢？虽然他也会拥抱我，但更像孩子那样，不带任何欲望。似乎他从未把自己看作是具有性意识的存在。

在那个时候，菲尔已经真真切切地和人生中的许多事

---

1. 源自《圣经》中犹太公主莎乐美的典故：以色列希律王的女儿莎乐美以一场七重纱舞，求得了拒绝自己求爱的施洗者约翰的首级，并给予亲吻。

情告别了——他已经放弃了正常的生活。他极度聪明、才华横溢——但如果我是在纳帕州立医院遇见这样一个人，我也会觉得非常合情合理。他疯狂、偏执、极其多疑，害怕别人接近他。走出公寓和理财这两件事对他而言都困难至极。他的生活主要靠银行和经纪人打理。特莎和多丽丝都告诉他"不要吃太多药"，然后替他去超市购物。我觉得他已经被损毁了——他已经放弃了生活中那些令他感到太过困难的事情。他也出现了生理问题。他会突然兴奋，连续三个小时都在跑来跑去，直到身心俱疲，然后倒下睡去。有时，他会表现出近乎紧张症的症状，然后说："我得了流感。"

他不再继续服用娱乐性毒品了，但他还是有很多处方药，好几名医生在轮流给他开药。到如今，出于安全考虑，他所有的药都已经变成了处方药。他有积蓄，花得起钱让别人在法律、经济、心理等方面来照顾他。他只是待在家里，摸一摸猫，和我聊天，在唱片机上放音乐。

在琼看来，菲尔从来就没有健康过。

琼的假期结束了，她不得不回家去。她邀请菲尔去她家。他真的去了，这让她很是震惊，因为在圣安娜的时候，菲尔就连把车开出车库、去超市买东西都很困难。"好了，我该去北边待一阵子了。"他说着就坐上了琼的本田车。他们在索诺玛住了两个星期之后，他对琼说，他想去雷斯岬站看看安妮、劳拉和简妮。尽管他告诉琼，他很害怕安妮，因为她利用他、虐待他，把他像仆人一样使唤。

琼和菲尔在一个愉快的夏日午后来到了雷斯岬站。尽管我已经七年没有见过菲尔了，这次拜访对我而言依然没有什么意义。我一直不喜欢听菲尔谈论他的女朋友们，更不用说亲自见到他的新女友了。但是出于礼貌，我还是给他们俩都倒了茶。我还以为琼是菲尔那个得了癌症的圣公会修女朋友。当时，劳拉、简妮和我正在准备带着马术队参加全国比赛（后来我们赢得了全美 B 类运动队锦标赛冠军），我所有的精力都扑在即将到来的比赛上面。

劳拉如今已是十七岁的美少女了，一头金白色的秀发。她向菲尔演示了骑马跳过汽车的技术，还把她的马牵过来给他看。菲尔惊呆了。他原以为他还会看到一个小孩子——他上次见到她时她才刚满十岁——而不是一个长大的女性。

琼说，菲尔来拜访我的那天感到忧心忡忡，但是见过我之后，他觉得仿佛卸下了一副重担："安妮，你在他心中留下的可怕印象已经消失了。"但是菲尔又告诉琼，他非常失望，因为他并没有找到记忆中的那个我——年轻、纤瘦、一头金发，抚养着几个小女孩。据他说，安妮并没有像他印象中那样"情绪外露"。可是琼又告诉我："他来拜访你之后，似乎终于获得了某种内心上的平静。"

然后他告诉琼，在我几个年长的女儿之间，他最爱的是简妮。他应该娶简妮才对，而不是海蒂。1983 年，当琼把这些话复述给我的时候，我们简直哭笑不得。我们一致同意菲尔说的都是疯言疯语。

菲尔还告诉琼，他太害怕南希了，因此不敢去见她——而南希是我这辈子见过的最柔弱、最没有攻击性的人。

菲尔在索诺玛住了几个星期之后，他就让琼和他一起搬回圣安娜，因此琼决定辞职。他们回到圣安娜后，便准备开始经营一段长期感情。"我们决定一起在索诺玛定居。七月份，我们找到了一间公寓，菲尔买了家具，我们共同分担洗衣机和烘干机的费用。"

1977年9月，菲尔应邀到法国梅斯[1]参加国际科幻节。他将作为荣誉嘉宾登场，发表主题演讲，并领取凭借《暗黑扫描仪》获得的科幻节大奖（格劳利金奖[2]）。他邀请琼和他一起去法国。菲尔的作品在法国一向倍受追捧，他很高兴能够亲自去看一看。当他到达梅斯的时候，他发现每家书店都在卖他的精装小说，他的一些法国粉丝甚至提名他为诺贝尔文学奖候选人。

　　但是对于琼来说——"那次旅行太可怕了。我主要都在照顾菲尔，给他洗内衣，哄他吃饭睡觉，一次次安抚他，'别担心，菲尔，我就在这里，我会保护你不受宇宙黑暗力量的侵害。'菲尔能够鼓起勇气去法国，真的很了不起。"

　　在梅斯期间，琼断断续续病了两个星期，偶尔卧床不起，但她在流感发作的间隙里也抽空和菲尔出去玩儿。菲尔却告诉大家琼精神崩溃了，所以才不肯下床。他说她犹豫不决，不愿外出，因为理发师把她的发型剪坏了。他回到圣安娜之后，也继续对朋友们讲述这个故事。直到今天，菲尔在南加州的朋友们都认为琼那次去法国的时候确实精神崩溃了。

　　"从法国回来之后，"琼告诉我，"我们的关系就已经开始四分五裂。我已经做好了准备，要离开他回到索诺玛去。实际上，我当时对菲尔说：'索诺玛的房子已经打理好了，你搬过来吧。'菲尔就会说：'我明天就去，我下周就去。'我已经对他说得很清楚了，我需要继续过我自己的生活，不能总是为了他往圣安娜跑。但是他不愿意搬来索诺玛，我又不愿意搬去圣安娜。他与我交往之前、之中和之后，还一直跟患癌的多丽丝保持着关系。"

---

1. 法国东北部城市。
2. 法国科幻文学大奖，每年在梅斯颁奖。

菲尔告诉他所有的朋友，琼在他为她买了家具之后就把他甩了；在她邀请他同居的时候，还同时和另一个男人纠缠不清。就这样，菲尔的每一个朋友都知道了琼忘恩负义、让菲尔出钱给她买炉子和冰箱的事情。菲尔还告诉提姆，琼让他住在一个没有窗户的房间里，让他多付了很多钱，而且他们分手的时候，还不让他拿走高保真音响。他觉得琼让他感到窒息，而且两个人在房子的内部装潢上有很大的分歧。

琼的看法则截然不同："我需要同时负担自己的生活和菲尔的生活。如果我再年轻一点、愚蠢一点，说不定我就会全身心地投入进去。我喜欢菲尔，但我并没有爱上他。我把他看作一个像爱因斯坦一样的人，沉浸在才华与荣耀之中，却连鞋带都不会自己系。我虽然崇拜他的才华，却不想事无巨细地照顾他的生活。"

琼反思道：

> 他得到了启示，内心找到了美好的平静，精神也得到了升华，但在那之后，上帝并没有重返他身边。他一直希望同样的经历能够再出现一次。多丽丝逐渐康复，特莎要去上学了，菲尔也没有再写作，他身边不再有人帮助他好起来。所有人都在放任他死去。他本来可以活得更久，但是没有人能承担起留在他身边的重任。

> 恐惧深深扎根在他的心里，可能从他婴儿时期，他那个双胞胎妹妹死去的时候，那份恐惧就已经存在了，从而又衍生出了无数条其他枝蔓，比如对于人群的恐惧、对于生病的恐惧和对于穷困的恐惧。他所做的无数件事情，都在诉说着同一个需求："我没有能力照顾好自己，你必须照顾我，但你又不能让我觉得你是在照顾我，而且你做的

每一件事情都必须完全按照我的意愿去做。"他把所有的问题都归咎于当时出现在他身边的女人,而那个女人是谁根本不重要。他感到脆弱无助,必须依赖他人,然而同时,他又极其强大,具有毁灭性。

当他状态好的时候,他非常出色。他幽默、聪明、才华横溢、心地善良;他可亲、优秀、充满动力、时常感到愧疚,善于关心他人,但是后来,他已经彻底无可救药了。他极富吸引力和个人魅力,更是语言的大师。生活在这个疯狂的世界上,他已然尽他所能,全力以赴地战斗过了。他身上存在着一种魔鬼般的力量,控制着他的思想和行为。在挣扎了整整五十年之后,这股力量终于赢了。光的力量陷入困境。然而,如果你开口问菲尔,"你属于哪一方?"他定会回答说:"光,光,光。"

他就像孩子一样天真。他牺牲了自己。他在黑暗力量面前屈服了。如今不用再继续抗争下去,他感觉好多了。这本身也是一种胜利。他用尽生命说出了这句话:"我就在这里,爱我,爱我,爱我……我不知道还能做什么才好。因为我们与生俱来就拥有的黑暗面,总有一天会把我们吞噬。我们做了什么坏事吗?没有。那么为什么黑暗力量会控制我们?……黑暗力量就是这样,正因为你无辜而善良,才会被它控制和伤害。"

我可以爱他、尊重他,全心全意仰慕他,也尽我所能帮助他,但如果这意味着我要放弃自己的生活,我不愿意。

琼认识的菲尔与我认识的菲尔大相径庭。在他最后的时日里,我确实感觉他陷入了绝望,但同时我也不禁揣测,菲尔在琼——一个索诺玛州立医院严重智力障碍病患监察员——面前扮演的那个无助角色,是否全部属实?

11
科幻作家之死
第十一章

勇气并非美德
如果它让某个受惊的生灵
堕落了一千年
在下坠的时候依然思索
他究竟做错了什么
错在哪里
……
然而即使他还活着,也无法再回头了

——菲利普·迪克,写给安妮·迪克的信中的诗歌,1977 年

令人惊讶的是，为了最后一次尝试和琼重归于好，菲尔竟然把车从车库里开出来，独自从圣安娜驱车前往索诺玛去找琼。

雷斯岬站某个阳光明媚的下午，我的电话响了。我接起电话，听到菲尔的声音说："我正好开车路过，如果方便的话，我能不能顺便过来看看你？"

就好像已经习惯了这种事情一样，我回答道："没问题，来吧。"幸运的是，劳拉刚好放学回家了。菲尔把车开上了车道，我便走出去迎接他，想和他打个招呼，让他放松一些。自从1971年他带着希拉来我家那次以后，我就没有再见过他了[1]。菲尔的胡子修剪得很整齐，发型也打理得清清爽爽。比起我记忆中的样子，他如今略有发福，但总体看上去状态不错，很有魅力。他穿着质地精良的格子羊毛夹克，内搭一件漂亮的法兰绒衬衫，穿着牛仔裤，脚踩一双新鞋。

我们并肩向着家的方向走去，我开始讲话，菲尔也开始讲话。我们还在一起的时候经常经历的那种美妙而流畅的对话又重现了。我们坐在露台上继续聊天。我以为菲尔是来看望劳拉的，但他的精力全都集中在我身上。我们不断地交谈着，仿佛我们曾经的谈话从未结束过，仿佛中间那十四年的时光统统都不存在，往日的矛盾和阴霾也荡然无存。就好像我们一直都是这样亲密无间。

那天下午和晚上，我们"立刻找回了家人般的感受"。之后，菲尔对他的朋友克里斯汀说，他考虑搬回雷斯岬站居住。

过了一会儿，我们去雷斯岬站"市中心"看望简妮、她的丈夫和她的双胞胎儿子。简妮住在一栋白色木框架小屋里，屋子很像菲尔刚刚搬来雷斯岬站时所住的地方。菲尔给她带了一束花。当

---

1. 此处描述与前一章有出入，前文曾提到在1977年菲尔曾和琼一起前往雷斯岬站，可能是作者记忆有偏差。——编者注

他见到简妮的双胞胎儿子——克里斯托弗和艾伦——的时候，有那么一刻，他脸上闪现了某种我读不懂的情绪，他整张脸庞都扭曲起来，几乎像在生气。然后，菲尔、我和劳拉一起去了皇宫集市，就像很多年前一家人住在一起时那样，买了做晚餐用的食材。回家之后，我们收拾了买回来的东西，然后所有人都在厨房里一起做饭聊天。菲尔摆了桌子，开了一瓶酒。我们坐下来吃了一顿非常美好的晚餐，一直交流不断。之后，劳拉又和菲尔一起烤了柠檬蛋白酥皮派。九点钟的时候，菲尔说他必须要离开了。直到我把他送到车上为止，我们还在聊天。这次聚会非常愉快。我心想："大家都这么开心，我之后应该也能更频繁地见到菲尔吧？谁知道呢……"

那是我最后一次见到他。

再见了，菲尔。

11月，菲尔给克里斯汀·尼尔森打了电话，说他要去北加州参加圣罗莎科幻大会。他想和尼尔森夫妇住在一起。菲尔对克里斯汀说，他在雷斯岬站还有些未完成的事情要去做。"安妮，当时我想，"她对我说，"我揣摩他话里话外的意思，还以为他可能要和你复合了。"

过了一段时间，菲尔又打来电话，告诉克里斯汀他的儿子耳道感染，因此他不能前来参会了。

1977年12月24日，他给我和劳拉写了一封信：

> 我在信里附上了我最近创作的一首诗。上一次去索诺玛的时候，我让一个朋友帮我喂猫，他给我打电话说哈维——那只有一半暹罗血统的黑色大公猫——不小心翻过

了我三楼公寓露台的栏杆，摔了下去，一般情况下肯定已经摔死了。我五天后才返回圣安娜。当我开到地下停车场的时候，我听见哈维在叫我。它不仅活了下来，还聪明到知道要去地下停车场等我回家。它坚信我一定会回来的信念深深打动了我，因此我写了这首诗。

关于那只摔下三层楼却依旧生还的猫

勇气并非美德
如果它让某个受惊的生灵
堕落了一千年
在下坠的时候依然思索
它究竟做错了什么
错在哪里
小小的身体在风中滑行
蜘蛛会牵着蛛丝远航
而猫（据说）会根据潮汐调整自己
然而人类和他们的同类只会像铁一样坠落：
粉碎，粉碎，震惊，继续粉碎
上帝眷恋的程度似乎与大小成反比
然而即使他还活着，也无法再回头了
但是他最终找到了它，蜷缩在黑暗的地下室里
被汽车和呻吟的声音吓坏了

> 一天，又一天，时间流逝
> 不断延续：小小的心灵装满了无限的时间
> 却致力于铭记安全的感觉：
> 曾经还有容身之地，吃穿不愁
> 曾经还有人类朋友，还有和平
> 如今一切都四分五裂，唯余怒吼咆哮
> 以及深知万物生灵都终将灭亡

几年前，我第一次读到这封信的时候，还以为菲尔又在耍一些自艾自怜的伎俩，想博取我的同情，把我再度拉回到他的世界之中。而我根据过往的经验判断，一旦我重新接近他、信任他，他就又会毫不犹豫地抽身而去，留我孤立无援。他的诗写得很好，但是全篇透露出的那种自怜自悯却令我有些抵触。或许他只是在描述他的猫吧。怜悯这种感情本身就是带有侮辱性质的。自怜还要更糟糕。我的几个哥哥都教导我要硬气一点。我以为菲尔本来也可以硬气一点的。但这里最主要的问题是，菲尔并没有对我坦白他过去几年都经历了什么。自从他离开我以后，我对他的生活就不甚了解了，他也没有给我提供任何可以解读这首诗真正含义的背景信息，我无从知晓那时他已经受了很久、很久的苦。

如今再读这首诗，我只会感到深深的悲伤——我终于读懂了他的意思，在他死去二十七年之后。

当菲尔在 1977 年 12 月 28 日给劳拉写下第二封信的时候，她已经不在家里住了，无法继续和我一起分享信件：

> 听到你说我的来信让你开心，我很欣慰。我之所以一直没有给你写信，是因为我不想影响你的情绪，害得你不

开心。如果我把我人生中发生的一切都如实告诉你……我就必须承认我过得一点都不好……我认为孤独才是最糟糕的，没有什么比它更糟糕。现在失去了琼，我便面临着孤独。不过，我最好的朋友——他也是一位科幻作家——再过几天就要搬进我住的公寓楼了。我们经常在一起闲聊。我们对希腊——罗马——凯尔特时期的许多宗教信仰开展了一次长期研究。这份研究是为我写作中的长篇小说《瓦利斯》而做的，我们有了很多鲜为人知的新发现，甚至连很多学者都不知道。事实上，我们正在逐渐勾勒出一个宏大的、被埋葬的、受尽压迫的宗教的轮廓……

另一封写给劳拉的信于同一天送到：

劳拉，我真的很孤单。我一边想要和你取得联系，同时又不想把我的烦恼都堆到你身上，成为你的累赘。圣诞节不适合一个人待着，并把速冻墨西哥食品当作晚餐。不过，我很庆幸我的黑猫哈维回来了。自从它坠楼开始，它就显得深沉多了，总是时不时陷入沉思……估计它学会了很重要的一课。不知道它如今的宇宙观变成了什么样。

与此同时，菲尔完成了《瓦利斯》——他说这本书是他为两个人格写的自传。爱玛士·肥特，菲尔的人格之一，也去了一趟索诺玛。在他（他们）回到圣安娜之后，一种历史上未记载过的神秘力量治愈了由格洛莉亚自杀所引起的心理分裂，让两种人格分别得到了治愈，重新合二为一。肥特／菲尔不再为自己没能阻止格洛莉亚之死而感到内疚，但是肥特／菲尔现在也同时意识到，不管他有多么渴望能让格洛莉亚重返这个世界,他都做不到了。南希读到这本书的时候感到很困惑,她无法理解菲尔为什么会对格洛莉娅自杀一事感到如此强烈的内疚——据她所说,格洛莉亚是一个几乎与他们素不相识的年轻女人。

1978年1月3日,菲尔给劳拉写了一封信:

> 这里终于下雨了。像往常一样,我坐在那里,为创作新小说做研究。我们现在已经开始研究苏联的微波加速技术了,所谓的"精神电子"信号,其实应该称之为心电感应信号才对。这些精神电子信号经过放大,再由俄罗斯人发射到卫星上,通过卫星发送到各个美国城市,从而扰乱收音机和电视信号(通常都是深夜时分,那时候美国广播电台和电视台都关闭了电源)。由此,苏联人就能够通过我们看到或者听到的东西,读取许多潜意识中的信息(它们以微秒为间隔发射,人类大脑只有右半球才能接受,左半球做不到)。国际法律并没有禁止这种行为(《洛杉矶时报》上刊登了一篇文章,说的就是这件事)。我们可能也在用一模一样的手段对付苏联,不过在超感知觉方面,美国还是远远落后于他们。苏联人认为心灵感应可以连通遥远的卫星和宇宙飞船,因为心灵感应信号不像无线电信号那样存在时间滞后。他们在苏联做了不少我们毫无了解的激进实验,比如说,在西伯利亚有一个由克格勃(苏联秘密警察)管理的实验室,即便是苏联科学家也不能随便进入。似乎没有人知道那个实验室究竟是做什么的,只有一个从中逃出来的人说,那里的人在实验如何用心灵感应控制别人的思想,而且实验已经成功了。这一切都很可怕,

但是又很有趣。

这年一月,菲尔再度和克里斯汀·尼尔森提起他正考虑搬回雷斯岬站。他想要爱一个人,也想要有人能够爱他,而劳拉现在是他的希望。同一个月,他给她写信的时候,提到了要搬到索诺玛的事情:"对我来说,有一个很重要的问题,那就是你是否会在接下来的几年里搬到旧金山湾区。我正在认真考虑夺回我和琼在索诺玛一起租的房子——她现在就住在那里。假设,让她搬走,换我住进来,这样我就可以时不时地和你碰面了——如果你还住在湾区的话。这只是一个想法罢了。用我们这里的话说,'这是个计划'。"

1978 年春,劳拉申请了斯坦福大学。我对她说:"斯坦福是几乎不可能考上的。而且就算你被录取了,这所学校也太贵了,你要去哪里弄到上学的钱?"

她告诉我:"我就是要去。"结果她真的被录取了,还赢得了好几项奖学金。菲尔欣喜若狂(我也一样)。他在电话里告诉我们,他会寄钱来帮助她支付学费、买新衣服,再买一个高保真音响。

这次对话结束之后不久,我就发现我的办公室经理——一个被我视如己出的年轻女子——从我的珠宝生意里挪用了两万美元,不仅让我失去了本钱,还让我欠下了一笔可怕的薪工税债务,诸如此类。我无法和马术队一起去欧洲参加在瑞士圣莫里茨[1]举行的国际马术比赛了。我只能待在家里,向法院提起起诉,希望能追回那笔钱(最后钱追回来了)。当我对菲尔说起这件事时,他很同情我。他说:"也许我应该把我准备给劳拉读大学用的钱寄给你。"我向他表示了

---

1. 瑞士著名的度假城镇,曾两度举办冬奥会。

谢意，但我没有把本该给劳拉读大学用的费用挪为己用。马术队的欧洲之行非常顺利，在每个项目上都取得了优异的成绩。

同一年，又过了几个月，劳拉邀请菲尔到雷斯岬站来参加她的高中毕业典礼。我给菲尔打电话的时候，也力邀他一起来，还告诉他，他可以住在我家的客房里。他非常震惊。他说："你的意思是你会允许我住在你家？"我们以为他这次真的可以成行，结果在最后一刻，他还是给劳拉写了一封冗长悲伤的信，说他来不了了——他的人生里除了写作之外，什么都没有。

菲尔的母亲那一年病得很重，菲尔便和她通了不少电话，每次都讲很长时间的话。菲尔的继妹琳说："菲尔很关心妈妈的病情。"他们解决了多年来一直存在于两人之间的诸多龃龉。夏末，多萝茜去世了。很巧的是，她去世前一天晚上，还刚刚和我通过电话。她准备动手术，据说可以缓解她的病情，但是手术风险很大。她告诉我，她无所畏惧。菲尔还和他的第二任妻子克丽奥保持着联系，也对她说起了多萝茜之死。

当菲尔和我讲话时，他似乎一点也不伤心。但是令克丽奥愤怒的是，菲尔一生都和母亲的关系如此糟糕，母亲死后却又表现得"悲痛欲绝"。在我看来，多萝茜去世后，菲尔的生活似乎有了转机。他显得自由、快乐很多。

菲尔精擅角色扮演，几乎能在不同场合下随时转换不同的身份与人格，令人叹为观止。克丽奥和我都注意到，当菲尔接受诸如《涡流》[1]《纽约客》和《滚石》这些不同刊物的采访时，他会根据每一位采访者的风格量身定制自己的角色。

---

1. 一本美国科幻杂志。

菲尔性格多变，也毫不吝惜自己的赞扬乃至创意。在与年轻科幻作家丹尼尔·吉尔伯特的通信中，他盛赞丹尼尔的刻苦努力，并免费送给他一部分稿件，用来补充一个故事。1978年9月，他写道："亲爱的丹尼尔……我很喜欢你寄给我的《一个捣蛋鬼的自白》的七页试阅。我允许你在故事中用我的名字命名人物……随信附上两页草稿，是我附加在你故事后面的内容，你可以免费随意使用，全都用上也行，只用部分也行……是我送给你的礼物。"

菲尔给丹尼尔写的小说片段如下：

在公共汽车最后一排，坐着一个衣衫破旧的老酒鬼，他佝偻着身子，手里拿着一个裹在棕色纸袋里的酒瓶。他似乎正在盯着我看——目光忧郁、无精打采——而我也情不自禁地和他对上了眼神。

"你不认识我了吗？"老酒鬼突然开口说道。"不认识。"我回答，希望他那有限的注意力能从我身上转开。然而，那个老酒鬼却摇摇晃晃地站了起来，跟跄着走到我身边，一屁股坐在我旁边的椅子上。"我是菲尔·迪克啊，"他嗓音嘶哑，"我已经走到了生命的尽头。我变了，是不是？"他发出笑声，脸上却毫无笑意。

"一位文学巨匠，最后就是这样的下场？"我震惊地说，内心涌出了悲伤与不安。"我的人生就是无休止的失败。"菲尔说。我现在能认出来了，在我面前的确实正是菲尔·迪克。我认出了他的双眼，它们浸透悲伤，却依然充满骄傲，那双眼睛属于一个历经苦难却从未向苦难折腰的人。"一场又一场鸡飞蛋打的婚姻……钱都没了……孩子和朋友都抛弃了我……我想获得稳定家庭的希望再一次破灭了。"他偷偷举起瓶子灌了一大口酒,我注意到那是瑞波酒[1]。"我可能是个成功的作家,"他继续说道,"但那又有什么意义呢?年复一年,我独自一人住在租来的房间里,交钱给国税局,支付没完没了的子女抚养费,又徒劳地等待着真命天女出现——而当她最终出现时,她只会嘲笑我。"他的眼眶里充满泪水。"成为科幻小说巨匠毫无意义,"他生硬地说,"正如歌德所说:和妻儿一起坐在火堆旁的农夫要比最伟大的哲学家更幸福。"

我们身后传来尖锐的笑声。"我很好。"针一样的嗓音穿透了空气。我转过身,发现来人是哈兰·埃里森[2],穿着时髦的西装,一脸优越与满足。"菲尔,你真是够倒霉的,但不得不说我们最终都得到了自己应得的。宇宙运行是有逻辑的。"

"行吧,哈兰,"菲尔喃喃地说,攥紧了酒瓶,"你走开吧。"

"你可能流落到了臭水沟里,"哈兰毫不掩饰地继续说了下去,"但我却在谢尔曼奥克斯[3]有一栋大房子,我还有个图书馆,里面有我的几千本——"

"我认识你的时候你还是个呆头呆脑的科幻迷,"菲尔插嘴道,"1954年,我还给你办的粉丝杂志写了篇故事。"

---

1. 一种二十世纪六十年代在美国流行的汽水酒。
2. 哈兰·埃里森(1934—2018),美国科幻作家,曾获得十次雨果奖和四次星云奖。
3. 美国洛杉矶郊区富人区。

"你那篇稿子写得烂极了。"哈兰笑道。

菲尔迟疑着,小声说:"但是你说过,你喜欢那篇小说。"

"我喜欢的是主角的名字,"哈兰纠正他,"沃尔多。我清清楚楚记得我当时接到你的稿子时说过的话。我说:'我总是仰慕名叫沃尔多的人。'然后我把故事扔了。"

菲尔垂头丧气,一句话都没有再说了。公共汽车继续前进。我仔细观察着哈兰·埃里森幸灾乐祸的脸和我身边男人落寞的身影。我不知道这究竟是因为什么、为了什么。他们两个人中,我究竟同情谁多一点?是洋洋得意的残忍和胜利,还是令人怜悯的绝望?

菲尔继续在给丹尼尔的信中写道:

同时,因为我赚的钱太多了,我正在经历一场重度抑郁。我周围现实世界的衰退也映衬着这一点。(1)冰箱一直发出奇怪的声音。(2)我的电视机有波段干扰。(3)我的汽车尾部漏油了。看到了吗?《尤比克》再临。可是我那个罹患癌症的女朋友已经被医生宣布正式治愈了。我想这样也不错(可是老天爷啊,我真的好抑郁)。

在之后给丹尼尔的信中,菲尔写道:

你的起点很高,真的。你写的两个故事充满了勃勃生机,活力四射,智慧满满,故事的结尾尤其精彩。我能预见你的事业将来一定会腾飞。你是对的,这就像《沃昂》(菲尔卖出的第一部短篇小说)发表的时候……我也感受到了。我和你一样兴奋（或许我这份心情有点过了，因为这些故事毕竟是你写的，不是我写的。但无论如何，我还是为你感到深深的自豪，而且我在你的小说里读到了鲜活的创作力，在我看来就好像时间突然倒退到了1952年一样。）

1979年初，劳拉就读于斯坦福大学的时候，她自己去看望过菲尔一次。菲尔看到长大成人的漂亮女儿专程来看他，高兴得快疯了。他带她出去吃饭，给她买衣服，还给她零花钱。第一次拜访过菲尔之后，劳拉又去了圣安娜好几次。

1979年2月19日，劳拉第一次去过菲尔家之后，他立刻给她写信：

> 一般来说，我倾向于从写作的角度来考虑我是成功还是失败，但是今晚我意识到，有你这样的女儿，能够和你如此亲近——过去这段时间，我真的觉得和你的感情亲近了很多——对我来说意义要更加重大。

1979年3月12日，他又给她写信说道：

> 知道吗？你的来访对我产生了奇怪的影响。我进入了一种特殊的状态，我的情绪非常特别，像是绝对喜悦与绝对痛苦的混合体。我很容易理解那份喜悦，却不懂为何还会感到痛苦。最后我想明白了，我之所以痛苦，只是因为我太想你了。这样就容易理解了。无论如何，喜悦在痛苦面前都是胜利的一方。

我们要保持联系。我打算做出重大的人生改变。我感到新生的潮汐和波浪在我身体里流动，感到新鲜的清风，代表着我从未经历过的事物、从未去过的地方，崭新的开始，过去生活的结束。就好像我身体里变成化石的那一部分已经消亡了，也应该消亡，正如我那盆翡翠木一样，我也开始长出新芽。我的天。这感觉就像初临人世一样痛苦，但又同时美妙至极。我觉得我可以去到任何地方，做成任何事情。

然而，到了 1979 年 4 月 2 日，他的情绪又变了：

我今天早上醒来——彻底吓坏了——我猜这估计是三里岛[1]的核反应堆在作祟，因为我一直熬夜到凌晨四点，为的是在摇滚电台上听到最后的新闻。可是我太困了，根本不知道他们在说什么。今天早上我本以为反应堆堆芯正在熔毁，但新闻里却传来了好消息，因此我猜熔毁只是发生在我自己的脑子里罢了。你说得对。我真惊讶，居然没有什么人在为这件事感到不安。他们只是不理解罢了。我记得，1941 年 12 月 7 日，当我还是个孩子的时候，在收音机里听到了日本轰炸珍珠港的新闻。我打电话给我的母亲，想赶紧把消息告诉她。"我们正在和德国、意大利和日本开战！"我大喊。而她平静地回答："不，菲尔，我不这么觉得。"然后她就继续做园艺去了。那时我十二岁，却比成年人都更加关心时事。我母亲一点反应都没有——那件

---

1. 位于宾夕法尼亚州。1979 年 3 月 28 日此处发生了美国历史上最严重的核事故。

事给我留下了极为深刻的印象。你仔细想想的话，她不管是在智力上还是在情感上，都是失败的。

或许正因如此，我才和比我年轻得多的人相处得那么好。我觉得人年纪越大就越笨，当然我指的是大部分人。在你自己都未曾注意到的时候，你已经开始一点一点与现实脱节了，直到有朝一日，第三次世界大战都要爆发了，你却依然在后院自顾自地打理着花草。如果我的父亲还活着，我猜他就是这副样子：在后院里消磨时光，对整个世界毫无意识，而且更糟的是，根本不想拥有意识。

菲尔有所不知的是，与他离散已久的父亲还在人世。劳拉发现她的祖父埃德加·迪克就住在斯坦福大学校园围栏的另一边。她直接爬过围栏，去祖父家敲了门，向祖父和他的妻子格特鲁德介绍了自己。她经常去拜访他们，在他们家客厅的地板上趴着做作业。我也和劳拉一起，去门洛帕克[1]拜访过埃德加和格特鲁德。埃德加八十多岁了，活跃而睿智，对政治很感兴趣，是个保守党。我接下来和菲尔通电话的时候，便告诉他："菲尔，你父亲过得很好。"菲尔便给他的父亲打了电话。两人恢复了通话联系，直到菲尔去世。菲尔给父亲寄了几本签名版小说，还有杂志采访的复印件。他的父亲很是为这些成就感到自豪。

1979年5月27日，菲尔给劳拉写了信，在信中抱怨自己有多么疲劳：

> 昨天（星期六）我筋疲力尽，无法正常工作。星期五，

---

[1]. 美国加利福尼亚州东南部城市。

我填完了所有报税单,感觉自己完全被这项工作榨干了。昨天我午睡了很久,然后做了一个梦,感觉就像是出现了幻觉。在梦中,我在机场接到了你,拥抱你,还亲了你一口。我醒来后感到下巴都在酸痛,是我在梦中试图亲吻你导致的。我从未经历过这样的痛苦。我觉得我的下巴都要裂开了。我自问:"我怎么会把事情搞得这么糟?我到底出了什么问题?"我感觉自己有些不对劲,一些深层的东西出错了。我无法看穿它的本质,但我感到恐惧。我又问自己:"我在害怕什么?害怕去爱自己的亲生女儿吗?如果是这样,那又是为什么?是不是因为我在失去了一个又一个我爱的人之后,现在终于被毁掉了?"我感觉,不管发生什么事情,我都会立刻屈服,尽量不做抵抗。我在储存我的心理能量,但只有准备迎接死亡的生物才会储存能量。我是在逃避人生吗?或许是的。我不知道。

然后还有……另一件让我筋疲力尽的事情:创作。我最近一部小说《瓦利斯》足足写了五年,去年11月我把它寄给经纪人了。我正在写续集。我总是夜复一夜地工作到凌晨四五点。白天我便感觉疲倦极了。但我必须继续下去。这就是我的工作。这就是那该死的新教徒的职业道德。我能不能把我的书彻底抛之脑后?我不能。整整二十八年的写作——几十年之久的写作生涯——已经铭刻在了我的脑海里,在我的脑子里留下了深深的刻痕,而我不断地在刻痕里徘徊着……

我已经油尽灯枯了。他们正在出售我居住的公寓楼,我必须先对付这个问题。我的生活可能会发生天翻地覆的变化——我可能会离开奥兰治郡——在这里,我正因为我的写作事业和与一个卧病在床的女人的友谊而疲惫不堪。我总是处于忧虑和疲惫之中，甚至彻底忽略了人生中的其他方面，比如我和子女们的关系。我已经变成了一台只会思考、做不了其他事情的机器。这让我感到恐惧。怎么会这样？我给自己出了一道难题。我无法忘记它，却也无法解答它，所以我就像苍蝇被困在粘蝇纸上一样举步维艰。我无法放松。这就像是自己在工作中给自己强加的报应。我的世界变得一天比一天狭窄。我把越来越多的精力花在工作上，越来越少的精力花在生活上。我感觉，我坚信，我大脑中的系统和回路都在逐渐关闭。我就像一艘快要被人们抛弃的船。电源正在被切断。然而与此同时，我又清楚地知道自己想要什么：我想和我的孩子们在一起。我想和劳拉在一起。那我为什么还在写那些该死的书？难道我无法让自己停下来吗？对，我无法停下来。我的工作已经演变成了强迫症。多年前我向自己提出的那些认识论/神学/哲学问题掌控了我，把我变成了一套伺服辅助装置。不知什么时候，或许是几年前，我彻底失去了对想法的控制权，如今是想法在主宰我，而不是我在主宰它。我仿佛麻木了，丧失了自主意识，被我自己的一个想法主导着，驱策着，那就是宇宙中有个地方出错了，而我必须找到这个错误。从来没有人做到过这件事，但我一定要做到。我就像一只老鼠，想要登上一艘灭鼠装置完备的船。老鼠是不可能登上船的——不管它花了多长时间试图分析情况。它正在一条通往甲板的绳子上前进，但绳子尽头便是其中一个无法穿过的灭鼠装置。

  与此同时，我每天都在消耗着自己仅剩的能量。我的能量在下降。偶尔我会以为自己已经在认识论研究中揪出了某些线索，然而，我每找到一个线索，就会又冒出十个无法解释的新问题。相较已知的事物，我未知的事物越来越多。这就意味着，我做的研究越多，情况就会越糟糕。如今我唯一知道的，就是我什么都不知道。我面对着一个谜。上帝即是谜，而上帝沉默的原因也是一个谜……

菲尔依然继续把自己的钱送给朋友和身边的其他人。他给弥赛亚教堂捐了两千七百美元，用于支持他们的社区服务项目，多丽丝的收入来源就是替这个项目工作。基特说，对于特莎和多丽丝来说，无论是交房租、买日用品还是买车，菲尔一般都有求必应。菲尔还主动提出要为他最好的朋友提姆·鲍尔斯和他的新婚妻子塞蕾娜支付新公寓的首付，但提姆不肯接受他的钱。

吉姆·布雷洛克说："菲尔是我见过的最慷慨的人。如果有人对他说'我星期五之前需要拿到一千美元'，菲尔就会回答：'好的，我什么时候把钱给你？'一个在当地银行工作的出纳员找菲尔借一千美元，菲尔没有借给她，而是直接把钱给了她。"

我给菲尔寄了一本十六页的彩色小册子，是我专门为了推广手工珠宝制作的。菲尔看到册子之后，毫不吝惜他的赞赏。那时，我的珠宝已经出现在了美国各地的画廊、博物馆商店和高档商店中，我雇用了十三名员工来帮我打理生意，俨然成了雷斯岬站最大的雇主。菲尔以各种溢美之词称赞了设计、图案和标识，还把册子展示给每一个去公寓拜访他的客人。根据提姆听说，菲尔似乎对我取得的成功比对他自己的创作成就还要自豪。

这时，多丽丝已经搬到了其他公寓，和菲尔见面的次数越来越少。尽管她也和其他人约会，但她还是会时不时带外卖去菲尔家，和他共进晚餐。菲尔已经不能再出门就餐了。每次他去餐馆，都会感到喉咙发紧，无法咽下食物。

1980年8月，劳拉要结婚了。整整一年，劳拉都在给菲尔写信，商量请他来雷斯岬站参加婚礼的事情。我也邀请了菲尔。听起来菲尔好像真的要来参加婚礼。他让劳拉给他列一张清单，说明一下他在婚礼上都应该做些什么。他还寄了钱来，支付了婚礼的大部分费用。然而，婚礼临近时，他打电话告诉我说："我来不了了。医生说我的心动过速太严重了，无论我去什么样的陌生场合，都可能因为兴奋和紧张过度而猝死。"

既然他都说他有可能会心脏病发作了，那我也不好再劝他来。然而，劳拉和我都感到很失望。没过六个星期，菲尔就告诉我他接受了法国人的邀请，准备去梅斯参加颁奖典礼。我没有再问他心跳怎么样了。但菲尔却告诉多丽丝和提姆，他之所以没有参加劳拉的婚礼，是因为"安妮并不是真心想让我去"。

劳拉寄给他一本婚礼相册（应他的要求），婚礼在圣科伦巴教堂举行，相册里都是家人和朋友在一起欢笑、共度美好时光的合影，还有我们之后回到家在露台上举行派对的照片。菲尔再一次打电话来时，我问他看到照片之后感觉如何。他的回应极其敷衍，甚至显得有些粗鲁，而且他完全没有对照片和婚礼发表任何评论。他为什么没有来参加劳拉的婚礼呢——他一定是发自内心地相信了自己对朋友说的那个理由。

1980年秋天，菲尔为《花花公子》杂志写了一篇名为《冰封之旅》的小说，在小说中描写了一个男人，他背负着极其可怕的内疚感与恐惧，这些情感摧毁了他获得内心慰藉的全部可能性。当他现已老去的前妻出现并想要安慰他的时候，他根本无法相信她口中所描述的现实。

1981年是菲尔生命中的最后一年。这一年，他依然生活在圣安娜，继续过着夜猫子式的生活。他会在午夜时分购物，去位于转角处的拉尔夫杂货店买猫砂和冻巧克力派。拉尔夫杂货店的工作人员都很喜欢菲尔。

多丽丝和特莎仍然在菲尔家出没，偶尔克里斯托弗也会过去玩儿。但是，当多丽丝1981年搬离圣安娜时，菲尔感到自己被她抛弃了，两个人之间的亲密友谊消失得无影无踪。当多丽丝想与菲尔保持远距离联系时，菲尔表现得十分冷淡疏远。然后，菲尔又开始和特莎约会了，两人曾讨论过要不要复合。

在人生的最后阶段，某种意义上，菲尔依然处于世界之巅。他依然靠着自己的作品大赚特赚。他的小说《仿生人会梦见电子羊吗？》将被改编成一部成本三千万美元的大制作电影《银翼杀手》[1]，由哈里森·福特主演。有一天，制片厂还派了一辆加长豪华轿车专程去接菲尔，带他去观赏电影的前期版本。

菲尔的医生告诉他要减肥，他减得很快，身材恢复了先前的清瘦，血压也降下来了。他买了一些入时的新衣服，请一个懂行的理发师给他修剪了胡子和头发，看起来优雅精致多了。他和好几个女人约会，也比以前更爱社交了。他一边大嚼米饼和巧克力饼干，一边告诉好友提姆·鲍尔斯，他感觉好极了。

令他更高兴的是，他终于要出版一部严肃文学作品了。纽约的大型出版商之一，西蒙与舒斯特将于1982年5月出版菲尔的《主教的轮回》。这部小说是菲尔对自己过去人生的完美总结。故事讲的是菲尔与詹姆斯·派克主教相处的经历，但故事本身却被设定在伯克利，菲尔的少年时期。菲尔告诉劳拉，女主角安吉尔·阿彻就是

---

[1]. 该片于1982年上映，由著名导演雷德利·斯科特执导。

以她为原型的。这位强大、坦率、直白的年轻女性是菲尔四十部小说里最惹人喜爱的女性角色，《主教的轮回》也是唯一一部通过女性视角创作的小说。

1983年，派克的遗孀和幼子克里斯住在因弗内斯，他们一直保持着去圣科伦巴教堂的习惯。有一天，我在咖啡厅柜台前坐着的时候，克里斯碰巧坐在我旁边。我们聊了起来。过了一会儿，他问我《主教的轮回》中关于他已故兄长吉姆的故事是不是真的。他的母亲最近读完了小说，开始担心吉姆真的曾经和玛伦·哈克特有一腿。"不是真的，"我说，"菲利普喜欢把现实中的人写进小说里，虚构他们的故事，操纵他们的行为，写成什么样全看他当时的心情。"克里斯松了一口气，说，等他的母亲听到这个消息肯定也会松一口气。

菲尔甚至在安排别人给自己写传记。他邀请洛杉矶公共图书馆的图书管理员格雷格·瑞克曼到自己的公寓做了一系列录音采访，因为格雷格在一本粉丝杂志上发表了一篇文章，讲述了菲尔对"人、动物和生活"所展现出的同情。格雷格第一次上门的时候，菲尔说自己最近瘦了很多，因为忧伤和悲悯过度而食不下咽。

菲尔任命格雷格做他的官方传记作者。在格雷格和菲尔一起录下的一盘磁带中，菲尔谈到了他的母亲。他说，当他还是个孩子的时候，他相信他的母亲想要杀了他。

菲尔还在不断地把钱送给别人。他向贵格会[1]捐赠了一万美元，用于救济柬埔寨人民。当克丽奥的丈夫、菲尔的老朋友诺曼·米尼去世时，他也给了她一千两百美元。

---

1. 一个与基督教渊源深厚的宗教派别，发源于十七世纪的英国。

一天晚上，菲尔打电话给好友吉姆·布雷洛克，说制片方买下《银翼杀手》版权的时候，支付给他四万美元。他问吉姆："我要这些钱做什么？"他告诉吉姆，除了火腿三明治之外，他想不出什么自己想要的东西了——于是他就出门买了一个火腿三明治。

菲尔还在给提姆·鲍尔斯讲有关他在雷斯岬站的妻子、房子、孩子和动物的故事。提姆告诉我："安妮，我都能凭空画出一张你家的平面图了。到了1981年，菲尔依然还在对我讲离婚后两年，你持枪撵着他到处跑，想开着白色捷豹碾死他，还对他挥舞刀子的故事。他每次讲这些故事都特别高兴。"

我和菲尔之间的谈话变得越来越轻松了。他听上去终于显得不那么敏感了。终于，在足足十八年之后，我鼓起勇气开口问了他一些一直萦绕在我心头的问题。我问："我听劳拉说，你资助过南希还有很多其他人，但为什么你从来没有资助过我？"我回忆起了他一直拖欠的每月七十五美元的子女抚养费。我甚至不知道他如今到底有多成功。

电话那头，他带着一丝苦涩回答道："因为你太强大了。"我震惊极了，完全不知道该如何作答，也忘记了我要问的其他问题。后来，再一次和他通话的时候，我又问："菲尔，你为什么离开雷斯岬站？我一直都不知道原因。"他回答得很迅速，也很机械，好像他等我问出这个问题已经等了很多年。他的回答就像死记硬背过的一样："我觉得我们俩总是吵架，会影响到孩子们。"

大约在菲尔去世前两个月，我心想："趁着还有机会，我应该抓紧向身边的人表达我对他们的感情。"那时候我并未预感到菲尔即将离世——起码从未有意识地思考过这件事——但我依然想用某种不会使他感到受威胁的方式告诉他，我曾经爱过他，现在也依然爱他。下一次我们聊天的时候，我便对他说："我一直爱着你。"他一点反应也没有，就好像根本没听见我说话一样。和他谈论到爱的时候，我感到紧张而羞怯——或许我想对他说的话，他根本就不想听——以至于我不知道该如何继续说下去，甚至不知道我是否该继续说下去。尽管如此，就算他可能不会相信我的话，不喜欢听我说的话，甚至会把我的情感看作是负罪感的源头，从而背负更多的重担——我还是很庆幸我终于把自己的感受用语言向他表达了出来。

特莎认真考虑过和菲尔再婚，但菲尔告诉他的朋友提姆，和特莎再婚这件事在他看来比世界上任何事情都可怕。他开始和玛丽·威尔逊频繁来往，并邀请她和他一起去参加下一次的梅斯科幻大会。他在电话里告诉我："她就像是我的超级秘书，但不是女朋友。"

玛丽说："我们的关系存在于很多层面上，难以形容。我们准备签订合作协议。菲尔还准备支持我的演艺事业。他喜欢把我带在身边，观察别人的反应。"

菲尔还在和一名三十出头的女建筑师约会。她住在海滩边，开一辆涡轮增压的保时捷。每次她谈到她的车有多么好的时候，菲尔都会很烦躁。

菲尔的老朋友、同为科幻小说作家的雷伊·尼尔森从伯克利来看望菲尔。菲尔本来在等他的某个女朋友，便告诉雷伊："她随时都可能到我家，等一下我就把你介绍给我准备迎娶的女孩。"然后他露出奇怪的表情，说："但我记不起她的名字了。"他拿出通讯录，寻找那个女人的名字，然后写在了自己的手心里。"这样我就没问题了。"他高兴地对雷伊说。

1988年，雷伊给我写了信：

> 菲尔去世前不久，我去洛杉矶拜访了他，发现他对最近获得的财富感到心满意足。尽管编剧对原著做了很大改

动,他还是很喜欢电影版的《仿生人会梦见电子羊吗?》。我们聊到了他各个妻子和女朋友,他故意跟我强调,那些女人他一个都不在乎,他甚至连她们的名字都不记得了。

大多数时候,他都表现得兴高采烈,然而每当我们不再讨论文学,改而讨论现实生活中的人际关系时,他的双眸就会猛地黯淡下来,仿佛空洞一样,里面承载着巨大的悲伤。

只有一次,他对我讲话的时候,看上去就像一个真实的人,而不是一副涂满油彩的面具。那时我们在讨论老朋友。突然间,他认真地问我:"安妮过得怎么样?"

菲尔的日常生活忙碌而高效。他积极参与公寓小区的物业管理工作。佩雷兹一家搬进了多丽丝的旧公寓,他们很喜欢他,以每周两次的频率邀请他到家里来吃晚饭。

菲尔去世前三个星期,我最后一次和他通电话时,他一直喋喋不休地对我讲玛丽·威尔逊的事情,我心想:"他又是老一套。"

2月18日,星期四,菲尔突发中风。早上,他给医生打了电话,说他身上出现了中风前会出现的症状。医生催他赶紧去医院,但是显然,他没有去,或者是去不了。之后,到了下午的时候,佩雷兹夫妇发现他倒在自己公寓的地板上。他被送进了附近西区医院的重症监护室,提姆·鲍尔斯赶过来陪他。

身在密歇根的劳拉是菲尔唯一的成年家属。她接到了医院的通知,给我打了电话。第二天早上,我给医院打了电话。菲尔所在病房那一层的护士长告诉我菲尔突发中风,但症状轻微,不出意外一定会完全康复。然而,周六早上,我再次联系医院的时候,听说他的中风又发作了一次,这次更为严重。护士告诉我他已经被抢救过来了,现在正在重症监护室。听了医院工作人员的建议,劳拉从密歇根飞到了加州。星期六晚上,劳拉抵达的时候,菲尔已经恢复了神智。见到她来了,他非常高兴。那一天,我有大半天的时间都在和劳拉、医院工作人员和其他亲属通电话。那个月我的电话账单有一千美元之多,在当时是一笔巨款。

我在心里天人交战,要不要去见菲尔最后一面?劳拉却告诉我,医院不会让我进去的。

许多朋友都想去医院看看菲尔,有好多科幻迷甚至等在医院的走廊里——有一个人甚至混进了重症监护室。《新闻周刊》和《时代》杂志的记者都在纷纷打电话。菲尔的各个前妻和前女友们也都不知从哪里冒了出来。所有人都想要知道菲尔的情况。最后,医院取消了所有人的探视权,只留下家人:劳拉,菲尔唯一已经成年的家庭成员。

周日,菲尔的情况迅速恶化。周一,劳拉不顾菲尔现女友的强烈抗议,把一位圣公会牧师带到了病房,牧师"把手放在菲尔身上",祈祷他能康复。然而,到了星期二,菲尔的病情更糟了。牧师又回来了,告诉劳拉他们必须现在宣读最后的祷文。牧师为菲尔施行了傅油礼[1],劳拉则站在病床边读着祷文:"怜悯他……怜悯他……赐予他安宁。"劳拉觉得,菲尔在仪式结束时轻轻地捏了一下她的手。他陷入了深度昏迷,心动过速,多次心脏衰竭。临近周末的时候,护士和医生让劳拉回雷斯岬站去,和我、简妮待在一起。她已经心力交瘁,也对菲尔的状况彻底无能为力了。菲尔已经走了。留下的只有他的身体,在种种人工手段的帮助下存活着。医院允许多丽丝·索

---

1. 基督教会传统,由牧师在垂危病人身上涂抹橄榄油,意为将病人的灵魂托付给耶稣基督,给予祝福、安慰与拯救。

特进入病房，坐在床边诵读圣公会祷文。3月2日，医院神经科主任给劳拉打了电话。那时我们一家人都在简妮家里，围坐在厨房餐桌旁聊天，等待着新的消息。神经科医生说，如果家人没有反对意见的话，他将下令终止生命维持系统。他说这样继续下去，对菲尔而言太残忍了。劳拉犹豫了。或许当时她的顾虑是，菲尔身边仍有一些其他女人还不肯接受现实，依然坚信他能够奇迹般地康复。而且，她当时仅有二十二岁。我不假思索毅然地说道："我会对后果负责的。"

我们在圣安娜举行了追悼会。我和菲尔的父亲共同策划了这场追悼会。他安排菲尔的骨灰运回科罗拉多州的摩根堡[1]，和他的双胞胎妹妹简埋葬在一起。后来，在保罗·威廉姆斯的建议之下，我在因弗内斯的圣科伦巴教堂为菲尔在北加州的亲朋好友举行了另一场追悼会。

菲尔终于登上了《时代》杂志。杂志上为他刊登了一则简短的讣告。

菲尔的朋友和整个科幻界都为菲尔之死感到震惊与深深的悲伤。其中一位朋友说："像他那样的人，世上再不会出现第二个了……"

---

1. 位于美国科罗拉多州摩根郡。

Part III

第三部分：1928—1958

当我逐渐了解到菲尔离开雷斯岬站之后的生活时，
我感到我所认识的那个人的光辉灵魂似乎被蒙上了一层灰尘，
变得模糊不清。
他的光辉依然存在——
却变得仿佛是从一面破旧不堪、
遍布划痕的镜子里反射出来的晦暗倒影。
我一直想要弄清我和菲尔之间到底出了什么问题，
但即便我收集到了那么多的信息，我依然无法理解。
于是，我决定再次尽我所能去了解菲尔的过去——突然，我发现，
我的菲尔又回来了！

12

早年岁月

第十二章

菲尔是典型的"星期日小孩*",从诞生的那一刻起就情绪高昂、大喊大叫,充满旺盛的生命力。

——埃德加·迪克,1983 年的采访

* 英语俚语中的称呼,形容初生婴儿性格活泼阳光、无忧无虑。

1928年12月16日，多萝茜·金德里德·迪克提前一个多月开始了分娩的阵痛，那时她并不知道自己即将诞下一对双胞胎。她和丈夫埃德加一起住在位于芝加哥的公寓里。多萝茜在那个时代已经是一名女权主义者，特地选择了一位女性妇产医生。但医生迟迟不来，这令埃德加感到非常生气。他认为妻子不应该选择女医生。早上八点，一个小小的金发男婴降生了。五十多年后，这位与家庭疏远已久的父亲回忆起那一刻的时候，口吻中依然带着亲切与温柔。埃德加擦去了新生婴儿脸上的黏液。1983年，当我采访他时，他在位于门洛帕克的家中告诉我："我知道应该怎么做，因为我接生过很多小牛。"

让这对夫妇和医生大吃一惊的是，阵痛又开始了。接下来出生的是一个娇小安静的黑发女婴。多萝茜和埃德加给她起名叫简·夏洛特。

多萝茜身材纤瘦，身体也很虚弱，因此没有奶水。埃德加想把两个孩子送到医院去，但医生不同意。那时他们就"婴儿应该吃什么"这个问题展开了激烈的讨论。埃德加说，多萝茜"甚至咨询了门卫"，而门卫给的建议是给婴儿喝羊奶。

多萝茜请她的母亲、孩子的外婆来他们家帮忙，但埃德加说："她已经不太记得该怎么带孩子了。"两个星期后，外婆抵达了芝加哥，但她很快就意识到自己应付不了眼前的场面。孩子们三个星期大的时候，两个护士到达了这对夫妻家，来复核埃德加给两个孩子买的保险。结果护士们看到了两个奄奄一息的婴儿，便立刻要送他们去医院。外婆抱上菲尔，跑进浴室躲了起来。她担心他一去医院就再也回不来了。然而，在护士们的坚持之下，两个孩子都被送进了医院。

两个婴儿被诊断为严重脱水。简不久就去世了。菲尔被放在一个保育箱里，两个星期后，他便完全恢复了健康，可以回家了。夫妇找了一个乳母来照顾他。那是一个高大的波兰妇女，彼时还是婴儿的菲尔把他的第一个笑容献给了她。

菲尔一生都活在简死亡的阴影之中。双胞胎在母亲的子宫里亲密至极，然后经历了诞生的分离，接着是与母亲的分离，还有婴儿时期所经历的病痛衰弱——这些经历都在菲尔身上留下了长久的刻痕。菲尔的整个童年时期，多萝茜都在悲伤地谈论简的死亡。"我听说了很多关于简的事情。"很多年后，菲尔说，"那对我的心理发育很不好。我始终感到内疚——不知为什么，本该是两个人分享的东西，全都被我夺去了。"菲尔还是个孩子的时候，想象出了一个叫"贝奇"的玩伴。他心中的贝奇就是他早逝的妹妹。

简的遗体被送回了科罗拉多。在某个暴风雪肆虐的日子，埃德加的家人在摩根堡墓地为她举行了葬礼。当多萝茜讲述这段可怕的经历时，她反复提到那时埃德加一直待在他的俱乐部里，留下她一个人去面对糟糕的现实，没有施以援手。而根据埃德加的描述，他才是那个负责任的好人，是多萝茜缺乏判断力、反应过度。

生下菲尔的时候，埃德加和多萝茜已经结婚八年了。1918年，埃德加从法国归来，当时他在第五海军陆战队服役，那是美国海军陆战队历史上最负盛名的步兵营，然后在家乡科罗拉多州遇见了多萝茜。

埃德加出身于一个农户家庭，家里有十个男孩和四个女孩，他排行第二。多萝茜告诉我，他们一家需要轮班吃饭，因为餐桌不够大，不能让所有人都同时上桌。埃德加出生于宾夕法尼亚州的约翰斯通[1]，当时正值世纪之交。他后来写了一本回忆录，记叙他的原生家庭。据他所说，他的母亲贝茜·麦克是爱尔兰人，但又有一次，他说她

---

1. 位于美国宾夕法尼亚州布里亚郡。

和他的父亲一样,是苏格兰和爱尔兰混血。成年后的菲尔则强调自己身上有四分之一的德国血统,而实际上他的母亲是英国血统,父亲则是苏格兰和爱尔兰混血。菲尔身上的德国血统并不存在——但他又从未提及自己是爱尔兰裔。

埃德加很爱他的母亲,认为她"保护着孩子们,还会做美味的饭菜"。他说他的父亲极度严厉,但又非常聪明:"我记得,我们模仿父亲漱口的时候,他就会用鞭子抽我们。"埃德加的父亲节俭、整洁、勤劳,他的儿子也继承了这些品质。

在二十世纪初,埃德加认为他的父亲犯了一个可怕的错误——把全家从宾夕法尼亚的农场迁移到科罗拉多州锡达伍德附近一个荒凉、缺水的地区。全家挤在一个农庄里,那里"只有干燥炎热的风、风滚草、短耳野兔、郊狼、响尾蛇和草原土拨鼠",足足三年的时间,一家人都忍受着饥饿和精神上的极度匮乏。后来他们搬到了科罗拉多州东北部的摩根堡,开始种植甜菜。埃德加的兄弟们仍然在那一片拥有自己的土地和农场。

1917年,美国向德国宣战时,埃德加"想去打败德国皇帝"。那时,虽然他只有十七岁,但他身高已经达到了六英尺,身材健硕。他说服父母陪他去参军。某个晚上,他们打着灯笼,来到了摩根堡的小邮局,埃德加在海军陆战队服役文件上签了名。"当我乘火车离开科罗拉多时,我告诉母亲,在经过我们家房子时,我会向她挥手。我还记得当时她站在门口的台阶上向我挥手告别。我永远也忘不了那一幕。直到如今,我还是能看到她站在门口的样子。"

在宾夕法尼亚训练了六个月后,埃德加去了法国。他说他是"一名下士,就像拿破仑和希特勒当年一样"。他担任了信使的职责,活跃在前线,把信息从一个连传到另一个连,因为他能看到埋伏在树上的德国机枪手,而其他人都看不到。第五海军陆战队是突击部队,专门在战事紧急的情况下被派往前线作战。埃德加参加过贝劳伍德战役[1]、阿贡森林战役[2]和蒂埃里城堡战役[3]。他喜欢当兵时那种冒险的感觉,他告诉我,战争结束的时候他感到很伤心,因为他必须回家了。

他结识了来自落基山下的小城格里利[4]的多萝茜·金德里德。1920年9月29日,他们结婚了。1923年,这对年轻夫妇搬到了华盛顿特区,因为当时乔治城大学会给退伍军人提供联邦奖学金。埃德加潜心研究农业,1927年从乔治城大学毕业,并在首都附近一个实验性畜牧农场成了科学助手。

菲尔的母亲多萝茜·格兰特·金德里德在三个孩子中排行第二。她的父亲,厄尔·格兰特·金德里德,根据埃德加的描述,是"一个高大英俊、才华横溢的男人"。他是一个自学成才的律师——这件事在他年轻时那个年代依然是可以做到的。厄尔·金德里德于1892年在爱荷华州与埃德娜·玛蒂尔达·阿彻结婚了。多萝茜出生的时候,一家人住在格里利附近的一个农场里。据埃德加说,厄尔赚了很多钱,又亏了很多钱。因为时运不济,后来他破产了,卖掉了家族农场。然而,紧接着,人们就在那里的土地下发现了碳酸钾[5],农场的下一个主人顿时成了百万富翁。大部分时间,厄尔都养不起自己的家人。多萝茜告诉我,有两次,她的父亲在认为家境格外艰难的时候,甚至动手射杀了孩子们的所有宠物,因为他觉得家里没有足够的钱给它们买饲料。多萝茜是个动物爱好者,这样的经历使她受到了重创。她当时深爱着她的小马布朗尼,那匹马是她小时候就开始养的,

---

1.2.3. 均为一战晚期的重大战役。
4. 美国科罗拉多州中北部城市。
5. 农用钾肥的主要组成部分。

而且她也非常喜欢猫。菲尔在《一个废物艺术家的自白》里写到了厄尔杀死家里宠物的故事。

厄尔·金德里德曾多次离开科罗拉多州的家"寻找财富",后来又回到了家中。他不在的时候,养家的责任就落在了多萝茜的肩上。尽管她只有十几岁,却不得不依靠出去打工,来维持母亲和妹妹玛丽恩的生计。她的哥哥哈罗德在十二岁那年永远地离开了家。据说他走得很愤怒,但埃德加也不知道是什么惹怒了他。

每次多萝茜的父亲从外面游荡回来,母亲都会收留他。这件事让多萝茜非常生气。或许是童年时期承受的压力过大,导致她十七岁那年患上了伤寒,后来又患上了布赖特氏病。医生说她只有几年寿命。她的身体一直没能彻底恢复健康,一生都深受肾病困扰。

关于多萝茜早年的人生和她原生家庭的信息大部分来琳·哈德纳,多萝茜的继女。琳专程从圣罗莎过来接受采访,在我家住了一夜。我们整个下午和晚上都在聊天。1973年,琳和多萝茜还住在因弗内斯的时候,我们共度了一段美好的时光。这是那年以来我们第一次有机会互相拜访走动。

琳说,多萝茜虽然一生都深受疾病困扰,但她像不少病人一样,"后来成了一个充满才华、聪明伶俐的女人,她智力超群、善于表达、充满力量、观点明确,但与此同时,艰难的童年和青春期也赋予了多萝茜另一面,让她充满恐惧,隐居避世,心中满是内疚。"她的肾脏一直不断地感染,还患有很多其他疾病,而且"就像很多慢性病患者一样,她也患有疑病症。她先是过分操心菲尔的健康。多年后,组建第二个家庭之后,她又开始过分操心琳和双胞胎兄弟尼尔的健康。患病已经成了多萝茜生活的一部分,她会利用自己的疾病来操纵和掌控家里的其他人"。

琳认为多萝茜"知道自己有隐居避世的倾向，但矛盾的是，她也喜欢和人交往，并时时刻刻与心理上自我保护的本能做着斗争。但是在她看来，生活在本质上并不美好，她自己也不是什么好人。她还真真切切地担心着世界有一天会被毁灭。她认为父母有责任把孩子教育成一个好人。她很爱自己的孩子，也是一个睿智的母亲，但她同时也懂得如何在孩子心中引发内疚情绪"。早年的菲尔以及和多萝茜重组到一个家庭的琳都觉得，如果他们做不到某件多萝茜指定的事情，多萝茜就会收回她的爱。

在菲尔的成长过程中，母子两人没有和大家庭生活在一起，也没有参与过任何社区团体或者教会。琳认为，菲尔终其一生都没有学会全面适应生活。

琳是一名精神治疗社工。回顾自己的童年时，她开始思考自己和菲尔对多萝茜这种爱恨交织的心理，是否有一部分是因为年幼的他们对这股由痛苦和禁锢所组成的暗流产生了误解，从而使家里的气氛也变得沉重抑郁起来？"多萝茜性格内向，与他人的交往主要是在讨论学识的层面上，不会轻易交流和表达感情——她在感情上很不开放。"琳认为，多萝茜一定"在年幼的菲尔面前显得过于强势"。琳自己之所以没有受到太多影响，是因为她还有父亲和哥哥。

"多萝茜自称是和平主义者，致力于杜绝暴力，因此不允许身边任何人表达愤怒——但她自己想要反对某件事的时候，就会露出恶狠狠的眼神。在她的家庭里，大家无法表达任何情绪，从来都没有给予和索取，也没有大喊大叫。如果菲尔做错了什么事，他无法得知自己究竟做错了什么。然而，菲尔和多萝茜之间的感情却十分深厚。多萝茜的想法对菲尔来说很重要，但同时他也想抗争和逃离。"琳觉得自己、菲尔和她的双胞胎兄弟尼尔都感觉，他们留在多萝茜身边的时候，人格中有一部分永远都像个孩子。然而，在三兄妹之间，菲尔不管是受到的伤害还是对母亲的爱都是最强烈的。琳说菲尔也继承了多萝茜性格中的许多方面。他像母亲一样节俭、条理分明，最后选择成为作家，也是因为母亲对这一行赞许有加。

尼尔谈起多萝茜的时候毫不掩饰他的爱意，这更给多萝茜的性格增加了矛盾和复杂的一面。他告诉我："我的母亲多萝茜是一个很好的人。我和她之间从没有过摩擦，我的所有朋友也都喜欢她。但是，多萝茜和菲尔的关系却爱恨交织。多萝茜一直爱着菲尔，但有时候菲尔却恨她。"多萝茜与她的第二任丈夫乔·哈德纳多年来感情一直很好，直到他去世，两人都伉俪情深。

成年后的菲尔提到多萝茜时，把她称作"一个糟糕的母亲，一点也不喜欢孩子"。他认为多萝茜应该对他身上所有的问题负责。在那个时代，不管什么问题都会被怪罪到母亲头上。但是，多萝茜对菲尔却付出有加。大萧条[1]期间，她一直努力工作，多年来在政府部门勤勤恳恳，只为了养活自己和儿子。也许她和埃德加离婚是个错误，也许不是。埃德加的性格也有其疏远古怪之处——尽管我和劳拉都擅长社交，我们还是无法和埃德加真正建立起什么关系。

1929年，多萝茜、埃德加和小菲尔回到科罗拉多州探望家人。多萝茜决定在科罗拉多长住一段时间，而埃德加必须回芝加哥工作。小菲尔八个月大的时候就开始说话了。多萝茜还让他戴上手指束缚带，以防他吮吸拇指，这种做法在当时很常见。

作为母亲，多萝茜也十分善于观察，还为婴儿记录了一本详细的笔记：

---

1. 指1929年至1933年之间发源于美国，后来波及整个资本主义世界的经济危机。

今天，菲尔重十六磅九点五盎司。再过六天，他就八个月大了。他踢腿的样子可真神奇。他喜欢躺在大床上踢腿，看着窗帘飘动的样子。他一看到窗帘动了，就开始对它说话——声音真的好甜美。昨天早上，菲尔站了起来，双脚踩地……他的声音一天比一天大。他会张嘴大声叫喊，只是为了好玩儿而已。他不哭，他只会叫。就像他早期"讲话"的样子一样，只不过声音大了很多……喊他名字的时候，他回答的方式很有趣，让我想起喊小猫名字的时候它的回答——他会"嘿？"一声应答，有点好笑。他三周大的时候就知道自己的名字了……他的"第八个月"生日。十六磅十三盎司重……他的第四颗牙长出来了……他花了很多时间趴在小牛皮上，学习如何翻来滚去、伸手抓东西……我在钢琴上练习《密苏里华尔兹》的时候会把他抱在膝上，他看着我，听我弹琴，会突然从一边晃到另一边，身体前倾，用自己的双手敲击键盘，然后又突然靠后，把小手抵在我胸前，若有所思地看着我，脸上带着有趣的笑意——好像在确认我弹琴是在和他做游戏。似乎那一刻他突然开始怀疑，我之所以弹琴并不是在和他玩儿，而是纯属为了自己开心……每次我把他扔下自己玩儿，我去躺着或者坐着的时候，他都很不高兴……几天前，我们带他去格里利玩儿，他很喜欢那里。他以前从来没有得到过这么多的关注，他觉得很开心——他一直在笑，和每个人说话。他喜欢和大家混在一起。

难以相信，这位在笔记里写下这么多细节的慈母，和在情感上重创菲尔的罪魁祸首，竟然是同一个人。

1930 年 8 月，埃德加被提升为罗斯福的全国工业复兴法[1]西部分部主任，总部设在雷诺。多萝茜和菲尔搬到了伯克利，埃德加便每天往返于伯克利和雷诺之间。

在伯克利，菲尔渐渐长成了一个英俊的小男孩。他的父亲回忆道："他热爱生活，活力四射。他不爱与人争辩，但又很喜欢竞争。他有时会发脾气，但每次发脾气都是一小会儿，然后他就平静下来了。

"他喜欢玩捉迷藏，还在附近的小溪里组建了一支海军。他调动住在附近的好几个老头争先恐后地为他做玩具，互相竞争。菲尔从小自尊心就很强。有一天，他在树林里的时候在树根上绊了一跤，受了伤，他想哭，于是躲到了一棵树后面，这样人们就看不到他在哭了。"

多萝茜加入了伯克利的一个小组，正是这个小组开办了美国最早的幼儿园之一——一个由加州大学赞助的实验项目。菲尔是幼儿园的孩子王。埃德加说："他甚至会像个成年人一样给其他孩子的父母打电话。吃午饭的时候，他还把一片面包放在自己头上，以此逗幼儿园的其他孩子玩儿。"

1931 年 8 月 12 日，加州大学幼儿园的儿童福利研究所给住在夏塔克大道 931 号的迪克一家寄了一份报告：

> 菲尔是一个友好、快乐的小男孩，总是忙忙碌碌。他似乎一直都知道自己想做什么，从不需要别人提醒和建议。

---

1. 富兰克林·罗斯福接任美国总统后为挽救经济危机实行的一系列改革措施，以政府在工程方面的投资为主。

他热爱和平，发生冲突的时候他经常退到一旁，不会与人争吵——这样的行为是正常的，不必担心。当菲尔觉得自己的权益受到侵害时，他也能保护自己。有时候他有了很喜欢的玩具，就会紧紧抓住玩具，如果另一个孩子和他抢，他就会大声抗议。菲尔做游戏的时候充满建设性，也表现出很强的专注力。锯木头是他最喜欢的活动之一。他一锯就锯很久，每锯断一块，他都会大喊一声。相对年龄而言，他讲话已经很流畅了，表现出了强烈的求知欲，对周围的一切都很感兴趣。他与其他孩子和大人合作都很愉快，非常擅长适应环境。

菲尔和我刚结婚的时候，我曾试过重建与埃德加的联系。菲尔告诉我，他和父亲在五十年代中期因为政治问题闹翻了，从那以后他们再也没有联系过。为了弥合他们之间的裂痕，我建议菲尔邀请埃德加和妻子格特鲁德来我们家做客。埃德加接受了邀请——但是在最后一刻，他打电话来说他的牙出了问题，只能爽约了。菲尔厌恶地说："他就是这样。"

我开车去门洛帕克采访埃德加的时候，他正在外面打理花草。他告诉我，他曾驯服过一只野松鼠，还告诉了我当地所有鸟儿的动向。我和他一起进了屋，但是聊天很困难，因为他那只十四岁的雌性可卡犬一直在不停地叫。格特鲁德说埃德加想让她训练这条狗，但是每次她想要驯狗，埃德加就会低声对狗说："叫，快叫啊。"然后他又跟格特鲁德说："给狗吃点牛排。"她就会拿一块狗饼干扔过去。

埃德加的身材和站立的方式都与菲尔十分相似。格特鲁德给我看了一张他壮年时期的照片，当时他还在打橄榄球。他曾经长得高大健壮，非常英俊。如今他已经是位精神矍铄的耄耋老人了。他告诉我:"我活着是为了我的狗。"他说着一口乡村方言,在他担任加州牲畜饲养者联盟执行秘书的时候,这口方言一定给他带来了很多方便。他还曾经游说加州立法机构通过了近四百项法案。他最骄傲的就是那条保护野马和美洲驴的法案。格特鲁德说,埃德加是个工作狂,每十天才回家一次。我到访的那天,劳拉也从斯坦福来到了埃德加家,我们一起出去吃了午饭。然而,从那之后,埃德加就不肯再和我们一起出去吃饭了。他在电视上看了一个节目,讲的是人们在餐馆里吃饭时被噎住的故事,因此觉得在吃饭的时候说话是件很危险的事情。几个月后,劳拉和我又带着伊莎去见她的祖父。埃德加完全被伊莎迷住了,立刻表示如今他最喜欢的孩子是伊莎,不是劳拉。后来,当伊莎没有再去看望他的时候,他给我打电话说,他不知道是谁"不许伊莎再来",暗示是我在背后做了手脚。

埃德加写过一本小册子——一份记载着美国历史的文献——里面讲了他的家庭,还有他在第五海军陆战队参军的经历。除了菲尔和多萝茜多年前告诉我的那些信息之外,他提供了有关菲尔早年人生的唯一一点资料。

即使过了五十年,埃德加仍然对多萝茜怀有强烈的不满,并把菲尔的问题全都归咎于她。他说自己希望菲尔自由,"像鸟儿一样自由",但多萝茜却想把菲尔塞进"盒子"里禁锢起来。后来,到了有录音的正式采访时,他又改口说多萝茜是个非常好的母亲。

成年后的菲尔回忆起早期和父亲的关系时,评价颇为积极。在他父亲"离开"之前,他很喜欢父亲。他记得埃德加讲的那些第一次世界大战的故事。"我父亲是一战中的英雄。"他说。埃德加给小菲尔看了他一战时用过的防毒面具。菲尔吓坏了。1963年,菲尔在雷斯岬站的天空中看到的那张巨脸,就和防毒面具长得很像。

菲尔让埃德加带他去拜访一家会播出牛仔节目的广播电台。菲尔穿着他的小牛仔服，欢喜雀跃、期待满满地出发了。当他们抵达那里的时候，只看到了很多唱片，完全没有牛仔。埃德加说："我只能撒个小谎。"

埃德加教育菲尔，永远都要讲真话。"如果我批评了菲尔，他就会仔细分析我说的话，然后再回来跟我解释，我们会好好聊一聊都出了什么问题。如果是我说错了，我也会承认。

"菲尔小时候脾气很暴躁，我会对他解释很多事情，他需要一点帮助。我可是十四个孩子中的老二，我知道该怎样照顾小孩子。"

父子两人一起去拜访了埃德加的一个朋友，她养了一条宠物蛇，蛇就睡在一个放在前廊的篮子里。埃德加害怕响尾蛇，因此曾经教过小菲尔该如何辨认响尾蛇。菲尔在外面玩儿了半天，走进屋子，对父亲说："叮当响的蛇，在前廊上。"埃德加的朋友笑着解释道，不，那只是她的宠物蛇而已。但埃德加还是自己出去看了看，发现前廊上真的有一条十三尾环响尾蛇。那是那一带杀死过的体型最大的响尾蛇。

还有一次，埃德加和菲尔看到附近农场的人把好几只兔子关在笼子里，暴露在烈日之下，没有水也没有食物。出于对动物的爱护，他们决定自己解决问题，没有联系有关部门。菲尔想把这些可怜的动物放走。于是，当农场主一家星期天去教堂的时候，埃德加和菲尔就溜去农场把兔子都放了。但是后来兔子又都回到了农场，被重新关进了笼子里。第二次，埃德加和菲尔就开车把兔子送到了二十英里外的地方，再放到路边。"菲尔特别高兴。"埃德加告诉我。

菲尔做扁桃体切除手术时，埃德加事先向他解释了手术的整个流程。他坐公共汽车带菲尔去了医院。菲尔说："那么，待会儿见了。"语气充满自信。"多萝茜把菲尔照顾得很好，"埃德加说，"只不过她过于关注菲尔的眼镜、牙齿和各种各样的药。"

菲尔如此聪明而富有魅力,那么多萝茜和埃德加会不会为了得到他的偏爱而互相竞争?菲尔操纵和影响他人的能力一向是无师自通的,他有没有曾经故意挑起父母之间的矛盾?埃德加记得,有一次菲尔想坐他的车去兜风,他俩先上了车,等多萝茜来加入。这时候,菲尔摇上了车窗,说:"走吧,爸爸,咱们走吧。咱们别等妈妈了。"

多萝茜是家庭中负责唱红脸的那个人,负责严厉的管教。后来,当她和菲尔两个人相依为命的时候,菲尔只要一发脾气,多萝茜就把他关在他自己的卧室里,他会把房间里的所有东西都砸得七零八落。多萝茜教导菲尔要为自己的行为承担后果。很多年后,菲尔长大成人了,他对我谈起多萝茜教育他的事情时,语气显得十分赞许。

1933 年,加州大学幼儿园儿童福利研究所的报告上写道:

> 菲利普自从上次考试以来取得了很大进步。他取得最高分的项目是记忆、语言和手眼协调。他能够迅速做出反应,也能做出相反的反应。他通过快速变换的各种技巧展示了独立性和执行能力。然而,偶尔他又会表现出强烈的依赖性,和之前的独立形成鲜明对比。需要注意的是,在他这个年纪,最好要预防一下这种性情反复无常。

多萝茜告诉埃德加她想离婚。五十年后,这件事仍然让埃德加感到惊讶:"她突然就这么说了,没有征兆,没有讨论,什么都没有。"多萝茜提出离婚后,埃德加问她:"儿子怎么办?"多萝茜告诉他,她咨询过心理医生,心理医生说离婚不会影响到菲尔。

我和菲尔结婚之后,曾问过多萝茜她是怎么离婚的。她告诉我,每次她出门，埃德加总会犯疑心病，怀疑她有"其他男人"，但她根本就没有和其他男人交流过。她感到很厌烦。然而，她又说，如果她能提前预见到她和菲尔之后的生活会变得多么困窘，她或许就不会和埃德加离婚了。离婚后不久，菲尔去埃德加的办公室看望他，但菲尔当时躁动不安，不得不被送回了家。后来，菲尔告诉继妹琳，他因为离婚的事情始终怨恨着母亲。

我和菲尔刚结婚的时候，他对我说了很多他过去的事情，却从来没有提到过他的外祖父，这令我感到非常奇怪。他的外祖父曾在多萝茜位于伯克利的家中住过一段时间，和菲尔在一起。克丽奥告诉我："菲尔很害怕他的外祖父。"菲尔经常会表达对老年男性的强烈憎恨。好几次他都告诉我，他们家族里流淌着"仇恨"。我不知道该怎么理解这种奇怪的说法。在我看来，用这种方式形容自己的家族，是非常自轻自贱的。

多年以后，菲尔给他在班坦出版社的编辑马克·赫斯特的信里写道：

> 如你所知，DNA记忆的另一面，就是我们从祖先那里获得的DNA基因池的结构已经决定了我们的人生剧本……比如说，我的人生剧本大部分是由我母亲的父亲'写下'的，它操纵着我的潜意识，让我做出特定的选择，过着特定的生活……无须我的同意甚至了解，我的人生剧本已经被写好了。

多萝茜送走埃德加之后，她和她的母亲——菲尔的外婆——开始在伯克利一起生活。外婆照顾菲尔、做家务，多萝茜挣钱养家。后来，外婆的丈夫，多萝茜的父亲厄尔·金德里德又出现了。正如多年来一直持续的那样,外婆一定是用某种方式说服了多萝茜,让她收留下自己的父亲。尽管多萝茜年轻的时候会对外婆纵容厄尔来来去去感到愤怒,但是这一次,不知为何,她同意让厄尔留在自己家里。她是不是认为,厄尔可以补上菲尔生活中缺失的父亲形象?

厄尔并不是二十世纪初唯一一个选择"四处游荡"的人。当时人们的生活较为无趣,生活在乡下的一些人不仅要面对经济上的问题,也要克服种种心理上的孤独感。因此,二十世纪初选择四处游荡的男人——也就是三十年代流浪汉的雏形——往往是一边寻求赚钱的机会,一边追求人生的意义。

《帕莫·艾德里奇的三处圣痕》完成于菲尔离开雷斯岬站前不久。帕莫·艾德里奇是一个超自然生物,在外太空待了很久之后返回地球,把"某种东西"传染给每一个与他接触的人——就像吸血鬼一样。然后,与他接触过的每个人都变成了帕莫·艾德里奇("帕莫"这个词在古代被用来称呼"流浪者")。"某种东西"继续在人与人之间传播着。最后,地球上就出现了许多帕莫·艾德里奇。

1982年,菲尔委任格雷格·瑞克曼为自己的传记作者。一个月后,菲尔就去世了。接下来的十二年里,格雷格一直在研究菲利普·迪克的生平,写了三本关于菲尔的书。菲尔的一些行为使他感到不安,尤其是政治上的行为,这些行为与他之前所了解的那个令他深深仰慕的人似乎格格不入。他做了深入的研究。他在著作《去往高堡,菲利普·迪克:1928—1962年的人生》(瓦伦丁出版社,1989年出版)中详述了一个案例,是菲尔四岁时的童年创伤。

一些菲利普·迪克学者认为,菲尔的心理问题主要是由于出生时双胞胎妹妹去世了。据菲尔所说,多萝茜"喋喋不休"地提及这件事,让他的成长很不健康。这件事肯定对菲尔的心理产生了某种影响,但原因更像是母亲说的话，而不是妹妹去世这件事本身。

1935 年，大萧条全面爆发，多萝茜和菲尔便搬到了华盛顿特区。她在儿童局找到了一份编辑的工作。她为政府写了一本关于如何抚养孩子的小册子。她把菲尔送进了一间位于马里兰州萨尔弗斯普林斯的贵格会寄宿学校。菲尔告诉我："我吃饭出了问题，食不下咽，体重暴跌。主要是因为悲伤和孤独。我母亲不得不把我从学校带走。"

菲尔开始在一所走读学校上学。这段时间的学校报告里并没有什么特别的内容。有些时候，多萝茜请了保姆；有些时候，菲尔则留守在家，孤独地守在公寓窗前，等待母亲下班回家。

厄尔·格兰特·金德里德于 1937 年 4 月在旧金山去世。过了几个月，八岁的菲尔和母亲一起搬回了伯克利。多萝茜成了美国林业部的人事主任，这份工作她一直干到退休。外婆又开始和这对母子住在一起，负责照顾菲尔。

这次多萝茜回到伯克利的时候，伯克利就像是黄金时代的雅典。宽阔精美的房屋建在山上，俯瞰着海湾。海湾对面，旧金山的大厦在清透的空气中闪闪发光，背景则是塔玛派斯山。林荫路随着山丘蜿蜒向上，路旁是一座座灰泥外墙的浅色房子、木框屋和木瓦屋。这里气候宜人，到处都生长着充满异域风情的树木和花朵。即使那些盖在平地上的小平房前，也种着鳄梨树和柠檬树。

一向节俭的多萝茜设法存了一点钱，想在康科德[1]买栋房子。菲尔发了一场脾气。他说他绝不会住在那么远的地方。文斯·鲁斯比说："多萝茜失去了一个价值百万美元的机会——康科德的地价在接下来

---

1. 美国加利福尼亚州城市，位于旧金山湾区北部。

的几年里涨得飞快。"

伯克利是个很特别的地方。这里的文化潮流由伟大的加州大学师生主导，他们给伯克利创造了满是美术、音乐和文学的环境。古典音乐商店里唱片齐全。旧书店和新书店并排坐落在电报大道两旁，每家书店都有自己的特色。四处都散布着先锋派艺术画廊、电影院和咖啡馆。

在加州大学南校门举行的政治集会上，来自不同国家、种族的知识分子、学生和教师混杂在一起。当时，加州大学伯克利分校被认为是世界上最伟大的大学。六十年代和七十年代引起社会轰动的每一个点子，都在三十年代和四十年代、菲尔成长期间的伯克利静静酝酿。有许多活跃的美国共产党员也生活在这里。那些年，美国总统大选的时候，共产党、社会党和社会主义工党的人也都位居候选人之列。

公立学校和许多公园都组织了特别的儿童活动。菲尔家住的那条街上有一个俱乐部，孩子们可以在那里下象棋、跳棋、打乒乓球和桌球。菲尔和朋友们爬山去蒂尔顿公园的时候，会经过伯克利玫瑰园、希腊剧院和世界上第一个回旋加速器——那里几乎每天都在取得震惊世界的物理学突破。菲尔和他的许多朋友都酷爱音乐。有个男孩家里有个美丽的音乐间，壁橱和抽屉里塞满了世界上所有能想到的已知作曲家的乐谱。另一个和菲尔住在同一条街上的朋友则是音乐系教授的儿子。虽然菲尔母子并不富裕，却生活在一个文化富足的环境中。

1938年春季学期，菲尔决定改名。多萝茜同意了。因此，他在希尔塞德中学报到时用的名字变成了吉姆·迪克。根据希尔塞德中学报告单对菲尔——也就是吉姆——的描述："吉姆的学习很优秀，他在作业中表现出良好的思维组织能力和相当成熟的表达能力……

他很受玩伴的欢迎。富有正义感……独立自主……可靠的男孩……高效率……务实……在担任领导职务时也表现得温文尔雅、彬彬有礼。相对于这个年龄的孩子而言，他的沉着和冷静格外突出……能够执教吉姆是我的荣幸。他很有创造力，为班集体做出了很大贡献……他会有很好的前途。"

13

伯克利的少年时代

第十三章

十三岁的时候，菲尔已经学会了打字，开始给伯克利的日报写稿子。他母亲保存了他写过的每一篇文章。十四岁的时候，他写下了第一篇小说，《回归小人国》。

——来自六十年代初安妮·迪克和菲利普·迪克的对话

核桃街 1214 号的后院有一间小屋，菲尔和多萝茜就住在这里。这一带的环境十分宜人，离加州大学西北角只有几个街区。菲尔的朋友们来找他的时候，会从橡树公园背后的停车场进来。乔治·科勒告诉我："他家家具不多，但是够用了。屋里有些狭小拥挤，但床铺总是收拾得整整齐齐。"

迪克·丹尼尔斯是菲尔在伯克利读高中时最好的朋友。我采访他的时候，他告诉我，我应该联系菲尔另一个初中好友，乔治·科勒。我通过加州医学委员会找到了住在奥兰治郡的乔治。乔治和他的妻子开着房车从洛杉矶来到雷斯岬站，我们几个人一起在我家露台上野餐聊天，度过了一个愉快的下午。乔治个子很高，拄着拐杖——他小时候患过小儿麻痹症。他学习过精神病学、医药和牙科，还负责过一家投资公司。他已经仔细斟酌过了要在采访中说的话。他回忆起菲尔的时候，逻辑十分清晰，细节也全部历历在目。

多萝茜每天六点钟才下班回家。菲尔三点半放学，在那之后的时间他只能自己打发。菲尔的母亲即便在家，"似乎也完全不会管他。她给了菲尔自由，让他想做什么就做什么。她既不专横，也不刻薄。如果菲尔不回家吃晚饭，他会打电话给母亲。他考虑问题很周到。菲尔非常独立，但我注意到，他感觉自己受到了虐待——至于是被什么虐待，我也不知道。"

菲尔的初中好友莱昂·雷莫夫在菲尔离世后给我打了电话。莱昂是建筑师、商人和登山家。他记忆力超群，几乎可以回忆起四十年前的所有事情。

莱昂对于菲尔家的印象和乔治有些不同。"菲尔的母亲看上去非常年轻,大部分时间都显得病恹恹的。菲尔因为他母亲的病而闷闷不乐。他和多萝茜的关系非常亲密。她从来不管他叫'儿子'。菲尔就是家里的男子汉,他就像她的小丈夫一样。菲尔和母亲之间有很多摩擦。她只要试图指导他该做什么,他就会和她吵起来。他也影响到了她的写作。菲尔说过他要去看望父亲。他提起父亲的时候,语气总是充满敬重,而且他也很喜欢和父亲相处。"

埃德加再婚了,还成了加州牲畜饲养者联盟的管理人和首席说客,这份工作收入颇丰,也给他带来了很高的声望。他是个工作狂,因此很难抽出时间和儿子相处。

菲尔有很多朋友,但他不喜欢和一大群人一起玩儿。他的友谊关系都是一对一的。早在上初中的时候,菲尔就已经知道了歌剧《弄臣》[1],还在街区的男孩俱乐部里和乔治一起打乒乓球、下象棋。乔治说:"我邀请菲尔和我一起去基督教青年会的游泳池游泳,但是菲尔告诉我,他九岁的时候差点淹死,从那以后他就非常怕水。"

菲尔和伯克利其他大学预科生一样,就读于附近的加菲尔德初中,成绩优异。他是个狂热的书迷,喜欢H.G.威尔斯[2],而且那时他就已经开始收集科幻杂志了。他拿到了全A的好成绩,还在高等英语课上写过"引人入胜的故事"。他在课上写的故事都不是科幻或者奇幻,他的第一篇故事讲了第二次世界大战会如何结束,另一篇故事写了一次夏季旅行,他和父亲去了北方,在一条河边钓鱼。乔

---

1. 由十九世纪意大利作曲家朱塞佩·威尔第作曲的著名三幕歌剧,与《茶花女》《游唱诗人》并称为威尔第中期的三大杰作。
2. 赫伯特·乔治·威尔斯(1866—1946),英国著名小说家、新闻记者、政治家,被誉为"时间旅行"题材科幻小说的鼻祖。

治告诉我:"菲尔非常喜欢他的父亲。他们在一起聊天、处理钓上来的鱼,但那次旅行仅有一天的时间。"

上学的时候,菲尔对科学和思考很感兴趣。他和乔治想做实验,就用木头自己设计并建造了所需的科学仪器。乔治还记得,在制造过程中,菲尔屡次尝试焊接一个小金属盒而不得,沮丧极了。他对乔治说:"等我死了,我就要在地狱里做这件事做到天荒地老。"

莱昂记得菲尔做过手工测谎仪,"那个东西骗过了很多人。他喜欢恶作剧。菲尔还做了一些奇怪的电动盒子,用来吓唬老师。菲尔总喜欢讨论纳粹的事情,让老师们都听得要疯了。他总喜欢设想纳粹会怎么做。菲尔还喜欢做纳粹角色扮演。他很有幽默感,知道怎么找乐子。他总在想方设法提高做事的效率。

"菲尔成立了岩溪俱乐部,因为他不喜欢初中的另一个学生团体。岩溪俱乐部的宗旨本来是对付那个团体。菲尔总是喜欢制造对立局面,让'好人'和'坏人'两方交战。他不喜欢平静无聊的环境,总是喜欢挑事,寻求刺激。菲尔还成立了一个《圣经》俱乐部,但他又不信教。"

菲尔喜欢上了一个叫朱恩·巴雷特的女孩。他为她写了一首诗,并想用自带橡皮活字的玩具印刷机把诗印出来。不过,他从来不在朋友面前讨论性和女生。有一次,他和乔治一起在街上看到了一只用过的避孕套。菲尔告诉乔治:"别碰它,你会得病的!"

菲尔没有自行车,他的零花钱都用来买唱片了。他热爱各种形式的古典音乐。在收集唱片之外,他的钢琴弹得也很好。有一天,乔治到菲尔家串门,撞见菲尔在弹奏一首葬礼进行曲,然后菲尔又弹奏了肖邦的葬礼进行曲。"一开始那首是谁写的?"乔治问道,"我更喜欢那一首。"菲尔说:"我写的。"

菲尔有些病弱苍白,偶尔需要请假在家休息,可他同时也极其活跃。他酷爱吃饼干和巧克力,因此体重超重。他会把巧克力棒和冰激凌当做午饭。我们结婚期间,有一次他跟我说他患有幼年型糖尿病,但是后来痊愈了。整个童年时代他都有哮喘病。不止一个老同学记得,他母亲总是坚持要他服用麻黄素[1]——那种药对青少年的大脑发育是有害的。

乔治回忆:"七年级的时候,菲尔和我讨论过罗夏墨迹测验[2]。他才十一岁,是从哪里学到这些东西的?那时,普通的七年级学生对罗夏测验一无所知!而且,菲尔还自己编了一个罗夏测验,我们就一起玩了起来。菲尔还对主题统觉测试了如指掌,知道各种恐惧症的名字。他告诉我:'我就有一些克服不了的恐惧症。'"

1942—1943那个学年,菲尔去了加州奥海镇[3]一所专精音乐教育的预科学校。他学会了如何在学校电话总机上操纵交换机。他对此十分痴迷。同学里的男生都会抽烟,他也很感兴趣。

他给母亲写了一张清单,请母亲寄一些唱片到学校来。从这张清单中,可以对他的音乐品位略窥一二:

我想要的唱片,按优先顺序排列:
《朱庇特交响曲》,莫扎特(第四十一交响曲),维克多,$4.00
《第一交响曲》,勃拉姆斯,$3.34(只要音乐赏析唱片);带整张专辑一共 $3.97

---

1. 一种预防支气管哮喘发作的药物。
2. 投射法心理人格测验,被试者观察若干由墨迹偶然形成的标准化图样,进行自由联想,通过将被试者的回答与各个象征意义进行对应分类来解析被试者的人格。后文的主题统觉测试也是一种常见的投射法人格测验。
3. 位于美国洛杉矶以北。

贝多芬,《"皇帝"协奏曲》(第五钢琴协奏曲),维克多,施纳贝尔演奏,手动序列,$3.50

《贝多芬 D 大调小提琴协奏曲》,$5.00

舒曼,《A 小调钢琴协奏曲》,$4.50,只要维克多

《火鸟组曲》,斯特拉文斯基,$3.50,维克多

K.P.E.巴赫,《D 大调管弦乐协奏曲》,维克多,$2.50

《塞维利亚的理发师》,罗西尼,维克多,$8.50

《跳蚤之歌》,穆索尔斯基,$1.00

《蒂尔的恶作剧》,施特劳斯,$2.00

柴可夫斯基,《第三交响曲》(波兰),维克多,$5.50

柴可夫斯基,《第二交响曲》(小俄罗斯),维克多,$4.50

菲尔在预科学校给多萝茜写了很多信,提到了多种不同的情绪:"我完全陷入痛苦……我已经习惯了我所有的东西都是私有的,别人不能碰……我知道我只要一离开房间,这里就会被弄得一团糟,我已经厌倦了……我只是无法融入这里的集体。恐怕我要决定离开这里了……"

多萝茜一定在回信里建议他退学回家了,因为他又写道:

我的天,敢情如果我不能保证自己写下的每句话都是好消息,就干脆别写信了。我不要回家。我没有任何意愿要回家,也不认为我在上一封信中说的话就表示我想回家……我觉得你和外婆过于期待我搬回家去住……看在上天的分上,千万别再让我回家了,这就好像你在跟我说"好吧,今天不用上学了"一样……每次你给我写那样的信,我都更想家了……我被你伤害了,我感觉你就像在说我是

个胆小鬼,一点苦都吃不了一样!

在另一封信中,他又写道:

不要以为我说我想家了,我就一定想回家。我才不是那种遇见一点点困难就落荒而逃的人……

如果你给医生写信,请说我的功课本来就落后了(别说我一点工作都做不了,我能做),而且在厨房干活让我完全没有精力再好好学习……我当然能好好工作了,只要我把去健身房的时间都用来工作就行……我的哮喘最近经常发作……我瘦了(皮带变松了)。我觉得是因为我们每天都吃两顿土豆,但我不喜欢吃土豆,所以基本上没东西可吃……

我猜你从我的信里也能看出,我这个人非常没有准谱,但我也改不了。有时候我完全确定自己想回家,有时候我却犹疑不定,更有些时候我想留下来。我只是不知道该做什么才好,不过这段时间反正我也什么都没做。我现在也没有钱了,连邮票都买不起(连寄这封信的邮票都是我借的)。

还有一封信,从信中看出,他的心情又变了:

我会尽量多给你写信,如果我没怎么写信,不是因为我不想你,而是因为我真的没有时间……我们被要求必须去教堂,每天还要去礼拜堂、星期天做晚祷。我知道,当我回家的时候,我会变得很不一样。我养成了良好的学习习惯，性格也在日渐改变。我会变得更好，我坚信……

我觉得我在这里过得还不错。我离开了安逸舒适的家，到了寄宿学校，开始为了学业而努力。我很为自己感到骄傲，因为我现在只有偶尔才会想家了……月底，23号到27号，每个人都会回家。那段时间，一想到大家都和家人在一起，我就会感到很孤独。我不介意找个工作。你给布拉什医生写封信，问问他，还想让我赋闲多久。我还是会工作的，因为我真的不介意工作……不过呢，如果你多给我一些零花钱，那我就更不介意做什么工作了……

菲尔只在这所学校待了一年。1943年秋天，他回到了加菲尔德初中。九年级下半学期，也就是十五岁那年，他患上了反复发作的眩晕症，总觉得仿佛整个教室都在围着他旋转。有一次，眩晕症发作之后，他好几天都无法离开床。

1943年夏天，他就已经开始在大学电台做兼职。他在那里足足干了八年。大学电台的业务里还包括修理收音机、卖冰箱、留声机、洗衣机、烘干机、加热器和电视机。店主赫伯·霍利斯对菲尔来说就像父亲一样。后来，赫伯在店里加盖了一个卖唱片的区域，涉猎广泛、存货繁多，还开了一家叫作艺术音乐的新店。这家店坐落在电报大道上，只卖唱片，生意非常火爆。大学电台和艺术音乐的工作人员就像菲尔的家人一样，也出现在他的许多小说中，甚至从他四十年后写下的最后一部作品《主教的轮回》中都能找到他们的身影。

在位于伯克利的地底人书店，我走下楼梯，到了他们摆放科幻小说的地下室，寻找菲尔小说的二手书。在他去世后，我买了他所有的作品。

即使是 1982 年，那些书也已经很难找到了。后来我发现，这里的销售员杰里·克莱尔是一个知识渊博的菲尔·迪克迷。他喜欢菲尔早期的作品，但是不太喜欢那些写于七十年代的小说。我告诉他我现在正在写这本传记，他便告诉我，他认识菲尔前任老板的妻子，帕特·霍利斯，她偶尔会来书店和他聊聊菲尔的事，他还有她的电话号码。我便打了电话给"快乐的帕特"霍利斯，和她在奥克兰一家迷人的小咖啡馆（就在奥克兰－伯克利有轨电车路线旁边）约定见面。我们一起喝了咖啡，她便给我讲了菲尔和大学电台的故事：

> 菲尔很惹人喜爱，非常聪慧、安静、善良、刻苦。他酷爱贝多芬，把贝多芬视作他的英雄偶像。菲尔和贝多芬是同一天出生的，十二月十六日。菲尔和赫伯的关系也很好。菲尔从赫伯那里学到了极强的幽默感。赫伯精力充沛，非常乐观，说的话总是对的。他是个好丈夫、好父亲。

帕特·霍利斯把迪克·丹尼尔斯的名字留给了我。她说他是一家大型旧金山半岛医院的管理人员，住在旧金山城郊的贝尔蒙特[1]。我翻了几本电话簿，打了好几个姓丹尼尔斯的人的电话，终于找到了正确的那个人。几个月后，我们便约定在迪克位于半山腰的家中会面。

我们坐在他家的客厅喝咖啡，旁边是唱片机和他收藏的海量唱片。这是我第一次使用新买的录音机，上面连着一根电线，电线尽头是小麦克风。我们聊了很长时间。迪克给我提供了很多关于菲尔的宝贵消息。结果，我检查录音机的时候，发现什么都没录下来，因为那个难对付的小麦克风还需要一块电池。一些精彩的素材就这样丢失了。迪克给了我

---

1. 位于美国加利福尼亚州圣马特奥郡。

一块电池，我们便继续采访。我很高兴，因为在丹尼尔斯的回忆中，我看到我的菲尔再度复苏了。事实上，丹尼尔斯也是个很友善的人，让我想到了菲尔。我在想，菲尔的性格是否也受到了丹尼尔斯的影响？菲尔的一生都在学习身边的人的性格。迪克·丹尼尔斯也曾在大学电台和菲尔一起工作，他对我说了他对赫伯·霍利斯和其他人的看法。

迪克说："在大多数人眼中，赫伯正派、热心、慈爱，对每个人都很好，而且很有幽默感，但是赫伯同时也非常独立，有很多不喜欢的事情，想法很多，讨厌权威。没有人能支使得了他！他精力充沛，无所不能：木工活、修管道、接电路等等都会做。他星期六和星期天都会工作。"

迪克·丹尼尔斯还告诉我，菲尔在大学电台最早的朋友之一是患有侏儒症的藏书员，艾尔登·尼科尔斯。菲尔非常喜欢艾尔登。他是《血钱博士》中恶毒的修理工霍皮·哈灵顿的原型，不过艾尔登患的是侏儒症，而不是霍皮那样的短肢畸形。荷马·瑟斯比安，大学电台"疯子"修理工中的一员，也是霍皮·哈灵顿原型的一部分，或许他同时还是《主教的轮回》中那个罹患精神分裂症的男孩的原型。荷马会光着脚穿行在伯克利的街道间，偶尔去纳帕接受电击休克治疗。他对赫伯非常粗鲁，但是赫伯依然对他很好，非常宽容。荷马的粗俗无礼让菲尔感觉很不可思议。还有何塞·弗洛雷斯，一名同性恋，非常可爱的年轻人，最后自杀了。听到何塞的死讯时，菲尔哭了。

1944年1月，菲尔在伯克利高中读十年级。那时候，多萝茜和菲尔住在阿雷斯顿街一所朴素的两层小屋里，在格罗夫街以西三四个街区的地方。

屋内有些乱糟糟的，迪克·丹尼尔斯说菲尔家是"古怪的一家，即便放在伯克利都很古怪"。菲尔的外婆非常疼爱他,她有时回科罗拉多住,有时和多萝茜的妹妹玛丽恩住在伯克利以南的东海湾城市里士满,有时候就和菲尔母子同住。玛丽恩曾多次因精神分裂症住院。多萝茜和玛丽恩的关系很亲近,她和玛丽恩的丈夫乔·哈德纳一起监护着她的病情和治疗。一位近亲每过一段时间都要被送去精神病医院——菲尔就在这样的家庭环境中长大,这一切已经成了他日常的一部分。

在两个男孩就读伯克利高中的第一天,菲尔就和迪克·丹尼尔斯成了好朋友。迪克告诉我:"我走进伯克利高中的阁楼教室,艾尔托纳夫人正在上课,菲尔看到我,便用力挥手示意我过去和他坐在一起。从那时开始,我们就建立了一段亲密、深厚而至关重要的友谊,他是我一生中最看重的朋友之一。"

丹尼尔斯拜访过菲尔的家:"菲尔的卧室里有一台老旧的皇家打字机,当时他正在进行一些实验性的写作,但他没有把作品展示给人家看。他打起字来如同弹钢琴般流畅协调。菲尔对文学很感兴趣,广泛阅读科幻小说。他酷爱海因莱因。他收藏了大量的科幻杂志和书籍,会去二手书店寻找《惊异科幻》和《惊奇故事》杂志的复印本。令我惊讶的是,他能够找来这么一大堆东西,而且迅速从头到尾读完。问他任何有关读物的问题,他都对答如流。"

迪克·丹尼尔斯将我引向了杰拉尔德·阿克曼,他以为杰拉尔德还在斯坦福大学艺术史系,但其实杰拉尔德已经离开了。最后,我在波莫纳学院[1]找到了他。他非常慷慨,从他当时为好友作曲家迪克·马克斯菲尔德写的传记中摘录了很长一段发给了我。他对我表示感谢,说因为

---

1. 位于美国加利福尼亚州克莱蒙特的一所全美顶尖的小型文理学院。

有我，他才提前把涉及菲尔的部分都写了出来。他还鼓励了我的工作，建议我买台电脑，于是我就买了一台。不过，我觉得他并不喜欢我写完的这本书。他从来没有再联系过我说书的事情，因此我觉得肯定是书里的某些部分让他看了之后感到不快。

杰拉尔德·阿克曼来自圣克鲁兹[1]。据他形容，十几岁的菲尔"身材浑圆，有肚腩。可能有些超重，或者可以说他的身材和没有运动习惯的普通人一样。他的头发很直，垂过耳朵和脸颊两侧，有一点小胡子，脸颊上有一层青春的粉色绒毛，偶尔会起一颗痘。他不太在乎自己的穿着，总是衣着普通……脾气好，对一些特定的事物充满热情，很聪明——他总在提出各种各样的好问题。他经常去散步，或者乘坐电车、公共汽车到奥克兰去，是个很好的伙伴。"

上学的时候，菲尔暗恋过身边好几个女孩。迪克·丹尼尔斯说："菲尔平易近人的开放态度使他能够很容易地和别人建立起关系，尽管他从不参加舞会或任何学校活动，那些场合对他而言太陌生了。他还暗恋过一个新来的年轻女老师，教十年级英语课的沃夫森夫人，和当时其他任课教师相比，她如同一股清流。沃夫森夫人很有魅力，性格外向，博学多识。菲尔被她深深迷住了。"

我通过电话采访了菲尔的高中英语老师玛格丽特·沃夫森。菲尔好多年前就向我提过她的事。她是菲尔的离婚律师威廉·沃夫森的前妻。

玛格丽特·沃夫森在执教伯克利高中的英语课时发现，尽管菲

---

1. 美国加利福尼亚州北部城市。

尔交给她的作业和她的要求完全不一样,但他交上来的那些故事写得实在太棒了,以至于她建议他把作品投稿给《银河》杂志[1]。她说:"作为一个高中男生,菲尔写的故事非常专业,令人惊叹。"

菲尔学会了德语,说与读都很流利。后来,他在小说中也用到了一些德语。他还学习物理。很多年后,他告诉自己的继妹琳:"上高中的时候,我必须参加一个复杂的物理考试,但我学的内容全都是错的,导致我一个问题都答不上来。我彻底慌了,呆坐在考场上。突然间,我听见一个清晰的、洪钟般的声音在我耳边说:'其实很简单。'然后那个声音就把所有的答案都告诉了我!"

乔治·科勒染上了小儿麻痹症,整个夏天都躺在床上。菲尔会去乔治家,辅导他学习,和他玩游戏。他毫不掩饰地对乔治说出了自己的担心:"我是不是也染上了轻微的小儿麻痹症?"

杰拉尔德·阿克曼也经常去菲尔家:"他的母亲基本上住在楼上……楼下都是菲尔一个人的。他有一架米罗华唱片机,是他用在唱片店兼职挣来的钱买的,还有收藏的各种唱片,以及收集的各种廉价出版物的文件夹。在他家小小的前厅里,我们获得了一种我小时候从未体会到的自由。"

杰拉尔德未出版的手稿中,描述自己的少年时代,其中也提到了菲尔:"相比那个时代的高中男孩,菲尔的唱片收藏和音乐设备质量都是上乘的。菲尔周六听意大利的托斯卡尼尼,周日就听纽约爱乐乐团演出。由于当时能买到的唱片(全都是虫胶[2])并不昂贵(当时正在打仗),一个狂热的音乐迷完全有可能收集到某段音乐——例如贝多芬的第六交响曲——的全部五种不同演奏版本,菲尔就是这

---

1. 1950 年至 1980 年兴盛的美国科幻杂志。
2. 当时一种常见的黑胶唱片材质。

样。"杰拉尔德还记得布鲁诺·瓦尔特[1]指挥的马勒[2]第四交响曲发行时，菲尔有多么激动。

有一次，杰拉尔德把他的贝多芬第六交响曲专辑借给了菲尔。乐曲是由明尼阿波利斯管弦乐团演奏的，米特罗普洛斯指挥。"暴风雨段落中有一部分，米特罗普洛斯让录音师和短笛演奏者一起切入了一个非常响亮的高音。第二天，菲尔告诉我：'我的天，我正躺在地板上，把脑袋放在共鸣箱里，享受你借给我那盘贝多芬——这时候短笛突然响了起来，差点把我耳朵震聋。'"他肯定是把靠墙放的音箱搬出来，把头伸到了音箱后面。

圣诞节时，杰拉尔德送给菲尔的礼物也是唱片，是海伦·特劳贝尔演唱的《诸神的黄昏》[3]中献祭那一段。那时，两美元五十美分的双碟专辑对于一个小男孩来说已经是十分奢侈的礼物了。菲尔曾经和杰拉尔德打赌说世界上真的有一个名叫布克斯特胡德[4]的作曲家，杰拉尔德不信，结果赌输了。"我记得当时我们正在夏塔克大街过马路。他向我极力保证布克斯特胡德这个人真的存在，巴赫还曾经一度步行五十英里，只为了听他演奏。后来我们一到家，他就翻开一本书，证明给我看。"

菲尔和迪克·丹尼尔斯针对为什么柴可夫斯基比不上贝多芬进行了长时间的讨论。菲尔会在钢琴上弹奏贝多芬的曲子，能迅速牢记曲谱。他喜欢早期的贝多芬、海顿、莫扎特和舒曼。菲尔以前很喜欢听丹尼尔斯谈论柴可夫斯基为什么不好。丹尼尔斯回忆起，菲尔当时经常哄骗他。"我当时非常自负。菲尔会给我播放一段我没

---

1. 布鲁诺·瓦尔特（1876—1962），著名德裔美籍钢琴家，指挥家。
2. 古斯塔夫·马勒（1860—1911），奥地利著名作曲家。
3. 德国作曲家威廉·理查德·瓦格纳的歌剧代表作之一。
4. 迪特里希·布克斯特胡德（1637—1707），丹麦管风琴演奏家。

听过的音乐,让我相信那是柴可夫斯基的作品,听我大肆评论,说些蠢话,然后再突然对我揭示真相:'实际上,这首曲子根本不是柴可夫斯基写的,而是柏辽兹[1]。'当着所有人的面!我当时有点骄傲自大,菲尔则会想出无穷无尽的方法来让我出丑。他有点像个虐待狂,借着抖机灵贬低我来抬高自己,不过绝大部分时候他都是在开玩笑。他只想逗人笑,不想真的带来痛苦。他不断地搞怪,捉弄朋友,看他们出丑。他就是这样一个人,和他在一起玩儿很有趣。"

迪克·丹尼尔斯曾经拉着菲尔和他一起去交响乐音乐会做引座员,但是菲尔感觉难以忍受,因此后来再也没有去过。很多年后,我和菲尔还在一起的时候,他告诉我他得了一种可怕的眩晕症。他和迪克在那场交响乐音乐会工作的时候,内心发生了某种无法逆转的改变。他说,他的灵魂本我从那一刻起就沉入了海底——自那之后,他就只能透过潜望镜看着外面的世界,好像他身处潜水艇中一样。他说他再也无法直接感知到外面的世界了。(这不过是另一段和非尔的闲聊记录而已。)

菲尔告诉迪克·丹尼尔斯,他对于无法及时赶到厕所有种近乎病态的恐惧,因此他才不愿意去听音乐会。丹尼尔斯认为,只要菲尔不想做什么事情,他就会编造各种古里古怪的理由。这只是他给自己行方便的伎俩罢了:"他只要不愿意做什么事情,就会用厕所当借口。"

丹尼尔斯从没见过多萝茜离开床的样子。她下班回家的时候一定是累坏了,因此总是在准备好一顿简单的晚餐后就回到自己卧室,躺在床上读那些令她无法自拔的书和杂志。丹尼尔斯还记得她瘦骨嶙峋,脸色苍白,留着一头乌黑的长发。他说:

---

1. 艾克托尔·路易·柏辽兹(1803—1869),作曲家,法国浪漫乐派的主要代表。

菲尔和多萝茜的关系很奇怪。他对她似乎十分冷淡疏远，直白简单地回答她的每一个问题，有时候甚至显得粗鲁无礼。而她似乎很享受菲尔的态度，完全不放在心上。菲尔对她很刻薄——他对自己母亲的态度比他对我认识的任何人都要更刻薄。菲尔在家里基本上是来去自如的。不过，他对自己的日程安排很有规划，完全谈不上放纵。经年累月的习惯养成，他很擅长自我管理，相当压抑，就像我们当时大多数人一样。

菲尔性情复杂，难以预测。如果对他说话过于直率，他随时都有可能受到冒犯。有些时候你只是随口一说、开开玩笑，他就会以为你在攻击他，即便你完全没有这个意思。他很擅长挑起冲突。他非常鲁莽，随心而动，喜欢匆匆定下结论。你需要同时把他当作朋友和操纵人心者，他两者皆是。尽管一向远离人群，他却有种独特的魅力，可以吸引别人来主动找他。当他决定去社交的时候，他可以随随便便就结识一大堆人。不管他想和谁交朋友，都能够轻而易举地做到，直接得到对方的好感。但他通常都表现得比较疏离冷淡。

"在伯克利高中，菲尔从来没有和大家一起去过山坡，"莱昂·雷莫夫告诉我，"我们都习惯在那里社交、吃午饭、抽烟。菲尔总是独来独往。在伯克利高中，班集体的联系是很紧密的，经常一起找乐子，但是菲尔从来都不参加。他在高中时代从来不参加团体活动，也不从事任何体育运动。"

迪克·丹尼尔斯还向我提及了帕特·弗兰纳里。我给伯克利高中校友会打了电话（他们叫我也加入校友会，还邀请我参加他们的年度宴会）之后，终于在伯克利的电话簿上找到了帕特·弗兰纳里，我要找的最后一个人。我给他妻子打了很多电话，她觉得我估计是不可能见到他本人了，因为他太忙了。当我终于通过电话联系到帕特时，他说他要来雷斯岬站见我，但他妻子不同意，于是我们只好通过电话交谈。但是，即便和他约时间通话都很困难。不过最后，我们还是通话了，而且聊得很愉快。

在伯克利高中，帕特被称为"菲尔的影子"。他生性安静，从不说话，只会微笑。他和菲尔一样高，头发也差不多，同年级同班。帕特是1943年遇见菲尔的：

> 当时菲尔十四岁，博学多识，非常聪明。他极其擅长表达。他也非常固执己见、喜怒无常。他不在乎自己的外表，喜欢一切从简。他酷爱拼图游戏。我们会花上几个小时完成拼图。菲尔和他母亲关系很好，他曾一度想把自己的名字改成菲利普·金德里德，随母姓。我注意到菲尔和他母亲之间有一些摩擦，但也很正常。菲尔高中的时候身体不好。为了治疗哮喘，他一直在服用麻黄素。每次犯病他都会请假。他的母亲非常关心他的病情。
>
> 菲尔的脾气温和而克制，总让人感觉他随时都能说出一句"再见！我要走了"。他是个独来独往的人，但是需要社交的时候也不介意和大家混在一起。我记得菲尔非常憎恨纳粹，因此经常欺负班上那个有德国血统的同学，沃

尔特·兰弗曼。

我教会了菲尔怎么下象棋。从差不多第三局开始,菲尔就只赢不输。菲尔喜欢不断尝试新鲜事物,而我总是在寻找各种可以吸引菲尔的新东西。菲尔和我都做了一本杂志上的能力倾向测试。测试表明,菲尔有科学才能,我有商业才能。菲尔说:"帕特,你可以过来试试我的显微镜。"我们打了个赌,看谁在大学毕业十年后赚的钱更多。

菲尔给帕特读过他写的一个故事,把浮士德传说放在了现代设定里。

帕特继续说道:"菲尔有一个很小的密友圈,他在这个圈子里很有影响力。有一次,菲尔把我推进了荆棘丛。还有一次,他扔了一支飞镖,打中了我的手,流血了。我还记得我和菲尔一起去看过一部电影,名叫《荷裔佬的假期》[1],拍得花里胡哨。看到一半,菲尔突然站起来,说:'我看不下去了。我要走了!'于是我也走了,紧紧跟在菲尔身后,尽管当时我还挺喜欢这部电影的。"

杰拉尔德·阿克曼是菲尔当时的朋友中唯一一个感觉自己可能是同性恋的人。之前,走路的时候,杰拉尔德偶尔会大着胆子"在走路的时候牵起一个朋友的手。当然,只有在晚上黑漆漆的阿雷斯顿街上,才敢这么做。有一次菲尔告诉我,他妈妈抱怨过这种行为,所以肯定有人看见我们手牵手走路了,不是她就是别人。他的语气无比平淡,既没有排斥也没有警告的意思,好像这件事根本无关紧要,他母亲的误解对他而言也毫无意义。我并没有经常牵菲尔的手,好像只有那一次。他不太喜欢牵手,当时同意也应该是出于友谊——

---

[1]. 1944 年上映的美国歌舞喜剧。

或许还带着点好奇和荣幸。"

菲尔在高中最后一年辍学了。他的朋友帕特·弗兰纳里认为"他是病了或者出于其他原因"。所以菲尔的照片没有出现在伯克利高中的毕业生图册里。

菲尔告诉我:"我高中最后一年辍学了。我当时精神崩溃了,必须请家庭教师到家里来上课。当时我正在教室里,沿着一条过道往前走,脚下的地板就突然倾斜了过来。"

在这之后,菲尔就开始坐长途汽车去旧金山的兰利·波特诊所接受心理治疗,每周去一次。他告诉在大学电台的朋友,他之所以去兰利·波特诊所,是因为他们要研究他的独特天赋,他从孩童时期起就开始参与研究了。兰利·波特的人有没有建议他离开母亲?在那个年代,人们普遍认为大多数心理疾病都是精神性的,而且主要都是母亲的过错,因此提出这样的建议大概也合情合理。菲尔告诉我,他很难摆脱多萝茜。

他在杰拉尔德·阿克曼找到的奇宿公寓里租了一个房间。那间公寓在米尔维亚街上,里面住着好几个那个年代的同性恋诗人:杰克·斯派塞、罗伯特·邓肯、菲利普·拉曼蒂亚,他有女朋友,还有杰拉尔德·阿克曼,邓肯当时的对象。多萝茜对于菲尔搬到米尔维亚街居住这件事感到很不安。她担心他也变成同性恋。

在旧金山湾区知识分子的小圈子里,我的第一任丈夫,诗人理查德·鲁本斯坦,也认识罗伯特·邓肯。当时理查德正在伯克利旁听课程。四十年代末,我和理查德刚刚结婚搬到旧金山的时候,菲利普·拉曼蒂亚,一位十七岁即已成名的当地诗人,偶尔会拜访我们在旧金山的公寓。

杰拉尔德·阿克曼记得有一天,菲尔和杰克·斯派塞正在听基普尼斯录制的《鲍里斯·戈杜诺夫》[1]。杰拉尔德一直等到音乐结束才敲响菲尔房间的门,因为他不想打断他们的兴致。音乐停止,他敲响房门的时候,屋里的两个人一致哀叹道:"你把气氛都破坏了。鲍里斯刚刚去世了。"

---

[1]. 俄国作曲家 M.P. 穆索尔斯于 1868 年至 1874 年间创作的四幕歌剧。

14

青年时代

第十四章

1947年，伯克利成了"世界上最先锋的地方。艺术家和作家从纽约纷纷搬到这里，体验当地的生活。每个圈子都有一个黑人和一个同性恋。人们呼吁自由恋爱。婚姻就像音乐椅游戏*一样，不停地变来变去。生活很有趣，充满刺激，令人兴奋"。

——文斯·鲁斯比

＊一种集体游戏。玩法是在地上放置比参与者少一张的椅子,音乐响起后,参与者在椅子旁绕圈,然后音乐突然停止,参与者要尽快坐到椅子上。

伯克利一分为二，一半是学生和部分教职员工，一半是当地的老居民。前者与左派政治密不可分，密切关注麦卡锡[1]的调查委员会。不管是自由党还是激进分子，都害怕约翰·埃德加·胡佛[2]的联邦调查局，他们秘密观察着所有政治活动，监控当地的激进派书店。进步党办公室就在菲尔打工的大学广播电台附近。菲尔的朋友都是左派。1948年的总统大选中，菲尔给亨利·华莱士[3]投了票。

露易丝·米尼搬到了哥伦比亚的波哥大。后来，我和她取得了联系。露易丝的前夫是菲尔在大学电台最好的朋友之一，诺曼·米尼。我打电话给她，问她还能不能回忆起菲尔的生活。露易丝建议我联系文斯·鲁斯比。"他喜欢八卦。"她对我说。她自己也无法回忆起太多的细节了，不过她认为"菲尔是一个天真单纯、不被世俗所沾染的人"。

我很轻易地联系上了文斯·鲁斯比和他的妻子弗吉尼亚。文斯和弗吉尼亚仍然住在里士满，还是二十年前我和菲尔去拜访他们时的那栋房子。那时我还没有意识到，文斯在菲尔的早年生活里扮演了怎样重要的角色。文斯如今六十多岁了，刚做了三重冠状动脉搭桥手术和白内障手术。弗吉尼亚似乎一点也没有改变。文斯非常支持我的项目，也很期待我为菲尔写下的传记。他给我提供了另外几个菲尔在大学电台的朋友的名字：比尔·德里亚斯特、约翰·吉尔德斯利夫、贝蒂·乔·瑞维斯。我长途跋涉到访了里士满好几次，只为采访文斯和弗吉尼亚。后来，我在奥克兰见到帕特·霍利斯并告诉她我也见了文斯之后，他们俩就取得

---

1. 约瑟夫·雷蒙德·麦卡锡（1908—1957），美国政治家，共和党人，以极端反共产主义立场闻名，曾发起臭名昭著的麦卡锡调查。
2. 约翰·埃德加·胡佛（1895—1972），美国联邦调查局第一任局长。
3. 亨利·阿加德·华莱士（1888—1965），美国政治家，民主党人，曾反对美国对苏联的强硬政策。

了联系，一起碰头聊了聊旧事。

1947年11月，文斯遇见了菲尔，当时菲尔十八岁。他仍然住在家里，由家庭教师教他高中课程。大学电台的老板赫伯·霍利斯需要一位爵士乐专家来经营自己在电报大道开的新唱片店——艺术音乐，就请来了文斯。艺术音乐经营得十分火爆。很快，文斯就开始在广播电台主持两档爵士乐节目，分别在KPFA和KRE电台播出。文斯和菲尔成了最好的朋友，尽管当时菲尔对他有点保留意见，因为文斯已经结过好几次婚了，也谈过多个女朋友。文斯很快就成了菲尔的导师。

菲尔邀请文斯去他家吃感恩节晚餐。文斯说："多萝茜，菲尔的母亲，并不能算一个性感的女人——我觉得她有点单薄无趣，但她的厨艺还不错。菲尔似乎是家里说话算数的那个人——不过那或许只是他摆出来的姿态罢了。他也邀请了同在大学电台工作的凯·林德。菲尔认为凯是全世界最棒的人。他爱上了她，只不过后来她成了我的女朋友。"

文斯记得，菲尔心情好的时候会很有魅力。他说菲尔低调温和，很好相处。"他能说会道……抖起机灵来没完没了。他既睿智，又天真。他在卫生间墙上画的那些涂鸦很棒——充满创意，诙谐风趣，有些还是诗歌。"

菲尔在大学电台和艺术音乐圈子结交了一批新朋友。那时，他把自己打理得很好，胡子刮得干干净净，十分活跃，与同事相处融洽。通过那时的旧照片能看出他颇为英俊。

我给湾区首席播音员比尔·德里亚斯特打了电话。他那富有磁性的男中音给我留下了深刻印象——简直是电台播音员的完美嗓音。

比尔在1948年遇见菲尔时，刚刚成为KPFA——全国第一家教育广播电台之一——的无薪播音员。他在大学电台工作谋生，也是为了在KPFA搭建无线电发射器的时候找点事做打发时间。有一段时间，人们都说KPFA电台有共产党倾向。后来，他就转正了，成了带薪播音员。

诺曼·米尼也是大学电台的雇员，他是作家亨利·米勒的徒弟。三十年代，诺曼去了西点军校，但因为他表现出了对俄国人的同情，还在耶鲁－西点军校橄榄球赛上喝得烂醉，所以被开除了。随后，他加入了共产党，成了美国第一个被《工团主义犯罪法》定罪并送进监狱的人。菲尔和诺曼一起参加过一次共产党会议，他后来觉得自己自从去了那次会议，就永远被美国政府盯上了。

还有一个混迹于大学电台的人，伊内兹·吉尔德利，来自著名的吉尔德利家族[1]。曾经她还是初入社交场的年轻名媛，如今，她看上去消瘦憔悴，穿着男式裤子、吊袜带和衬衫，把头发剃得只剩下四分之三英寸那么长。即使在伯克利，她的装扮都显得过于古怪。菲尔和她成了好朋友。他们一起玩儿的人里还有康妮·巴伯，同性恋，心理医生。文斯和凯分手之后，康妮变成了凯·林德的女朋友。菲尔的朋友里还有后来成为著名音乐评论家的阿兰·里奇、克丽奥·阿波斯托利德斯和查克·贝内特。

晚上，菲尔、文斯、诺曼和比尔总是一起闲逛，混迹于当时最有名的酒吧"舞狼"和"盲眼柠檬"，听欧蒂塔[2]和其他民谣歌手唱歌。

虽然菲尔在家似乎和多萝茜相处得不错，但当多萝茜有一次去

---

1. 该家族创立了美国历史最悠久的巧克力品牌，吉尔德利。
2. 欧蒂塔·霍姆斯(1930—2008)，美国民谣歌手，被誉为美国民谣、民权运动的传奇人物。

菲尔工作的地方找他一起吃午饭的时候，他却躲着她。别人还以为多萝茜是他的女朋友。那个时候，她留着一头黑色的长发，非常纤瘦，长得有点像嘉宝[1]。

"菲尔在大学电台负责算账，"文斯说，"他的打字速度快得令人难以置信，还赢得过许多打字竞赛。他还卖收音机和电视机，扫人行道，卖唱片。"菲尔在商店下面的储藏室工作，负责拆唱片包装。菲尔和文斯曾经开玩笑说，他们也要穿和灰尘一样颜色的衣服，这样当他们必须跑上楼招待客人的时候，就不用再费力掸去身上的尘土了。

菲尔有时候会有一些奇怪的行为，还说兰利·波特医院在监控他，因为他小时候智商太高了，他们在拿他做研究。文斯回忆道："他可不是那种一本正经的普通预科生。他担心自己不是正常人，因此会想出各种自我保护机制。每一天，他都一个人坐在忠贞餐厅阳台上的同一个位置，背靠墙壁，那里可以看到男士卫生间的门。"菲尔告诉文斯他有恐惧症，总害怕自己不能及时赶到卫生间。如果他吃饭的时候，坐在另一张桌边的朋友盯着他看，他就会感觉非常不适，无法吞咽。

让文斯感到不安的还有一件事。当他和菲尔晚上锁门的时候，菲尔会拧一下门把手，离开，一分钟后回来，再拧一下门把手，摇一摇，然后猛撞一下门。他们走回到大街上，菲尔又会跑回去，再拧一下门把手，摇一下，再撞一下。菲尔的情绪每个月都在起伏变化。有时候，他会突然开始远离人群；又有时候，他会突然变得外向至极，在社交场光芒四射。有一天，他整个晚上都在和露易丝·米尼跳舞，中间还踩在约翰·吉尔德斯利夫的脚上摔了一跤。

---

1. 葛丽泰·嘉宝（1905—1990），瑞典籍好莱坞演员。

文斯记得，菲尔有几天来上班的时候表情非常阴沉，会径直走到后面储藏书籍的办公室，完全不会东张西望，也不和任何人讲话打招呼。文斯发现菲尔会变脸，有时候是故意的，有时候是下意识的，变脸之后看上去就像换了一个人："有些事情会突然刺激到他，这时候他的表情真的会骤变。"

那一年，菲尔通过了大学入学考试，被录取了，但他只上了不到一个月的学。他有极其严重的幽闭恐惧症，完全无法待在教室里。他还去参加了预备军官训练营，但是一点也不喜欢那里。

受到文斯的影响，菲尔对格里高利咏叹调和前巴洛克音乐也产生了兴趣。文斯还带菲尔听了吉尔伯特与沙利文的歌剧，他也成了他们的粉丝。在大学电台工作的时候，一旦觉得生活无聊，文斯、菲尔和其他几名工作人员就会去唱片播放室，整天放音乐听。不过，即便文斯极力推荐，菲尔还是没能喜欢上爵士乐。"菲尔需要架构有规则的东西，因此他不喜欢爵士乐。"菲尔讨厌《库克拉、弗兰和奥利》[1]这部家庭喜剧，但在文斯解释了为什么这部剧引人入胜之后，菲尔便改变主意，决定自己也要开始喜欢了。

菲尔从来没有正式学过开车。在文斯的帮助下，他用赫伯店里的卡车练习车技。菲尔一共参加了七次驾照考试，但总会在某个细节上犯错。他的车技很不稳定。

尽管那时菲尔还是个处男——那些年性革命才刚刚开始，即便在伯克利，处子也是很常见的——他却告诉文斯，他觉得自己是同性恋。文斯说，在1947年，有关同性恋的理论和现在很不一样。他说："那个年代，如果你性情敏感而富有创造力，那么你就有百分之一的可能是个'没开发'的同性恋。我花了很长时间，终于让菲尔渐

---

1. 1947年上映的美国家庭喜剧。

渐放弃了这个念头。他认为，因为自己喜欢艺术、热爱音乐、创作欲旺盛，所以他就是同性恋。我反驳他：'你去查查他们听的专辑和看的书。他们都听一样的音乐，看一样的书。'"文斯和菲尔都觉得，是文斯的缘故，菲尔才没有继续认为自己是同性恋。

文斯说，下一个问题是，菲尔也无法确定自己是异性恋，因为他从来没有和女人交往过。"大学电台就像相亲介绍处一样。如果卖唱片的工作人员发现来了个他们觉得好看的姑娘，就会给她一张唱片，让她去某个播放室听一听。然后他们再找一张和之前那张类似的唱片，拿到播放室去对她说：'听听这张，跟第一张很像。'可能她会连着听两三张唱片，但最后却什么都没买。反正买不买也不重要嘛。"

某一天，菲尔遇见了他的第一任妻子珍妮特·马林。当时她恰好来商店买唱片。文斯并不觉得她"哪里特别有艺术天赋或音乐天赋，她甚至不知道怎么正确说出'德彪西'这个名字的发音，但菲尔显然和她产生了什么化学反应。她要了一张唱片，菲尔给她拿了，然后把她带到了一间播放室。按照不可避免的套路，他给她拿了一张又一张唱片，然后——收音机修理店旁边的地下室里，有一间大播放室，播放室后面则是储藏间，如果你读过《血钱博士》，就会对这两个房间非常熟悉。一天晚上，菲尔和他未来的妻子一起睡在了大学电台的地下室里。不久之后他们就结婚了。"

那个年代，你很有可能会和你睡过的第一个男人或女人结婚。当时菲尔十九岁，珍妮特二十六岁。菲尔想要结婚，就必须得到母亲的亲笔签名。多萝茜并不看好他们的婚姻，但还是签了名，因为她觉得菲尔这段婚姻经历也会对他有教育意义。

杰拉尔德·阿克曼记得他去菲尔和珍妮特的新公寓拜访过他们。他是和作曲家迪克·马克斯菲尔德一起去的。他写道：

菲尔和珍妮特住在艾迪森路拐角处一间老旧的廉价公寓里，就在华特药房后面……所有的房间都像火车车厢一样连在一起，一间接着一间。那里晦暗、凌乱、漫无秩序。搬进新公寓的时候通常都要重新粉刷墙壁，但他们没有做。家具和装饰物也没有……尽管他们已经搬进来有一段时间了。到处都是没拆封的箱子。我认识的每个人租的都是房子、小屋，或者那种自带花园乃至小树丛的大房子的一部分。公寓似乎与伯克利的生活方式格格不入。据我所知，没有人会住在这样的地方……在我的记忆中，菲尔的夫人要么不太友善，要么就是胆怯害怕。她站在一把软椅后面，手按在椅背上，仿佛把椅子当作盾牌一样……我们进屋的时候，菲尔正坐在摇椅上……他和我们打了个招呼，然后就道别了，甚至没有站起过身。他也没有给我们泡咖啡——在伯克利不成文的社交礼仪中，这简直是无法想象的。

六个月后，珍妮特和菲尔决定离婚，文斯做了他们的证人。珍妮特抱怨道，菲尔一直在家播放三张她极其讨厌的唱片——这三张唱片正是他们第一次见面时他在播放室为她播放的。菲尔告诉文斯，他很高兴经历了这场婚姻，因为他终于知道自己不是同性恋了。菲尔在文斯家住了一段时间，直到文斯娶了第四任妻子莫妮卡为止。几年后，菲尔在他的一部严肃文学小说中以莫妮卡为原型塑造了一个名叫妮基的人物。文斯和莫妮卡生下了一个患有自闭症的孩子，菲尔以那个孩子为原型在《火星时间穿越》中塑造了曼弗雷德。菲尔在班克罗夫特路找到了属于自己的住处，他立即粉刷了公寓的墙壁。他把大量的唱片收藏、米罗华唱片机和堆成山的科幻杂志都搬到了新家。他的朋友们都记得,那时他说自己正在学着写科幻小说。他与珍妮特一定是和平分手了,因为他还在壁炉架上摆了一张她的照片。他说他喜欢珍妮特,因为她会让他一个人待着,不打扰他。这一阶段,菲尔沉迷德国浪漫主义,酷爱瓦格纳和日耳曼的神话传说。他会在家用最高的音量播放瓦格纳的歌剧,一直到凌晨都不关,惹得隔壁邻居猛敲他家的墙。

1949年4月,菲尔深深地爱上了一个堪称大众情人的同学——她是英语文学专业的学生,有一天走进了大学电台,想买一张古典乐唱片。菲尔后来与克丽奥·阿波斯托利德斯结了婚。他们结婚期间,他一直不断地对她说,贝蒂·乔·瑞弗斯是"我生命中失去的伟大挚爱"。克丽奥说:"贝蒂·乔真是菲尔的绝配——可惜她必须搬到巴黎去。"

贝蒂·乔·瑞弗斯,加州大学戴维斯分校的考古学家,是一位容貌出众、自信满满的金发女郎。当我想要联系她为了这本传记采访她的时候,她正好在野外进行为期几个月的考古工作。最后,她从繁忙的工作安排里腾出了时间,从戴维斯开车到佩特卢马,和我在一家小餐馆里碰了面。我们坐在外面的餐桌旁,头顶是一把遮阳伞,一起凝视着佩特卢马河。她对我讲述了她和菲尔的关系。

贝蒂·乔还没走进店,菲尔就在等着她。他透过厚厚的玻璃窗看到了她。贝蒂·乔说:

> ……我新剪的短发在他眼中就像瓦尔基里[1]的头盔。他

---

1. 即女武神,挪威和日耳曼神话中奥丁的侍女们。

告诉我,那一刻他疯狂地爱上了我——他产生了一种强烈的冲动,想要撞破玻璃窗跳出去。我一走进商店,还没来得及开口问他要唱片,他就抓住我的胳膊。当我向他要布克斯特胡德的作品时,他马上以为我是资深的音乐迷。很快,我就被他带到了一间小小的播放室,里面堆满了各种各样的唱片。他告诉我:"如果你喜欢这张唱片,那么这几张唱片你也会喜欢的。"后来,当我穿上外套准备离开时,他问我能不能陪我走回家。我们边走边谈论音乐、伯克利和"人生"。当我们快走到我家时,我还没有吃晚饭。我问他想不想一起去吃三明治。他顿时脸色发青,说:"在有别人的场合下吃饭?"然后他就转身走了。后来,他终于可以做到和我一起吃三明治,但那个时候他还太害怕人群,不喜欢在公共场合吃东西。

我啜饮着可乐,小口嚼着烤奶酪三明治,心里感觉有点……不能说是嫉妒吧,但我确实意识到了,她和菲尔之间有过一段深刻热烈的爱情。

贝蒂·乔当时一直在和一个研究生同学约会。她告诉我"他被扫地出门了",然后她和菲尔就变成了一对儿。菲尔想把他最珍贵的财产——他的米罗华唱片机——送给贝蒂·乔,但是这个礼物被她拒绝了:"菲尔最大的魅力就是他那沸腾的、随时都准备爆发的天赋。具有高度创造力的人能自然而然地散发出一种活力,吸引别人的心。但他无法融入我的任何一个圈子。想要把他带到任何地方去都很困难——他太害羞了。我们一起去看我最好的女性朋友,她家人也来拜访她了,当时菲尔感觉困惑无助,认为自己在社交方面太过无能。后来,他送给我一本威廉·詹姆斯的《宗教经验之种种》,上面刻着'送给贝蒂·乔,为了抵消我那次同时犯下的六个社交错误'。"

菲尔过去经常说,贝蒂·乔能够轻而易举地和别人相处。他告诉她,只要他还在店里工作,他就能和人打交道,尽管他更喜欢在地下室自己拆唱片。"我遇见他的时候,他非常躁动不安。他之前常常谈起为什么自己会变得如此神经质,还说自己有一个对牛奶过敏的双胞胎妹妹,已经去世了。他总觉得自己就像日耳曼神话传说中那种必须找到另一半、否则就不完整的人。他把双胞胎妹妹的死归咎于母亲。他还经常说自己恐惧人群、恐惧身边有其他人的存在。"

虽然菲尔算不上是特别支持贝蒂·乔的学术研究,但是她的硕士考试即将到来,压力很大,菲尔也表现得非常友善、耐心。

> 过去我常常在他家学习。准备硕士考试是非常艰难的。在那个时候,口试成绩就代表了一切。考完之后,一个好心人为这帮筋疲力尽、睡眠不足的新科硕士举办了一场派对。每个人抵达派对现场的时候,他都会递上一杯装在玻璃杯里的马提尼鸡尾酒。我从来没有喝过马提尼。我很少喝酒,而且我酒量很差。"来,这个会帮你放松。"他说。我想,"我正在参加派对,我已经是大人了,拿到硕士学位了,现在该喝酒了。"当我意识到自己已经头晕目眩、快要昏倒的时候,我环顾四周,发现不仅我一个人这样,还有别人也东倒西歪地躺在地毯上。我用最后的意识打电话给菲尔,说"来接我回家"。我依稀记得他出现在了门口。他后来告诉我,在找到我之前,他不得不仔细检查地上每一具俯卧的、一动不动的身体。他像消防员一样把我倒扛在肩上,丢进一辆出租车里,在我耳边说了一大堆"不负

责任、酗酒"这样的话。第二天我醒来的时候,出现了宿醉反应,菲尔给我泡了咖啡,然后又狠狠地训斥了我一顿。我后来注意到,他在一部小说里写到了一个名叫贝蒂·乔的人,是个酗酒的语言学家。

多年后,当菲尔给我讲起贝蒂·乔醉酒的故事时,故事已经变味了:他是一个备受虐待的可怜男人,他的女朋友去了一个派对,喝醉了,和另一个男人滚了床单,然后叫她男朋友来接她回家。

贝蒂·乔获得了去法国的奖学金。"我一心都扑在奖学金和出国上面。菲尔让我在他和去法国之间做个选择。我对自己的选择一直很坚定。我问他:'你想让我给你发法国的照片吗?'"

"我不想让你走。"他说。

贝蒂·乔离开后,菲尔受到了康妮·巴伯很大的影响。她曾经想和贝蒂·乔调情,但她却和菲尔说,是贝蒂·乔主动和她调情的。在菲尔人生的这一阶段,他开始参加派对,也举办派对邀请朋友们一起来玩儿,在公寓里调配精致的朗姆酒,配以培根和鸡蛋。

我给现居圣赫勒拿[1]的克丽奥·阿波斯托利德斯·迪克·米尼打了个电话,约好一起出门去吃午饭。当我把车在她的小屋前停下时,迎接我的是一段从屋里飘来的嘹亮的意大利歌剧。克丽奥正在厨房里,她刚刚酿制的好几瓶葡萄酒放在开放式置物架上。她也从事了写作行业,极力鼓励我把传记写下去。

她和菲尔离婚几年后,嫁给了菲尔的老朋友诺曼·米尼,他们生了两个孩子,现在都已经长大成人。克丽奥如今已经是寡妇了,她很喜欢

---

1. 美国加利福尼亚州北部城市。

鼓励年轻人阅读。她对纳帕谷——加州最大的葡萄酒产区——的葡萄酒情况了如指掌。她对我讲了一些菲尔五十年代初的情况,但是没有提及自己的感受或是私生活。她觉得对我说这些有些不太合适。在我看来,她愿意接待我已经很亲切大度了,在她面前,我总感到有些抬不起头来。

遇见菲利普·迪克时,克丽奥·阿波斯托利德斯才十八岁,长相出众,深褐色头发,长着鲜明的深色眉毛。菲尔正在走出和贝蒂·乔那段恋情的阴影,但是很快,他就和克丽奥同居了。"1949年,我在艺术音乐唱片店认识了菲尔。"克丽奥说。每个人都在"艺术音乐"打发时间:阿兰·里奇、查克·贝内特,还有其他几个好友:康妮·巴伯、艾尔登·尼科尔斯和诺曼·米尼。

克丽奥和菲尔一般晚上会去伯克利的忠贞餐厅,有时还坐火车去旧金山北滩的咖啡馆。有一天晚上,他们和菲尔以前的高中老师玛格丽特·沃夫森以及她年轻的律师丈夫威廉·沃夫森一起出去了。

"我记得,我们是1950年5月或6月结婚的。菲尔很直白,结婚也是他的主意。"克丽奥告诉我。

文斯·鲁斯比说:"克丽奥和菲尔的恋情还算不错,主要是建立在他们对意大利和德国歌剧的共同兴趣之上。他们也都支持自由恋爱。"

玛格丽特·沃夫森的丈夫威廉·沃夫森——他后来成了菲尔的律师——认为克丽奥性格平淡、无甚突出之处,并认为:"如果她是伽拉忒亚,那菲尔就是她的皮格马利翁[1]。"

---

1. 伽拉忒亚和皮格马利翁是希腊神话中的人物,后者是塞浦路斯国王,不喜欢凡间女子,于是倾力雕刻了一座象牙少女伽拉忒亚的雕像,并爱上了这座雕像。

阿兰·里奇主动联系了我。他在《地平线》杂志上读到了我写的一封信,这封信与菲尔有关。我都不知道他们把信印出来了。他还记得六十年代初曾经来雷斯岬站拜访过我们一次。克丽奥以为阿兰仍然是《纽约时报》的音乐评论家,但 1983 年的时候,他已经搬到了洛杉矶,从事音乐服务。我给他打过好几次电话。他的答录机会播放古典音乐,让我听得很开心。

他告诉我:"克丽奥是狂热的音乐迷和声乐迷。菲尔和克丽奥结婚是因为他们有着共同的音乐爱好,以意大利歌剧为主。不过,我不觉得他们之间有什么深厚的情感基础。"

约翰·吉尔德斯利夫认为:"克丽奥和菲尔过得比大多数已婚夫妇都要和谐。他们是很好的朋友。菲尔在这段关系里绝对处于主导的位置。我不知道菲尔会不会觉得每次我去拜访他们都是去看克丽奥的,而不是看他。反正每次我去他家,他看上去都很古怪。那段时间,大家都觉得我是个会讨女人欢心的花花公子。"

菲尔和克丽奥开始寻找新居。"有一次,"克丽奥告诉我,"菲尔和我搬到索萨利托海湾边的一间公寓里住了一天。菲尔看向窗外,发现离水太近了,因此感到非常不安。我们当天就搬回了伯克利。"

菲尔告诉我,他和克丽奥花了两千美元在弗朗西斯科街 1126 号买了一栋非常老旧的小屋。他说买房的资金是克丽奥的父亲,阿波斯托利德斯医生赞助的。但是克丽奥说:"这不是真的。买下弗朗西斯科街的房子的时候,我父亲没有给过我们一分钱。菲尔和我刚在一起的时候,他已经支付了房子的首付款。那栋房子属于他。这就是为什么我离婚时只要了那辆 55 年的雪佛兰。我们一起还清了房子的钱,从来没有别人帮过忙。"

琳·哈德纳对那栋房子记忆犹新:"房子位于市里环境较差的一个街区,很阴郁,有霉味,有两间在楼上的卧室,一间厨房,还有一间小到不配被称作客厅的前厅。菲尔和克丽奥家徒四壁,只有几把不成对的椅子。但是他们用苹果箱堆成了书架,上面放了很多书和唱片,墙上也挂了画。菲尔总是坐在他那把颜色暗沉、又大又脏的安乐椅上,如饥似渴地读书。他会读斯泰伦[1]、西格丽·德·利马[2]、马拉默德[3]、詹姆斯·乔伊斯、贝克特和其他严肃文学作家的作品……都写于四十年代末五十年代初……克丽奥对家政和服装毫无兴趣。他们俩都总爱穿着脏兮兮的牛仔裤。他们还养了一大群猫,其中一只叫'神奇'。"

文斯告诉我:"菲尔和克丽奥可以就任何事情吵起来——包括怎么泡咖啡在内——他们总是在吵架。"在菲尔1980年为《花花公子》杂志撰写的短篇小说《冰冻之旅》和他的最后一部长篇小说《主教的轮回》中(写下这本书的时候,距离他生活在伯克利的岁月已经过去了三十年),都写到了那栋房子。克丽里奥记得菲尔后来总担心房子会出问题。

菲尔给我讲过他在那里生活时发生的一件事:"有一天,一只苍蝇在客厅里飞来飞去,发出嗡嗡的声音。我盯着它看了一会儿,然后我就听到一个细细的声音在对我说话。"他没有告诉我那个声音都说了什么。而我,震惊于他的经历,也没有追问。

菲尔过去常常坐在门廊的栏杆上,看着孩子们在街对面的学校

---

[1]. 威廉·斯泰伦(1925—2006),美国当代著名小说家,代表作《苏菲的选择》。
[2]. 西格丽·德·利马(1921—1999),美国小说家。
[3]. 伯纳德·马拉默德(1914—1986),美国犹太作家,代表作《店员》。

里玩耍,直到他猛然醒悟,每次他坐在那里看孩子,隔壁住着的好几个年长女性都会谨慎地盯着他。他担心她们会把他当作是什么恋童癖,就再也不出去看孩子了。

1951年,赫伯·霍利斯解雇了在大学电台工作的所有人,包括菲尔在内。文斯·鲁斯比说:"是诺曼·米尼害菲尔被解雇的。当时大学电台的人际关系本来就暗流涌动,雪上加霜的是,诺曼有一次给一位顾客讲了个下流笑话。清高如赫伯那样的人,随即就解雇了诺曼。后来,因为诺曼到店里来的时候菲尔和他说话了,赫伯就把菲尔也解雇了。那时菲尔把自己的正式职业定为作家,因为这样可以拿到更好的失业救济。如果失业局不能再替你找到一份符合你本职的新工作,他们就得付你救济金。在那个时候,你把自己的职业写成是什么都行。虽然菲尔早年间也写过一些东西,但那个时候他已经是个真正的作家了。"

为了写作,菲尔全天都待在家里。似乎广场恐惧症是他开启写作生涯的决定性因素。他在早期作品《精灵之王》中描述了这种生活方式开始的样子。

"即便在职业生涯早期,菲尔也是一个极为高产的作家,"克丽奥说,"以至于有一天我出去取信的时候,发现门廊上放着足足十七本被退回来的稿子。菲尔写奇幻小说,也写科幻小说,都混杂在一起。我会读他的稿子,然后提出意见。"

菲尔是《奇幻与科幻杂志》编辑安东尼·布彻的徒弟。菲尔去听过几次他的私人课堂,但他太抵触小组讨论了,因此到后来他只会把稿子寄给布彻审读。菲尔把他的第一篇小说《沃昂》卖给了《奇幻与科幻杂志》。他家小客厅的墙上贴满了退稿信。后来,他又把一些被退稿的小说一一重新卖给了当时拒绝它们的那些杂志。

阿兰·里奇回忆道:"菲尔的第一部作品以印象主义的手法描

绘了他身边的人,每个角色的原型都很好辨认,他只是对他们稍稍加以伪装而已。我是里面一个名叫麦克斯的角色,总是读《纽约时报》。我对这个人物的描写感到很不舒服。"

克丽奥肩负起了绝大部分养家的责任,她有一份全职工作。而菲尔才刚刚开始写作,作品也刚开始被出版:"我们的生活方式很简单——菲尔能靠写作赚点小钱,我有全职工作——我们几乎没有什么钱可花。"

菲尔告诉我,他会做一种特别的甜点——煮沸罐装牛奶,然后做"大萧条布丁"。他有一次在雷斯岬站为我做了这道甜点,味道出奇的好。克丽奥告诉我:"我都不知道大萧条布丁是什么……我们每星期能吃上一次价值十美分左右的鸡杂肉汤浇土豆。但是——"她故意做出生气的样子,"我们连马肉馅都没有,只能从宠物食品商店买整块的牛排,回家烤着吃。"

菲尔描述自己早期有多么贫困的时候,最具有代表性的事例就是会吃从幸运狗宠物商店买来的汉堡包。我和他住在一起的时候,他总爱说他当年有多么贫穷、又多么巧妙地发明种种方式来应对几乎没有钱的生活。他说自己会去一家又一家商店买特价商品,还说自己和克丽奥一个月的伙食开销只有十美元。他们经常吃一种很受欢迎的肉酱面条,只需要十美分。

菲尔和克丽奥的第一辆车是后来成为《纽约杂志》编辑的杰克·桑德斯送给他们的。多年来,菲尔一直在谈论这款车——一辆雷蒙德·洛威斯图贝克星光双门轿车。他至少在一部小说里提到了这辆车。在星光轿车报废之后,他们又在和圣巴勃罗大道的鲁尼·卢克二手车行(这家车行是菲尔很多小说里车行的原型)类似的地方买了一辆1938年产的黑色凯迪拉克,一加仑汽油可以跑四英里。他们没法把车开到山上去,一检查,发现里面有几个气缸都罢工了。

尽管他们很喜欢那辆车,却不得不很快把车卖回给了旧车雨林二手车行,买了一辆雷诺。

文斯还记得有一次菲尔和克丽奥决定去门多西诺[1]海岸旅行,"体验一把荒野"。他们在雷诺车里装了食品和露营用具,抵达之后就扎营吃晚饭,然后蜷缩在睡袋里。因为听到附近有噪音,他们一夜都没睡。第二天早上,他们收拾东西上了车,回到了伯克利。

一天,有人敲响了他们弗朗西斯科街房子的门。克丽奥说:"那是两个联邦调查局探员,他们穿着西装,戴着深灰色软呢帽,看起来和想象中的联邦调查局探员长得一模一样。他们的名字分别是琼斯和史密斯。他们想让我们从一张在大学南门聚集人群的照片里指认熟悉的人——当时那里正在举行一场社会主义工人党会议。我越过菲尔的肩膀看着那张照片,笑出了声,然后指着其中一个人说:'看,那是我。'"克丽奥会参加所有的激进集会,但她的思想过于独立,因此没有选择加入任何特定的团体或党派。

其中一位探员的真名是乔治·斯克鲁格斯。他成了迪克夫妇的好朋友,还教菲尔学习怎么开车。菲尔、克丽奥和联邦调查局的关系非常亲密——或者说,他们起码和其中一名探员处得很好。探员问他们愿不愿意去墨西哥大学——联邦调查局会付钱让他们偷偷监视那里的学生。他们拒绝了。后来,乔治退休了,开了一家五金店。

克丽奥和菲尔结婚一年后,菲尔的母亲再婚了,嫁给了她已故妹妹玛丽恩的鳏夫乔·哈德纳。菲尔对这桩婚事极为不满。克丽奥说:"多萝茜的妹妹才去世九个月,她就与妹夫结了一桩奇怪的婚。菲尔很生气,并且怀疑玛丽恩之死有蹊跷。他认为这全都要怪多萝茜。玛丽恩住院治疗的整个期间,多萝茜都牵涉其中,后来她和乔太过

---

[1] 美国加利福尼亚州西北部海角城市。

绝望，就把玛丽恩送进了一家私人的实验性疗养院。在那里，玛丽恩紧张症发作，保持紧绷状态太久，就去世了。菲尔刚刚开始写作，他感觉自己像是被抛弃了，因为多萝茜如今有了一个全新的、一应俱全的家庭。"

琳·哈德纳说："菲尔，我的表兄，成了我的继兄。多萝茜，我的姑姑，成了我的继母。"

乔·哈德纳是艺术家、知识分子、蓝领工人，多才多艺。他只有五英尺五英寸高，不过他看起来一点都不矮小。他是第二代爱尔兰移民，热情而富有同情心。他的父亲是铁匠，因此乔从年轻时起就开始学习铁匠的手艺。三十年代，有了联邦艺术计划[1]的帮助，他成了一名职业雕塑家，还在波西米亚派对上跳裸体舞。他学习木工，会自己建造房屋、家具、钟表和橱柜。他唱过歌剧，也演过话剧。他还是一个通灵者，创造出了自己的一套玄学，一只脚俨然已经踏进了另一个世界。他从小接受的是罗马天主教教育，但他对有组织的宗教很有意见。他固执己见、精力充沛，是自封的社会主义者，不过没有加入党派。乔和多萝茜的婚姻非常美满。乔会照顾保护多萝茜。他们婚后不久，多萝茜就拿着残疾人工资退休了。一直到1971年乔去世为止，他们的关系始终温暖和睦。

克丽奥深受菲尔对多萝茜负面评价的影响，看待问题的角度有所不同。"多萝茜是一个早期的女权主义者，她蔑视乔、埃德加、菲尔，以及所有人。多萝茜觉得世上没有任何一个男人能配得上他脚下的土地。她是个疑病症患者，生活在疾病和药物中。"

在克丽奥和菲尔结婚几年后，"菲尔开始严重恐惧离家。他甚至不能走出去看电影。只要身处多于两个人的人群中，他就感觉不自

---

[1] 由美国总统富兰克林·罗斯福推广的政策，在经济大萧条期间雇佣失业的艺术家。

在。"克丽奥的父亲阿波斯托利德斯医生给菲尔开了甲安非他命——又称去氧麻黄碱——用来治疗他的广场恐惧症。菲尔还患有心动过速,需要服用一种叫作利血平的药物。

他想重归唱片行业,就在夏塔克大街的塔珀和里德唱片店找了一份工作。但是他的广场恐惧症太严重了,以至于他无法继续工作。赫伯去世后,为了助老朋友帕特·霍利斯一臂之力,他短暂地回到了艺术音乐工作,但他在那里也感觉非常不适。

克丽奥说:"因为广场恐惧症,他不得不放弃很多东西,这让他非常抑郁沮丧。虽然菲尔热爱音乐,但他再也不能去听音乐会了,只能在家听录制的音乐。他对塞缪尔·贝克特的作品很感兴趣,但是当我买了《等待戈多》的票,菲尔却不能去看。

"菲尔……在不同的时间段表现出了不同的个性。菲尔真的活在他的书里……活在纸上。菲尔终其一生都在遮掩、躲藏。"

琳回忆道:"菲尔住在弗朗西斯科街的那栋房子里时,感觉沉重压抑。当时菲尔的心情糟透了,黑暗又阴郁。他会陷入可怕的昏沉状态,有气无力,完全封闭自己,谁都不能触及他。爸爸有时会对菲尔发火,因为菲尔和多萝茜之间的关系总是那么不稳定。多萝茜什么都不说,但是她只要一生病,爸爸就责怪菲尔。爸爸总是站在多萝茜那边。"

尼尔说:"菲尔会与现实略做接触,消极地预设每个人的行为,然后再表现得仿佛那些预设就是真的一样。他根本不会求证,就直接把自己的想象当作是真的……"

菲尔经常走路去母亲家拜访,因为多萝茜和乔的家离他只有几个街区远。多萝茜会读菲尔早期的作品草稿,给他提意见。

克丽奥说,菲尔的小说《尼古拉斯和讨价还价的人》讲的是一个朋友的故事:"主人公总是失败,不知道为什么会这样。他穿粉蓝色的西装，离开了家，不知道为什么会这样。他离开了他的妻子，也不知道为什么会这样。吉姆·布里斯金，《提斯比·霍特的破碎泡沫》中替鲁尼·卢克车行卖车的那个节目做主持的电台播音员，原型是唐·舍伍德，湾区著名的电台主播。《提斯比·霍特的破碎泡沫》中还有一个叫玛丽的角色。玛丽也是真实存在的。她强悍美丽，留着长长的黑发，在大学电台对面的药店工作。她教会了菲尔性。菲尔曾短暂地暗恋过她。"

后来，在雷斯岬站时期，菲尔给我讲过一个故事——有人邀请他给《电视游侠》撰写剧本，每周付给他五百美元，这在当时是一大笔钱，但代价是他必须飞去纽约工作。他觉得自己太紧张了，不可能飞去纽约。而且，他还意识到，如果每周都要出新一期的节目，他很快就会用完所有的灵感和素材。克丽奥告诉我这个故事不是真的。

雷伊·尼尔森，菲尔离开雷斯岬站之后交的好朋友，给我写了一封信，讲的是他在遇见菲尔几年之前去"克丽奥"家参加的一个派对：

> 我和父母住在伯克利后山，那次我去南校区附近的花园图书馆书店和其他科幻迷碰头……这里是湾区奇幻与科幻迷的中心……许多人聚集在一起，还有零星的 KPFA 电台志愿者，突然有人说："我们开派对吧！"……"我们去克丽奥家吧……她有房子！"……注意，没有人说"我们去菲尔家""我们去克丽奥和菲尔家"或者"迪克夫妇家"……我甚至不记得那天有人提到过菲尔的名字。
>
> 我们都钻进了一辆房车，开到了弗朗西斯科大街 1126 号……我们提着一罐罐劣质红酒……走上房子前面的步

道,穿过一个小门廊,进了房子,里面光线昏暗,有股霉味。我看到墙上贴着几张裸体画,还有一架旧的立式钢琴,然后我们继续向前走,进入了相对明亮的厨房……像伯克利学生这种类型的人总喜欢待在冰箱附近……香烟的烟雾越来越浓,我们的讨论也愈发深入……某一刻,我突然意识到有人正在留声机上大声播放音乐,外面聊天的人只有提高声音,才能听到对方讲话……有人朝隔壁房间喊道:"你能小点声吗?"……音乐继续旁若无人地大声播放……古典音乐。瓦格纳……有人问我:"你能和他说两句吗?"然后对着隔壁房间做了个愤怒的手势。当时大家眼中,我最擅长外交谈判、和别人打交道。"好吧。"我说……我走进了那个房间。房间拉上了窗帘……没有亮灯……我辨认出了一个男人的身影,缩在破旧的扶手椅上。他的胡子刮得干干净净,身材瘦削,显得惊恐不安,穿着牛仔裤、运动鞋和一件军装衬衫。典型的学生扮相。他直发凌乱,前额宽阔。我估计他大概二十五六岁。

"嗨。"我笑着说。他……甚至没有哪怕转头看我一眼。我有点不安,便继续说道:"呃,对不起,但是……"他什么也没说。我要说的话戛然而止。他的眼神和坐姿显得格外紧张,那一刻我以为他是个疯子。我敢不敢要求这个奇怪的男人……把音响音量调低?你永远猜不到那种人会不会突然暴起伤人。我又重新组织语言,说道:"呃,你能告诉我卫生间怎么走吗?"他没有说话也没有看我,似乎丝毫没有意识到我的存在。瓦格纳的《女武神的骑行》继续以震动窗户的音量播放着……我突然怀疑他是不是已经死了,但随后我注意到他在动,只是动作极其轻微,几乎完全不可见。他偶尔会随着音乐点点头。

文斯和菲尔一起参加了阿兰·特姆科为作家赫伯·戈德举办的派对。菲尔刚刚卖出了他的第一部科幻长篇小说《太阳系大乐透》。文斯告诉我:"特姆科在巴黎读书,最近刚刚回来。他和聚会上的各位作家正在一起讨论他们都卖出了什么作品。菲尔说他也卖出了一本小说。特姆科便问:'你写什么题材的小说?'菲尔说:'科幻小说。'所有人都爆发出一阵嘲笑。特姆科穿着粉色的牛仔裤和绿色的条纹衬衫,他开始夸张地跳舞,唱着嘲讽科幻作家的歌曲。我和菲尔一起离开了——这对他来说是一次非常糟糕的经历。即使你不是菲尔·迪克,那次经历也够糟糕了。"

约翰·吉尔德斯利夫,大学出版社的老牌编辑,在大学广播电台附近有一间办公室。他现在退休了,和妻子格蕾丝一起住在布拉格堡小镇[1],就在崎岖的门多西诺海岸边。我打电话给他,想约他采访。在约翰仅有的那么几次来到湾区的时候,我们都想要碰头,但是没有一次成功地协调好时间。1983年夏天,我和朋友安吉丽娜·海纳特一起沿着海岸驱车来到了吉尔德斯利夫家。当我们驶近布拉格堡的时候,大雾弥漫、树木繁茂的群山在汽车前灯的映照之下显出身形。约翰和他的妻子邀请我们住在他们梅贝克[2]风格的红杉房子里。他们的居所就在一座大峡谷的边缘,离海边有半英里远。房子里摆满了艺术品,四周种满了各种各样的杜鹃花。除了艺术品之外,屋里满满都是书。就连我们过夜的客房

---

1. 美国加利福尼亚州城市,位于门多西诺郡。
2. 伯纳德·梅贝克(1862—1957),著名德裔美国建筑师,曾在加利福尼亚州留下众多建筑作品,包括著名的旧金山艺术宫。

卧室墙壁上也都是书架。第二天早上，我睁开眼睛，看到的第一样东西就是托洛茨基[1]全集。

当我们坐下来聊天的时候，约翰感到很懊恼，因为关于过去的事情他已经记不起太多了。他告诉我："菲尔把他最早写的一些故事给我读了。我觉得那些故事都有一部分写崩坏了。我觉得菲尔已经毁了，因为他刚开始写作的时候，并没有人给他好好做编辑。他是一边写一边编故事的。他的打字速度快得难以置信。"

约翰总会在菲尔的故事中发现一些小漏洞，一些他没有圆回来的疑问："我发现《太阳系大乐透》里有个小缺陷。书中的英雄身上植入了一枚炸弹。如果他离什么东西太近，炸弹就会爆炸。结果，在书的第一部分，他就靠近了某样东西，什么事都没有。我当着克丽奥的面问菲尔：'你把那段有矛盾的地方改掉了吗？'菲尔不肯回答。当克丽奥问我们在说什么的时候，他回答她：'没什么，只是我跟约翰之间的一个小玩笑罢了。'"

约翰给菲尔讲了一个故事，令他十分痴迷："当我还是个小孩子的时候，我的祖母告诉我，一定要记得坐在她腿上，因为当她还是个小孩子的时候，就坐在华盛顿一个士兵的腿上。这个故事——其中那层'我们和国父们之间只隔了几代人而已'的意思——让菲尔欣喜若狂。"

最后，约翰和菲尔的关系还是破裂了。约翰不断地在菲尔的作品中挑出逻辑错误，菲尔便把约翰贬为"一个校对员罢了"。

菲尔和文斯·鲁斯比一直保持着友好关系。当时他和莫妮卡结

---

1. 列夫·达维多维奇·托洛茨基（1879—1940），俄国革命家、政治家，十月革命的直接领导人。

婚了，有一个患自闭症的孩子。菲尔对那个孩子很感兴趣。那时，儿童自闭症被看作是精神分裂症的一种，被认为是由母亲引起的。人们认为孩子之所以会自闭，是因为母亲对孩子说的话不够多。文斯当时在写一部关于这个孩子的小说。他服用右旋安非他命，一种心形的绿色小药丸，来帮助自己创作。在那个年代，许多作家都会服用安非他命。

1951年至1958年间，菲尔一共出版了八十五篇短篇科幻小说和七部长篇科幻小说；除此之外，他还创作了七部严肃文学小说，这些严肃文学小说直到他死后才出版。菲尔后期作品中经常出现的主题，大部分已经存在于他五十年代的那些小说中。其中包括：具有六种人格的杀人机器人，以及《冒名顶替》中出现的另一个机器人，它本是一颗炸弹，但它认为自己是人类——读者也是这么以为的——直到它爆炸。在《琼斯创造的世界》中，七个人形生物住在一个人造世界中，无法在现实世界中生存，他们透过保护罩充满渴望地看着旧金山，但是当他们想离开人造世界的时候，他们顿时分崩离析了。琼斯是个预言家，能提前看到一年后的未来。这个故事还提到了毒品，主角是一位警察。《金人》中，"金人"则能够提前预知半个小时之后发生的事情，他还总能适时找到一个女人，帮助他逃离社会的陷阱。在《精灵国王》中，谢德拉克·琼斯受到引诱，抛弃了自己原本平庸的加油站管理工作，成了精灵国王。精灵国需要他的领导，而被他杀死的巨怪首领看上去很像他的一个朋友。《后代》中，菲尔使用了珍妮特·道尔这个名字，这个女人曾经和他谈过恋爱。《轮回》讲述了艾戎·胡的故事（菲尔的母亲相信戴尼提精神治疗法[1]，她一直想"净化"菲尔）。

---

1. 由美国科幻作家罗恩·哈伯德（1911—1986）提出，后演变为风靡美国的山达基教。

在《殖民地》中，从假显微镜到假飞船，那个世界中的一切都在"对付"殖民者。在《牺牲》中，昆虫（除了蜘蛛）跑了出来，想要抓每一个人。最终，蜘蛛取得了胜利，但对我们的主角来说为时已晚（菲尔很喜欢蜘蛛，他总告诉我蜘蛛是人类的朋友。他曾想养一只宠物狼蛛）。在《记忆裂痕》中，詹宁斯一代通过时间工具，一边预言一边筹划设计，成功地帮助记忆受损的詹宁斯二代逃脱并复工。

菲尔的小说中，许多世界毁灭了（比如在《暮光下的早餐》中，终极武器是一个女人），还有许多世界很快就要毁灭了。《福斯特，你死定了》中的福斯特，是以埃德加·迪克夭折的最小的弟弟命名的。在《上门维修》中，为了避免核战爆发，一个旋转接头控制了人们的思想。《不可能存在的星球》中写到了一个老太太，她想回到人类诞生的星球去。最后，她的确回去了，但眼前那片奄奄一息、被炸得面目全非的灰色废墟，真的是传说中绿色的地球吗？《艾尔伍德造方舟》中，艾尔伍德在后院造出了方舟。《显赫的作家》中，作家则写下了《圣经》。《父怪》则启发了杰克·芬尼拍摄出了《天外魔花》[1]。

1955年7月，菲尔和克丽奥进行了一场自驾旅行，去了科罗拉多、堪萨斯、怀俄明和蒙大拿。那一年，哈德纳一家住在墨西哥。他们回到美国的时候，一边暂住在菲尔和克丽奥空出来的房子里，一边找别的住处。克丽奥说："我们旅行回来那天，多萝茜坚持要搬走。她说她不希望自己抚养的双胞胎，琳和尼尔，和一对年轻夫妇住在同一栋房子里。"不久以后，克丽奥就和哈德纳夫妇闹翻了。

春天，贝蒂·乔·瑞弗斯回到了伯克利。她发现，1956年的菲

---

[1]. 1956年上映的科幻惊悚电影，讲述了外星人占领小镇，替换了小镇所有居民的故事。

尔和1949年那个和她谈恋爱的菲尔已经变得不同了：

> 他已经出版过作品，有了一些名气。起码他现在已经可以毫无心理障碍、轻轻松松地走上街了。他的幽默感似乎也更强了。菲尔和克丽奥立刻邀请我去家里做客，让我感到很高兴。我刚回到伯克利的时候生活非常拮据，带着两个孩子，还马上要生第三个孩子了，而我的丈夫（黑人艺术家海伍德·瑞弗斯）需要再等两个月才会搬来和我同住。菲尔和克丽奥都邀请我带着孩子和他们同住。曾经的菲尔可是完全不能和别人待在一起的啊！我觉得他真的变了很多。
>
> 在我的印象里，菲尔和克丽奥过得很开心，克丽奥对菲尔充满保护欲。唯一的问题是，我看得出克丽奥很想要孩子，但菲尔却明确表示他不想。她把他照顾得很好，也尽力把他们的整栋房子都变成他的工作室。当我和丈夫最终找到合适的住处时，他们还送了我们一些厨具——我至今还留着一个"菲尔和克丽奥纪念版"煎锅……
>
> 我在巴黎认识的玛姬和杰里·赫希夫妇就住在克丽奥和菲尔家对面一栋月租五十美元的小屋里。杰里是个心理学教授……玛姬怀孕了。菲尔写《今为人类》的时候，脑子里想到的就是赫希夫妇。菲尔很不高兴，因为廉价小说出版社可以随心所欲地删改他的作品。他寄给他们三百页的话，他们就有可能只印一百五十页。他完全无法控制编辑的过程。如今《福斯特，你死定了》已经成了这个时代的国际经典作品。我想，那个想住在防空洞里的小男孩福斯特，就是菲尔精神状态最糟糕、最焦虑的时候的写照。

菲尔告诉我，有一次他正在听 KPFA 电台讨论一本俄罗斯杂志——相当于美国的《生活》杂志——的主打故事，结果他们说那个故事就是《福斯特，你死定了》。菲尔还以为他产生了幻觉。《福斯特，你死定了》在许多国家都再版了，但菲尔一分钱都没拿到，因为版权法的问题——或者严格地说，因为当时版权法不完善。这个故事里面提到了美国的恐怖策略，因此被一些人理解为是"亲共"的。

开车去奥克兰的一个低收入黑人社区采访马瑞·盖伊——如今他已经改名伊斯干达——的时候，我感到有些惴惴不安，但最后我发现马瑞家的环境还不错。马瑞和他的妻子住在一条死胡同尽头，一栋舒适的老式框架房子里。他家装饰得非常迷人，到处都是植物、书籍和有趣的布艺。马瑞和他的妻子都为一个毒品救援项目工作。马瑞讲了很多关于菲尔、乔和多萝茜的事情，以至于我足足录了三盘双面磁带。

1956 年，马瑞·盖伊，一个身材高大的黑人，知识分子和诗人，搬进了哈德纳夫妇的出租小屋。这栋小屋就在哈德纳夫妇住的赫斯特街的平房后面。他和乔、多萝茜两个人走得很近，也和菲尔成了亲密的朋友。菲尔会和马瑞说一些他不会告诉任何人的秘密。

马瑞告诉我：

> （乔和多萝茜）的生活充满了悲剧色彩……他们两个人都是带着些忧郁气质的作家和艺术家类型的人，那种被迫放弃事业的人。我记得乔，一口下去能抽完一英寸的烟……会画一些半带幽默的政治漫画。多萝茜有严重的肾病。乔是一名海军机械师，需要在油腻腻的底舱工作，环

境很糟糕，但他又没有足够的毅力来好好开发自己的天赋从事艺术职业。他们两个人都极有魅力。菲尔很怕他的母亲。他把她描绘成"统治宇宙的黑巫婆"。我始终没能明白为什么菲尔会这样看待多萝茜。菲尔把自己所有的问题都归咎于母亲。他会因为自己不能离开家而特地过来把母亲痛骂一顿。

菲尔从来没有故意张扬魅力来吸引我。他那些花哨手段我一个都没见过。我还记得我是在多萝茜和乔家后面的砾石小路上遇见菲尔的，他穿着一条牛仔裤、一双磨坏的牛津鞋和一件短大衣，脸上露出暴躁的神情。他刚刚和多萝茜吵了一架。多萝茜和乔是一对伟大的父母，他们善于支持帮助他人，非常了不起，但菲尔和多萝茜都被困在了无解的矛盾之中——他们彼此相爱，但是他们的关系却又充满了痛苦。

菲尔告诉马瑞，他觉得自己的心理是畸形的，这都要怪他的父母。他对马瑞说，他十八岁就读高中最后一年的时候，开始渐渐失去了理智，邪恶的力量压倒了他，他感到强烈的焦虑，因此不得不退学。在那之后，他就觉得自己成了一个残疾人。他还告诉马瑞，接受精神治疗也无法帮到他，因为当他不得不去兰利·波特诊所就医时，他总是感到很羞愧。他本来打算在大学学习数学、哲学或钢琴，但是现在都不可能了。

"他始终生活在没有得到解决的愤怒、痛苦与疼痛之中。他没有得到稳定的心理疏导，也没有宗教来给予他约束，因此他把所有的负面情绪都发泄在了母亲身上。他想要解决和母亲之间的问题，但是没有成功。菲尔总害怕他的母亲要'害'他。我也不知道为什么。"

菲尔告诉马瑞,他想在小说中描写人类的本质和现实的本质。如果他的严肃文学作品始终不能出版,他就会"通过科幻小说实现这个目标"。

1958年,多萝茜和乔在因弗内斯买了一间小木屋。菲尔和克丽奥偶尔会开车去那里过夜或度过周末。这对夫妇非常喜欢西马林地区,最终决定搬过来住。菲尔想亲近大自然,自己种些农作物。之前,他的家人都是农场主,他自己也曾在伯克利种过各种各样的作物。而且,乡下人不会给他带来太多的压力。夏末,菲尔和克丽奥就卖掉了他们在伯克利的房子,在雷斯岬站买了一所小房子。

菲尔的外婆一直住在医院。就在搬家之前,菲尔和克丽奥刚刚探望过她,半小时后,她就在伯克利的医院去世了。多萝茜很生气他们没有多留一段时间,没有在外婆临终的时候陪在她身边,但他们两个也没想到外婆会在那个时候去世。克丽奥很爱外婆,她和菲尔经常去医院探望她。

马瑞·盖伊拜访了菲尔和克丽奥位于乡下的新家。他觉得这对夫妇看上去过着幸福的田园生活,而且菲尔似乎也终于找到了某种平衡,同自己达成了和解。他们的新居就在马纳纳与洛里安两条街交口的拐角。很快,菲尔和克丽奥也见到了他们的新邻居:街对面,一边是阿维斯·哈尔,另一边是杰里和琼·克里希。清晨时分,菲尔偶尔会去阿维斯家和她喝咖啡,然后和她一起走到邮局取信。

两个月后,1958年10月初的一个傍晚,克丽奥和菲尔正坐在厨房餐桌旁。这时,他们听见前门响起了敲门声。

"会是谁呢?"克丽奥说。

"叫他们走开,"菲尔说,"我谁都不想见。"

"不能这样,"她告诉他,"我们得认识认识这一片的人。"

结　语
（2009年版）

　　菲尔离开之后，我开始思考"自我"到底代表了什么。菲尔似乎没有任何固定的自我，又或者，他同时拥有好几个自我？如果他是我理解中的那个样子，他就绝不可能做出许多事。（不过，我们真的能够理解别人吗？我们能理解自己吗？）或许，我们的自我都是在不断动摇改变的——有时候改变得如此轻微缓慢，以至于我们完全无法察觉——然而，像菲尔这样的人，他的自我会迅速地完成巨变吗？或许，自我是父母在我们小时候带来的迷思，后来我们自己就变成了这样的迷思。菲尔是个通灵的变形人，演技高超的演员。他本来还可以成为一个伟大的间谍。和每一个不同的女人相处的时候，生活状态改变的时候，每次接受采访的时候……他的性格都会随着情况而变换。他擅于利用自己能说会道的特质、看似谦虚真诚的语句和读透别人的能力去影响别人。他玩弄着所有人的生活，也玩弄着自己的生活，把所有人都变成虚构的人物，融入他自己创造的宇宙之中。

　　许多年轻男人都极度崇拜他们在作品中读到的那个菲尔。我认为男人需要保留一点野性，一些或多或少会被我们的文化和家庭生活所磨灭的特质。如果没有女人的存在，那么男人的生活就会大不相同。菲尔仍然保留着野性，尽管表面上他看起来已经被文明驯化了。他知道该如何与他人相处、影响他人：首先，不要流露出威胁性；其次，成为他们希望你成为的任何人，做到他们希望你做的任何事，甚至更多。在谦逊温和的外表之下，他强悍而有力（然而他却感到虚弱，并且为此自怨自艾）。我对我们的感情的付出也给予了他很多力量，即使当时他完全无法理解这一点。（女人在她们的男人面前都是一台能量满满的小型原子能机器，只不过很多男人都没意识到这一点。）尽管如此，对他来说，在一个中产家庭中扮演丈夫和父亲的角色依然令他感到很有压力。在他的写作生涯中，经济方面的种种问题显然也给了他很多压力。这是我在重新修订2009年版本的《菲利普·迪克传》时突然意识到的（距离那时已经差不多过去了半个世纪）。菲尔纵然有着这么多天赋，却不知道该如何让女人长久地留在他身边。在他强大的魅力之下，他完全不懂应该如何经营细水长流的感情。

通常，大家认为，男性作家或艺术家在中产阶级婚姻中是很难过寻常日子的——房子、孩子、超市购物、汽车、蓝鸟童子军、去教堂、去海滩、生日派对、孩子感冒——但菲尔似乎很喜欢这些生活中琐碎的细节，也开开心心地把这些素材都用在了小说中。

许多人从未经历过激烈浪漫的爱情，甚至不相信这种爱情的存在。也许只有在童年时期与父亲或母亲关系亲密的人，才能感受到这种爱情。对于一些人来说，进入爱屋的大门似乎已经在他们身后彻底消失了。如今的美国，忠诚和承诺似乎已经不像之前那样在主流价值观里占有无比重要的地位了。对于一对伴侣和他们的孩子来说，承诺是非常需要的。一段关系并不总是一帆风顺，但如果你坚持下去，久而久之，一切都会好起来的。我对菲尔的爱情承诺——我对恋爱关系的绝大部分了解都来自小说——并不容易，但它足以让我一路走来脱胎换骨。

菲尔住在雷斯岬站的时候，主要都在创作长篇小说。他也写了一些短篇小说，但是完全比不上伯克利时期的创作数量。两篇主要在雷斯岬站时期创作的短篇小说，最后都被用在了《尤比克》和《仿生人会梦见电子羊吗？》中。菲尔遇见我的时候马上就要写完《时代错乱》了，不过，那部小说绝大部分还是在伯克利写下的。《泰坦棋手》，他在雷斯岬站的早期作品之一，也基本来自伯克利时期的笔记和点子。在雷斯岬站写下或者构思的作品包括：《一个废物艺术家的自白》《牙齿完全一样的人》《高堡奇人》《模拟造人》《火星时间穿越》《血钱博士》《复制人》《等待去年来临》《帕莫·艾德里奇的三处圣痕》，以及我们分手之际写下的《阿尔法卫星上的家族》《空间裂缝》《激光枪》和《倒数第二个真相》。

1982 年的三个梦境

1

皇宫集市前,年轻英俊的菲尔一手扶着公路自行车,一手牵着一个穿着紧身连衣裙和凉鞋的苗条金发女郎。我——如今这样容貌的我——想要和他交谈,想告诉我是谁。他目不转睛地盯着我,表情困惑,想要理解我的意思。而那个年轻的金发女郎纹丝不动,凝固在梦境的空间里,就好像画里的人物。

2

菲尔和我正在旅馆的房间里。他病得很重。我打电话给客房服务,让他们叫医生来。一个五大三粗的德国心理医生到了我们的房间,扫了一眼屋内的状况,就打电话叫了救护车。救护车和护士们来了,把菲尔放在轮床上推走了。突然间,旅馆地板上浮起了一英寸高的水("我是水做的",《一个废物艺术家的自白》开篇第一句话)。后来,这位德国医生把一个小小的菲尔送回来了:大头、秃顶、像胚胎一样蜷缩在方形小木盒里。旅馆房间开始四面扩张,变成了一个巨大的教堂。猛然间,我看到一群现实生活中的人、菲尔虚构的人物和各种奇怪生物都出现了:我的女儿们、海蒂、简妮、谭迪和劳拉,奔跑的蛤蜊大王、克里斯汀、朱莉安娜·弗林克、田芥先生、琼·辛普森、提姆·鲍尔斯、皮特·弗里德、莱奥·伦西波、玛伦·费恩……

应该由我在葬礼上致辞。我向前迈了一步。"菲尔,你之所以生我的气,是因为我爱你,我知道你没事,也期待你成就伟大。你看,我说对了——和往常一样。"盒子里的小菲尔其实并没有死,他转过头,开始对着录音机讲话。然后,突然间,他翻了个身,终于死去了。我听见他的声音从我口中传来。他对面前这一群人发表了自己的葬礼致辞:"很抱歉我不能一直待下去,我没办法,只能被乖乖叫走了。祝福你们所有人——享受生活,享受身边的每一件小事。不要为我悲伤——我的生活已经完整了——我可以安息了。"葬礼结束了,那个小木盒现在成了菲尔的棺材。正当棺材盖要盖上的时候,我往棺材里面放了一枚斑驳的金饰,形状是一个男人拄着手杖大步向前走,肩上坐着一个小孩子。

3

我和菲尔一起坐在敞篷车里。他在开车,心情很愉快。我注意到他脸上有大片的红斑。他突然倾身过来,亲吻了我的脸颊,动作颇为鲁莽。

"我这一生，你都去哪儿了？"我愤怒地对他说，就好像他不过是吃晚饭的时候来迟了一个小时而已，"你现在来亲吻我，表现得这么可爱迷人，又有什么用呢？"

"没有我，你过得也不错。"他说。

"你脸上为什么会有这些可怕的红斑？"我问。

"你应该看看我真正的样子。"他说。当他把脸转向我时，我看到他整个头颅的左边都是一片空白。

在梦境渐渐消失时，我对他说的最后一句话是："我也试过要做你的鲍斯韦尔[1]啊。"

---

1. 见本书第33页。

一段传承

最终,我还是没能明白菲尔的问题到底是什么——毒品?精神疾病?毒品让原本症状轻微的精神疾病恶化了?童年创伤?小时候没能适应社会?

死后,菲尔也派了很多有趣的人来拜访我。BBC来找过我两次:第一次来的是一个友善的男人,带着录音机。后来,是一群狡诈的人,带着摄像机。研究PKD的学者和狂热书迷从美国各地乃至许多欧洲国家专门过来看我——西班牙、英国、法国、德国、瑞士、丹麦和意大利——还有一个人来自伊朗。

拉里·苏廷,PKD的官方传记作者,曾来过雷斯岬站,在我家住过两次。我开车带他在附近兜风,和他深谈许久,还借给他装满一整个文件柜的材料和磁带,以及《菲利普·迪克传》的手稿。他只对这些材料的一部分表示了致谢。(如果他承认他参考了所有的材料,那他的整本书就会看起来都是脱胎于我的书。)

法国小说家、电影制片人艾曼努尔·卡瑞在为菲尔的思想写那部想象出来的传记《我还活着,你已经死了》时也来拜访过我,住在我家。我的女儿海蒂给他做了饭,是新鲜的三文鱼,用黄油和柠檬煎过。他喝了两瓶上好的加州酒,一瓶红葡萄酒,一瓶白葡萄酒。我把我的手稿给了他。我印象中他没有参考任何其他材料。他坚持使用一开始想出来的"梦中自传"构思。

我把书率先寄给了菲尔的经纪人罗斯·加伦,这似乎合乎逻辑。

1985年5月15日,他给我写信说道:"在我看来(当然,我也是带着很多个人情感在阅读你的稿子,所以我也不能真正确定),你完美地捕捉到了那些年月里和菲尔朝夕相处的感觉——那些日常的家庭琐事。而且你也赋予了他生命,将他塑造成了一个生动的角色,体现了他的性格……读你的稿子时,我感觉菲尔又回到了我身边。"但是加伦觉得,他和稿子中写到的内容距离太近了,因此没办法接手这本书。他祝我好运。

顶级科幻小说经纪人弗吉尼亚·基德很喜欢《菲利普·迪克传》,并想要出版这本书。第一次阅读之后,她说:"这就是事情的真相吗?我们听说了好多不同的事情。"我感到很震惊,居然在宾夕法尼亚还会有人讨论我和菲尔的关系。弗吉尼亚坚信我的书会卖得火爆至极,我也会受邀到全国各地去发表演讲、签名售书。她把书稿寄给了所有一流出版社。然而,当时正是八十年代中期,人们对菲利普·迪克的兴趣还没有那么大。当时还牵涉一些文坛政治问题,我的信誉也受到了质疑。我感到气馁、嫌恶,准备放弃了。后来,1992年,内布拉斯加大学教授PKD研究课程的山姆·乌姆兰德教授和我一起修订了一次稿件,并安排美伦出版社出版《菲利普·迪克传》。如今,它仍在出版百年纪念图书馆珍藏版的《菲利普·迪克传》,定价一百一十九美元。

弗吉尼亚·基德把《菲利普·迪克传》的手稿交给了她的密友汤姆·迪许[1],我们便开始偶尔通信。几年后,汤姆的伴侣去世了,我们的通信便变成了友好的电子邮件交流,一直持续到他2008年7月4日自杀身亡为止。他很生菲尔的气,因为菲尔把他举报到了联

---

1. 托马斯·迪什(1940—2008),美国著名科幻小说家,曾获两次雨果奖及九次星云奖提名,代表作有《集中营》《334》等。

邦调查局，但他同时也认为菲利普·迪克是世界上最好的作家。菲尔是汤姆钦佩的唯二的两位作家之一，另一位是他自己。

我还通过美伦版的《菲利普·迪克传》遇到了我最好的朋友，西班牙塞戈维亚的米格尔·迪亚兹·费尔南德兹。2000年1月25日，他为了自己PKD主题的博士论文给我写了一封信。十年来，我们一直通过电子邮件和电话联系。

2001年，才华横溢的澳大利亚作家达里尔·梅森从英格兰来到雷斯岬站，几乎一整个夏天的时间都时不时跑到我家住一阵子，以便写完菲尔的传记。他和英国的阿尔比恩出版社签了合同，可惜他一直没能写完那本书。可能对于一些人来说，菲尔实在是太激烈、太复杂了。

2006年，一个阿根廷纪录片摄制组来到加州拍摄一部关于菲利普·迪克的纪录片。他们到雷斯岬站拍摄的那个周末就和我住在一起。晚上，我们喝了阿根廷葡萄酒，在篝火前吃晚餐。我仍然和他们之中的两个人保持着联系：录音师塞巴斯蒂安·利普希兹，他最近在和著名导演弗朗西斯·福特·科波拉合作；还有纪录片导演达里奥·施瓦兹斯坦，他之后就去了瑞士的巴塞尔，采访LSD的发明者、如今已经一百零一岁的阿尔伯特·霍夫曼博士。

2006年夏天，写下《恐惧拉斯维加斯》和其他几部先锋派独立电影剧本的托尼·杰拉尔德索尼从伦敦来到雷斯岬站，在我家住了两天，为一部关于PKD的传记电影做研究。

目前有三部传记电影正在制作中，一部德语的传记书已经出版了。

现在菲尔已经变得闻名世界，"迪克式"或者"菲尔·迪克式"的浪潮席卷了全世界。他的十二部小说已经由美国文库出版完毕，或是正在出版——他的作品已经成为文学上的正典。他的书比梅尔维尔、霍桑、亨利·詹姆斯、托马斯·杰斐逊这些伟大的美国作家的作品更加畅销。与此同时，在雷斯岬站，几乎没有人听说过菲利普·迪克。

如果你打开《纽约时报》的图书页面，找到"作者"一栏，向下翻动，你会发现菲利普·迪克的名字就明晃晃地挂在当今世界最顶尖的文学公司页面上。点击他的名字，就会出现好几页的各种文章。

《华盛顿邮报》的迈克尔·迪尔达在为报纸撰写的一篇文章中，把菲尔称作"二十世纪最有影响力的作家之一"。《时代》杂志将菲尔的《尤比克》列入自1923年以来最重要的一百部小说名单。

接下来就是电影改编了：我们州长阿诺德主演的《全面回忆》（新版本也即将上映了）[1]；哈里森·福特主演的《银翼杀手》，如今已经成为经典之作；汤姆·克鲁斯主演的《少数派报告》[2]；本·阿弗莱克的《记忆裂痕》[3]；然后还有一些不太知名的电影，比如《异形终结》[4]《冒名顶替》[5]《黑暗扫描仪》[6]《预见未来》[7]和法国版《一个废物艺术家的自白》[8]。

菲尔的老房子现在还在雷斯岬站，看起来几乎与他和克丽奥1958年秋天刚搬过来的时候一模一样。白色的尖桩篱笆已经被没有尖桩的天然木篱笆所取代了，但反正我现在也没办法再翻过去了。

---

1. 新版由伦·怀斯曼导演，已于2012年上映。
2. 史蒂文·斯皮尔伯格执导，2002年上映。
3. 吴宇森执导，2003年上映。
4. 克里斯丁·杜瓦执导，1995年上映。
5. 加里·弗莱德执导，2001年上映。
6. 理查德·林克莱特指导，2006年上映。
7. 李·塔玛霍利执导，2007年上映。
8. 杰罗姆·布温执导，1992年上映。

还有几个认识菲尔的人住在这里。我偶尔会见见苏·巴蒂，一起玩拼字游戏。巴蒂法官，为菲利普和南希主持婚礼的那个人，也还在这里。偶尔，我会在牧牛面包店撞见伊内兹·斯托勒。米西·帕特森在《雷斯岬之光》报社工作（菲尔小说中写到的《贝伍德杂刊》）。

菲尔独一无二，超凡脱俗。他给我的生活带来了一段美好，也带来了一段痛苦。近期，当我重新修订《菲利普·迪克传》的前几章时，我又重温了一遍那些美好时光。那段时间，菲尔创作了很多作品，而那些作品最终使他享誉世界。

译后记

金雪妮

菲利普·迪克是我的科幻小说启蒙作者之一,《仿生人会梦见电子羊吗?》与《高堡奇人》塑造了我最初的科幻观,《帕莫·艾德里奇的三处圣痕》至今仍是我最喜欢的文学作品之一。自从得知菲尔和我的生日是同一天(12月16日),我们之间整整相差六十六岁,就不禁又生出了几分隐秘的亲切感,好像我与菲尔之间的关系超越了作者与读者,变得更独特、更私人——他从高高在上的布道者,一下子变成了坐在对面坦然微笑的老朋友。

而在我着手翻译《菲利普·迪克传》时,我发现这本传记所传递的,恰恰是这种在其他传记中难以觅得的亲切感。

《菲利普·迪克传》是第一部成稿的菲利普·迪克传记,它凭借详实的梳理、海量的采访记录与文档,成为之后几乎每一位传记作者的参考对象。翻译过程中,我也对照了另外几部传记,如本书中所提到的《我还活着,你已经死了》(艾曼纽·卡瑞著)、《去往高堡,菲利普·迪克:1928—1962年的人生》(格雷格·瑞科曼著)等。我发现那些传记各有所长,然而有一点共性,即记叙者都以旁观者的视角去描绘这位科幻大师,用冷静的笔触记录他的一生,最后提炼出"贫穷、疾病、宗教、妄想症、致幻剂、边缘化"一类的关键词。由此,菲利普·迪克也成了像他作品中一样具有传奇和荒诞色彩的人物,他的经历、思想和他的小说一样被粉丝以异教崇拜般的热情顶礼膜拜,他们把他奉为嬉皮士的新神,像宣读教旨一样在嗑药后大声诵读那些繁冗、破碎、狂想般的语句。

然而,在菲尔的第三任妻子安妮·R.迪克笔下,我们看到的菲尔截然不同。她将菲利普·迪克的神话祛魅,剥去神像上的泥封,露出下面最真实的血肉。和其他所有的传记作家不同,她自始至终都没有把自己定位成一个旁观者。诚然,在评判一部传记是否优秀的时候,读者最在意的是客观性。然而,安妮仍然坦然将自己对菲尔的感情融入记叙之中。安妮的传记没有定论,没有褒赞或是指责,有的只是她在文中反复抒发的"我不知道"。在她笔下,边界统统是模糊的。西马林雨后松软泥土的触感,厨房里乳脂软糖的诱人香味,窗口透出的昏黄灯光,儿童嬉笑打闹的声音,作家敲响打字机时的美妙节奏……她以大量的细节去尽可能忠实地复现她所经历过的一切,至于评判,则交由读者在全方位了解菲尔和他生活的世界之后再行定夺。

如果说菲尔是风筝,那么安妮就是引线。当菲利普·迪克和他的作品一起成为灵性与哲思的代言、似乎永远飘浮在幻觉与想象的世界之中时,安妮所做的就是将他重新拉到坚实的地面,给予他实体,维系着他与现实的联系,让他变得可以被触碰和感知——不管是在生活中还是通过传记,都是如此。

因此,我所察觉到的《菲利普·迪克传》的主题是"爱"。安妮的传记之所以动人,正是因为字里行间传递出的爱。自始至终,从生至死,她心中都充盈着对菲尔的爱:不止是眷侣之爱,不止是亲情之爱,而且是一个灵魂对另一个灵魂的深切欣赏。

也正因为如此,这部传记的英文版书名叫做《寻找菲利普·迪克》。毕竟相比起叙事而言,它更像是一段没有正确答案和目标的寻觅之旅。

安妮的写作过程颇有几分精神分析的意味,是对菲尔的,也是对自己的。她时时刻刻都在记录思想和认知过程，剖析自己的内心，反复咀嚼回忆，捕捉一闪而过的直觉。从叙事心理学的角度来看，叙述自己人生的过程也恰似精神上的旅途，需要撕开结痂的伤口，分析混沌的情绪，对于理智和情感都是严苛的考验。当年的菲尔身上究竟发生了什么？菲尔以怎样的方式在影响身边的人，并同时被身边的人影响？菲尔看到的世界究竟是什么样的？他的创作和人生之间有什么关联？这些我们时时思索的问题，安妮自己也渴望得到答案。她不仅在试图解析菲尔的认知，也在通过他的眼睛来看自己。正如她自己所说，完成书稿搁笔的一刻，困扰了她二十年的心结似乎瞬间冰消雪融。我们仿佛看到她在认知的深渊里一次次下潜，勇敢地直面锐利的岩石和狰狞的刻痕，小心翼翼地撬开母贝，取出一颗颗发光的珍珠。

不仅如此，阅读安妮的传记，还会有一种时间交叠的科幻感。传记有一半内容——菲尔的少年、青年时期与他离开安妮直至死亡的十几年里，安妮都是缺席的。她通过大量收集资料，阅读有关菲尔的一切报道记录，再与自己的记忆对照，最终从多个方面拼凑出菲尔横跨五十四年的人生轮廓。她为传记做调查时就仿佛坐上了时间机器，去造访一个个她所不存在的时间点；而当她开始讲述菲尔的故事时，就像在把自己编织进一段不可追的时光。

文中有一段话，是菲尔描述自己所做的一个梦，可称作菲尔一生的缩影：

> 星期五晚上，大约凌晨五点左右，我做了一个前所未有的梦。我回到了西马林，就在那间有着高大玻璃墙的客厅里，和友人、宠物，还有孩子们在一起。突然间，我抬起头，透过房子侧面的玻璃，看到一匹马当头朝着我跑了过来，马上坐着一名骑手。马就是冲着我来的，下一刻就

要撞碎玻璃了。我从来没见过,也没梦到过这样一匹马:它身体纤长,四肢强壮有力,双目圆睁——就像赛马一样,迅捷、狂暴,无声无息地冲着我狂奔而来,紧接着它高高跃起,要跨过整座房子。我仓促闪避。太晚了,逃不开了。我蹲了下来,等着那匹马轰然撞上屋顶,撞塌整栋房子。它不可能跃过房子的,但它还是做到了。没有撞击,没有坍塌。马已经到了房子的另一边。我从前门跑了出去,知道它肯定会狠狠地栽进泥地里。是的,它就在那里,在泥浆和烂叶中踢打挣扎,遍体鳞伤、残缺不全、糟糕至极……必须毁灭它……我没事。完好无损。安然无恙。而它,充满那股一飞冲天、不停搏动的巨大生命力,在最后的凌空一跃中耗尽了所有的力量,毁灭在了混沌、废墟与残片之中……这个梦仿佛在对我说:你穷尽一生等待的真理时刻到来了,那伟大的终极考验、最后的决赛、启示之日,刚刚降临了。你熬过来了,你活下来了。其余的一切都湮灭了。真相确实如此,那匹马并不是为了避开我才要跃过房子的,它甚至没有注意到我的存在。我只是恰好出现在那里而已。房子,而不是我——才是马试图跃过的障碍,它也取得了成功……我就是那匹支离破碎的赛马啊。

  菲尔就是那匹巨大的、充满毁灭之力的马,狂奔而来,即刻就要撞上那面玻璃墙壁,毁掉墙内站着的人。而最终,那匹马还是跃过了房子,没有破坏它一分一毫。它拯救了房子,却摧毁了自己。

(引自《菲利普·迪克传》第八章)

  菲利普·迪克或许是对虚构世界与现实生活区分得最不明确的作

家之一，"模糊的边界"即是他作品中最突出的母题。虽然迪克只得过一次雨果奖和一次坎贝尔纪念奖，却被誉为"科幻作家中的科幻作家"，他是被学术界研究最深入的科幻作家之一，人们甚至发明了"有迪克特色的"（"Dickian" or "Phildickian"）一词来形容那种荒谬诡异、带有超现实感的文学作品。

迪克的科幻作品中掺杂着大量的现实探讨与隐喻，而他的现实——起码是他所感知到的现实——大约也一样充满科幻色彩。他曾提到他之所以创作，是希望能够塑造全新的世界，让他所爱的人们都生活在其中。他从不避讳使用生活中的素材，并化身成角色来抒发情感与想法，也会大方承认笔下人物的原型。在过于活跃的思维和起伏不定的精神状态之下，他感知世界的方式也异于常人：他所感受到的现实世界就是流动变幻的，有时候他会因为一个打蛋器而陡生恐惧，或者在天空云朵排列的形状中看出一张诡笑的巨脸；他享受稳定温暖的家庭生活，却又时时从噩梦中醒来，感到身边的一切都是虚假的。因此，他在小说中反复探索现实与虚幻的边界，以极为写实的手法描写自己所看到的幻觉，把自己对变幻无常的恐惧刻画得入木三分。他的作品都是他的模拟器和游戏场，他在其中构建出一个个封闭的平行宇宙，把亲友化作笔下人物，以孩童搭建沙堡般的热情去构建每个世界，并亲手编写剧本，模拟现实的无数种可能和人与人之间的关系。他自己则是这些平行宇宙的主宰者，就像全知全能、把他人困在虚拟世界中的"神"，正如帕莫·艾德里奇（《帕莫·艾德里奇的三处圣痕》中的主角）一样。在他本人热切探索宗教乃至创造自己的教义（《注疏》）的时候，他同时也在作品中反复质疑宗教体验的形成与意义：能否通过科技让所有人对同一件事情产生可以量化的共情，继而人为制造信仰和新神（《仿生人会梦见电子羊吗？》）？他既扮演着狂热教徒的角色，同时又置身事外，极度冷静地解剖自己的情绪。

然而这种现实和虚幻之间的流动性也是双向的。在他把大量人生注入故事中的同时，他的故事也在腐蚀他的人生。安妮在文中提到，菲尔仿佛拥有交感巫术的力量：在他自己化身小说角色的时候，他在小说中为自己虚构的未来，最终真的成了他在现实中所经历的未来。拿《一个废物艺术家的自白》来说，即便写下这部小说的时候他和安妮尚在热恋，他还是对文中以安妮为原型的角色百般挑剔质疑。最终，这份质疑也蔓延到了他的生活中，引发了他和安妮之间的裂痕。或许，菲尔构建的剧本已经成为他"眼中的现实"，而他基于内部认知所做出的选择，最终真的塑造了他的外部现实。

因此，解析菲尔的生活、经历和想法，就是在同步解析他的作品。在他的世界里，逐渐衰败的肉体与愈发旺盛的精神生命力对比鲜明，圣安娜狭小破旧的单身公寓与哲学和致幻剂构建的虚幻世界相互映照。他剖析一切，质疑他人，质疑既定概念，也质疑自己。他就站在他所想象出来的风暴之眼，孤军奋战，仿佛燃烧着自己的生命一般不间断地写作，用文字对抗时间，对抗奔马般兜头压下来的未知未来。

如今呈现在中文读者眼前的这部《菲利普·迪克传》，已经将这位科幻作家一生的故事蒙上了两重叠加的滤镜：安妮的记叙和我的翻译。首先，安妮的叙述温柔平实、娓娓道来，而当她引用菲尔的小说和信件时，我们看到的则是大量断裂、跳脱、极具发散性的语句与激烈的情感表达。两人之间的区别就像潺潺的溪流和迸溅的火花。我尽量在中文翻译时还原英文所体现出来的这种差别，把安妮的叙述和文中引用的第一手材料在语言风格上区分开来。由于原文偏向口语化，因此我也需要在逻辑链上进行梳理，偶尔调整语序，补齐部分缺失的叙述，或者在个别情况下为了通顺而适度删减。

这是一部代入感极强的传记，作为译者，我更是必须以一种最亲密的方式去贴近安妮的文字和菲尔的生活，在脑海中构建出每一幕，自行消化其中的意味，然后再用中文复述出来。安妮的文笔非常容易牵动读者的情绪，我也实在不是一个没有感情的翻译机器，因此当翻译工作进行到第二部分——菲尔人生逐渐转入黑暗的时候，我发现自己不得不时时停下来休息，纾解心中的积郁。翻译进行到第十一章《科幻作家之死》的时候，我甚至需要短暂地合上电脑，趴在桌上先哭为敬。能够花上几个月的时间，以这种独特的方式陪伴一位我最爱的作家重新走过他的人生，是一段必将永远感怀并珍惜的经历。

最后，要特别感谢八光分文化的各位老师，用对科幻的纯粹热爱，以及超乎寻常的专业精神，促成了这部动人传记中文版的诞生。谢谢他们把菲利普·迪克的故事呈现给更多仰慕着他的读者。

译完全书一个星期之后，在某个非常平凡的下午，我在谷歌上随手搜索安妮的珠宝店，跳出来的第一个搜索结果竟是她的讣告：

> 2017 年 4 月 28 日，安妮·R. 迪克
> 在位于雷斯岬站的家中去世，享年 90 岁。

《一个废物艺术家的自白》《高堡奇人》《仿生人会梦见电子羊吗？》……在菲利普·迪克诸多最重要的作品中，她的影子无处不在。

"我大概是个优秀的缪斯吧。"她在采访中笑称。

她诚然是菲尔的缪斯，却更应该是他的鲍斯威尔：不是毫无生气的女神，也不是徒劳逐光的随从，而是并肩而行的同伴。她的爱陪伴着菲尔走过了漫长的时光，带给他灵感、共鸣与温暖，也溶解在她写下的一字一句之中，让菲利普·迪克变得更加多面而鲜活。她的记叙

就像树脂,温柔地包裹着 1958 年 10 月末雷斯岬站那个弥漫玫瑰花香的傍晚,让那个穿着法兰绒格纹衬衫、谈起话时"能够带领人去往宇宙任何地方"的男人在这一段时空的琥珀之中永远地驻留。

翻开这本书的我们,还有于暮年驻足回望的安妮,都在这里找到了菲利普·迪克。

2019 年 11 月 6 日
于纽黑文

附录 2

本书涉及的菲利普·迪克作品列表（按王文中出现顺序）

中文译名	英文原名	完稿时间	发表时间	备注
《太阳系大乐透》	Solar Lottery	1954	1955	
《琼斯缔造的世界》	The World Jones Made	1954（存疑）	1956	
《开玩笑的人》	The Man Who Japed	1955	1956	
《天空之眼》	Eye in the Sky	1955	1957	
《宇宙傀儡》	The Cosmic Puppets	1957	1957	
《时代错乱》	Time Out of Joint	1958	1959	
《一个废物艺术家的自白》	Confessions of a Crap Artist	1959	1975	
《今为人类》	Human Is	1953	1955	
《牙齿完全一样的人》	The Man Whose Teeth Were All Exactly Alike	1960	1984	
《激光枪》	The Zap Gun	1964	1965（连载）	
《血钱博士》	Dr. Bloodmoney	1963	1965	
《帕莫·艾德里奇的三处圣痕》	The Three Stigmata of Palmer Eldritch	1964	1964	
《复制人》	The Simulacra	1963	1964	
《在弥尔顿·拉姆齐的领地上》	In Milton Lumky Territory	1958	1985	
《火星时间穿越》	Martian Time-Slip	1962	1964	
《模拟造人》	We Can Build You	1962	1969（连载）	
《乔治·斯塔夫罗斯的时代》	A Time for George Stavros	（不确定）	未出版	废稿，后改名为《奥克兰的矮胖子》
《奥克兰的矮胖子》	Humpty Dumpty in Oakland	1960	1986	
《星际补陶匠》	Galactic Pot Healer	1967 - 1968	1969	
《高堡奇人》	The Man in the High Castle	1961	1962	
《泰坦棋手》	The Game-Players of Titan	1963	1963	
《木卫三占领》	The Ganymede Takeover	1966	1967	与雷伊·尼尔森合著
《等待去年来临》	Now Wait for Last Year	1963	1966	
《空间裂缝》	The Crack in Space	1963 - 1964	1966	
《瓦利斯》	VALIS	1978	1981	"瓦利斯"三部曲第一部
《阿尔法卫星上的家族》	Clans of the Alphane Moon	1963 - 1964	1964	
《倒数第二个真相》	The Penultimate Truth	1964	1964	
《亡者之音》	What the Dead Men Say	1963	1964	
《小黑匣》	The Little Black Box	1964	1964	
《无法被传送的人》	The Unteleported Man	1964 - 1965	1964	
《珍贵制品》	Precious Artifact	1964	1964	
《死亡迷宫》	A Maze of Death	1968	1970	
《次时代驱魔》	Deus Irae	1964 - 1976	1976	与罗杰·泽拉兹尼合著
《逆时针世界》	Counter-clock World	1965 - 1966	1967	
《主教的轮回》	The Transmigration of Timothy Archer	1981	1982	"瓦利斯"三部曲第三部，迪克的最后一部作品
《尤比克》	Ubik	1966	1969	
《仿生人会梦见电子羊吗？》	Do Androids Dream of Electric Sheep?	1967（存疑）	1968	改编成经典赛博朋克电影《银翼杀手》
《流吧！我的眼泪》	Flow My Tears, the Policeman Said	1970 - 1973	1974	
《暗黑扫描仪》	A Scanner Darkly	1972 - 1973	1977	
《白天的猫头鹰》	The Owl in Daylight	? - 1982	未出版	
《黑发女孩》	The Dark-Haired Girl	（不确定）	1989	迪克的书信合集
《注疏》	The Exgesis	1982	1991（部分）	迪克的神学与哲学思想笔记
《瓦利斯系统 A》	Valisystem A	1976	1985	出版时改名为《艾伯姆斯自由电台》
《神圣入侵》	The Divine Invasion	1980	1981	"瓦利斯"三部曲第二部
《沃昂》	Roog	1951	1953	
《冰封之旅》	Frozen Journey	（不确定）	1980	
《父怪》	The Father-Thing	1953	1954	
《精灵国王》	The King of the Elves	1952	1953	
《尼古拉斯和讨价还价的人》	Nicholas and the Higs	1957 - 1958	手稿遗失	
《提斯比·霍特的破碎泡沫》	The Broken Bubble of Thisbe Holt	1956	1988	
《冒牌顶替》	Imposter	1953	1953	
《金人》	The Golden Man	1953	1954	
《后代》	Progeny	1952	1954	
《轮回》	The Turning Wheel	1953	1954	
《殖民地》	Colony	1952	1953	
《牺牲》	Expendable	1951	1953	
《记忆裂痕》	Paycheck	1952	1953	
《暮光下的早餐》	Breakfast at Twilight	1953	1954	
《福斯特，你死定了》	Foster, You're Dead	1953	1955	
《上门维修》	Service Call	1954	1955	
《不可能存在的星球》	The Impossible Planet	（不确定）	1953	
《艾尔伍德造方舟》	Elwood Builds an Ark	（不确定）	1953	后改名为《造方舟之人》
《显赫的作家》	Prominent Author	1953	1954	

附录 3

菲利普·迪克科幻小说改编影视作品列表

中文译名	外文原名	上映日期	类型
《银翼杀手》	Blade Runner	1982	电影
《全面回忆》	Total Recall	1990, 2012	电影
《一个废物艺术家的自白（法文版）》	Confessions d'un Barjo	1992	电影
《异形终结》	Screamers	1995	电影
《冒名顶替》	Imposter	2001	电影
《少数派报告》	Minority Report	2002, 2015	电影
《记忆裂痕》	Paycheck	2003	电影
《黑暗扫描仪》	A Scanner Darkly	2006	电影
《预见未来》	Next	2007	电影
《艾伯姆斯自由电台》	Radio Free Albemuth	2010	电影
《命运规划局》	The Adjustment Bureau	2011	电影
《藏有秘密的水晶球》	The Crystal Crypt	2013	电影短片
《高堡奇人》	The Man in the High Castle	2015	电视连续剧
《电子梦：菲利普·迪克的世界》	Philip K. Dick's Electric Dreams	2017	电视连续剧
《精灵国王》	The King of the Elves	制作中	动画电影